Wie ein Fremder im Paradies

Florian Palzinsky
(Samanera Pajalo)

Wie ein Fremder im Paradies

herausgegeben von:
Wolfgang Maxlmoser

A- 5252 Aspach, Pfarrgrund 3
Aspach - Wien - Meran
Telefon: ++43/664/3382412
Fax: ++43/7755/7258-4
Homepage: www.edition-innsalz.at
E-mail: edition.innsalz@ivnet.co.at

ISBN 3 - 900050 - 29 - 5
1. Auflage 2004
Lektorat: Bruckner Sprachendienste,
Ilse Bruckner und Team
Layout: W. Ströher
Hergestellt bei Interpress, Budapest

Samanera Pajalo
(Florian Palzinsky)

Wie ein Fremder im Paradies

Mein Leben als buddhistischer Mönch auf Sri Lanka zwischen Askese, Abenteuer und sozialem Engagement und eine transformierende Reise vom Mönch zum Menschen

Widmung

Für all jene, die auf der Suche sind, damit noch nicht begonnen haben oder glauben, schon am Ende zu sein.

Samanero Pajalo (Florian Palzinsky)

Motto

Wörter sind dazu da, um Ideen zu vermitteln; aber wenn die Ideen verstanden wurden, vergiss die Worte. Wie gerne würde ich mit jemandem sprechen, der alle Worte vergessen hat.

Dschuang Dse

Inhalt

Vorwort von Brita Steinwendtner

Ein Adler kreist über dem Land. Grauschwarze Granitblöcke ragen aus dem Dschungel, weithin sichtbar. Ihre runden Silhouetten fallen ineinander wie die formvollendete Geste eines Gottes. Wie Edelsteine blitzen ihre Einschlüsse in der Mittagssonne auf. In der Ferne das helle Grün von Reisfeldern. Abends, im Orangerot der untergehenden Sonne, liegt das Meer müde im sinkenden Licht. Nachts der funkelnde Baldachin der Sterne, südlicher Himmel der anderen Zeichen. Vielleicht das Rascheln einer Schlange im Laub des Eukalyptus. Das Sirren der Moskitos. Sonst Stille.

Einer ist da in der Höhle. Eine Schlafmatte, eine zusammengelegte Robe, weinrot. Eine Schale Wasser. Er ist allein. Er sucht die Stille. Er liebt die Stille. Nirgendwo ist er so zu Hause wie in der Stille der Einsamkeit. Das Firmament, der Kosmos, der eigene Atem, die Leere, das Suchen, das Zu-sich-Kommen, die Stille im Kopf, im Schlag des Herzens. All-ein-sein.

Er kam von weither. Er hat viel hinter sich: eine glückliche, behütete Kindheit in den 70er Jahren im Seenland nordöstlich von Salzburg, Heuduft, Schlittenfahren, Geschwister und Freunde, der Vater Arzt, die Mutter liebevoll, beide höchst gebildet, den Künsten und den offenen Fragen zugeneigt. Gymnasium, Studien, Schwierigkeiten, wilde Musik, wildes Leben. Exzessiv. Ausbrechen und fort. Naturgemäß sucht er das Extrem. Thailand, Waldkloster in tiefer Abgeschiedenheit, strengste Form des Buddhismus, härteste Ordensregeln, Hunger, Überforderung, Erschöpfung. Mönchsdasein. Entsagung - dem Luxus, den Konventionen, vielleicht sogar der Lebensfreude. Der Körper streikt, nur mehr Haut und Knochen. Aber der Wille ist stärker.

1995 geht er nach Sri Lanka. Die zwei Worte bedeuten: das strahlende Land. Aber es ist ein Land im Bürgerkrieg. Singhalesen gegen Tamilen, die Regierung gegen die Untergrundbewegung LTTE, die Tamil Tigers. Krieg, Mord, Terror, Zehntausende unschuldige Tote, wie in jedem Krieg, Hunderttausende auf der Flucht, verwüstete, zerschossene Insel im Norden und Osten. Nach Jahren: ein unsicherer Frieden.

Er macht sich an die Arbeit. Er sucht seinen Weg. Sein Heimatkloster findet er in Kandy, im Herzen der Insel, in der früheren Hauptstadt, die immer noch religiöses Zentrum der

Buddhisten ist durch den Tempel des Heiligen Zahns und der einflussreichsten Klöster. Er lernt Singhalesisch. Er lernt die Riten eines neuen Landes, er lernt seine Geographie, seine Stärken, seine Schwächen und die Geheimnisse seines vielfältigen Lebens. Er lernt, hinter die Kulissen zu sehen. Er lernt, wie man auf der Erde sitzt, so dass der Geist in sich ruhen kann. All-ein-sein.
Und er macht sich auf. Lässt auch hier die Konvention hinter sich. Aber er ist, trotz aller Anpassung, ein Fremder im Paradies dieser vollendet schönen Insel mit ihren weißen Stränden, den Palmenhainen, Reisfeldern, Teeplantagen, unwegsamen Gebirgen und Schluchten, den Steppen und Dschungeln und einer Jahrtausende alten Kultur. Er hat den Blick des Liebenden, aber zugleich des Unvertrauten, und gewinnt dadurch kritische Distanz.
Er geht in die Gefängnisse, zu den Ureinwohnern, in das zerstörte Jaffna. Er beginnt zu schreiben, geht an die Öffentlichkeit, entwirft Hilfsprogramme, gründet den Verein „Simple Wisdom", ruft in Europa zu Unterstützung auf, sammelt Spendengelder und fördert zahlreiche unterschiedliche Hilfsprojekte. In Zeitungsartikeln und Essays beschreibt er das unsagbare Elend in den Hochsicherheitstrakten von Frauen- und Männer-Gefangenenanstalten, fragt nach Schuld und Unschuld, bringt die nötigsten Sanitärartikel, gibt Kurse für Meditation, um die Isolation der Insassen wenigstens für eine Stunde zu durchbrechen und einen winzigen Samen von Trost oder Hoffnung zu säen. Er freundet sich mit dem Häuptling der verschwindenden Minderheit der Ureinwohner, der Veddhas, an, unterstützt ihn bei seinem Kampf ums Überleben in einem Reservat, in dem die Menschen kaum Zukunft haben. Er fragt nach den Ursachen, warum Sri Lanka eine der höchsten Selbstmordraten der Welt hat. Er zieht sich wochenlang in die Dschungeleinsamkeit zurück, um Schätze und Müllhalden in sich selbst zu finden.
Er sucht seinen eigenen Pfad. Nicht immer im Einklang mit den Regeln des Klosters und der Religion, die er gewählt hat. Vielen ist er zu aktiv. Manchen suspekt. Es kommt mitunter zu Verleumdungen. Er organisiert, hilft, sucht Mitstreiter, hat Erfolg und erntet Dank von vielen Seiten. In Österreich, in das er nun wieder in den Sommermonaten zurückkehrt, hält er Vorträge und Seminare, zeigt Suchenden Wege zu möglichem Sinn.

Die Welt ist strahlend. Und lockend. Verlockend. Er hat eine große Liebesfähigkeit, die er nicht in allen Facetten leben darf. Zehn, zwölf Jahre hat er als Mönch gelebt, langsam löst er sich von den starren Regeln, driftet in neue Herausforderungen, in neue Zielsetzungen: Joga, more easy going, mehr Nähe zum schönen, erbärmlichen, verwirrenden Leben, auch zu Sexualität und Erotik. Langsam erst lernt er wieder, Frauen als wunderbare, gleichberechtigte Mitmenschen zu erkennen – in den strengen Mönchsregeln waren sie missachtet, gedemütigt und als „unberechenbare Wesen", die nur schändlicher Verführung dienen, verurteilt worden. Langsam beginnt er, das tod-ernste, ihm nun zum Teil als intolerant scheinende Mönchs-Dasein als Käfig zu sehen, durch dessen Beengung gerade die Essenz seines spirituellen Lebens zugeschüttet wird. Hatte er nur einen Käfig gegen einen anderen getauscht? Jenen der westlichen Zivilisationszwänge gegen mönchische Wegweisung? Von Tag zu Tag größer wird seine Sehnsucht nach Ungebundenheit, Zwanglosigkeit. Vielleicht könnte man es einfach Freiheit nennen, die man für sich selbst definiert.

Ein Adler kreist über dem Land. Im Granit blitzen Lichter auf. Zu Füßen das Grün des Dschungels, in der Ferne das blasse Glitzern des Meeres, nachts die Pracht der Sterne. Irgendwo das Knacken von Ästen unter dem schweren Schritt eines Elefanten. Einer sitzt am Rand seiner Höhle. Meditiert. Blickt über das Land, horcht in sich. Die Tage vergehen, die Nächte kommen und der Entschluss wird reif: die Robe, was im Buddhismus möglich ist, abzulegen. Und Sri Lanka zu verlassen. Er wird wiederkommen, von Zeit zu Zeit. Er wird seinen Weg weitersuchen, weitergehen, wohin, weiß er selbst nur in Umrissen. Was er bisher tat, wird bleiben, es wird nur anders werden, eine andere Farbe tragen. Lass werden. Unterwegs sein, im Fluss der Zeit, im Wechsel der Orte, in der Bewegung von hier nach dort, von außen nach innen. Das Leben als Geschenk sehen. All-ein-sein.

Samanera Pajalo, Florian Palzinzky, der er einst war und der er, verwandelt, wieder wurde, lässt uns an seinem Weg teilhaben. Er führt uns in das Paradies von Sri Lanka, in den Zauber seiner Landschaft, das Leben seiner Tiere, das Lächeln und die Abgründe seiner Menschen. Er schildert die Folgen eines unsinnigen, grausamen Krieges und den Überlebenskampf eines kleinen Restvolkes von

Ureinwohnern, die von der Zivilisation überrollt werden. Und er nimmt uns mit auf seinen Weg in die Fülle, die die Leere voraussetzt - ein Weg des Suchens und der Stille, in der inmitten allen Lebens die Welt zur vielstimmigen Musik wird. Ein Heimfinden, ohne ein Zuhause zu haben.

Salzburg, im April 2004 Dr. Brita Steinwendtner

Hinweis der Redaktion

Trotz aller Bemühungen war eine Überprüfung der Zitate und die Ermittlung der Quellen nicht immer möglich. Das hängt unmittelbar mit der Entstehungsgeschichte der einzelnen Texte zusammen: Zitate, häufig aus Zufallslektüre stammend, notierte Samanera Pajalo[1] (Florian Palzinsky) für den eigenen Gebrauch. Die Essays schrieb der Autor zunächst nur für sich selbst, dachte also nicht an eine Veröffentlichung. Bedingt durch das Wanderleben, das er in Sri Lanka führte, konnte er Bücher später oftmals nicht mehr einsehen, bibliografische Kurzangaben nicht mehr rekonstruieren. Ein Großteil des Textes war uns vor unserer Zusage, das Manuskript zu redigieren, noch nicht bekannt. Dies trifft auch auf Kapitel 11 zu, an das sich einige Sach- und Verstehensfragen stellen, die wir mit dem Autor gerne erörtert hätten. Sein längerer Fortbildungsaufenthalt in Australien ließ jedoch nur einen sehr sporadischen Austausch per E-Mail zu. Autor und Redaktionsteam (Bruckner Sprachendienste) bitten deshalb um Nachsicht und sind für Hinweise dankbar. Sri Lanka ist für Europäer ein exotisches Reiseziel und der Buddhismus immer noch eine exotische, schwer verständliche Religion. Zum besseren Verständnis wurde ein Glossar erstellt. Abkürzungen finden sich ebenfalls im Glossar.
Auf Wunsch des Autors wurden die Regeln der neuen Rechtschreibung berücksichtigt. Das passt zweifelsohne zum Thema Sri Lanka wie zu der Tatsache, dass der Verfasser Singhalesisch spricht.[2]
Bei einigen Zitaten waren die Inhaber der Rechte und / oder die genaue Quelle leider nicht oder nicht mit Sicherheit festzustellen.

Bruckner Sprachendienste – Ilse Bruckner und Team

Ein kurzer Blick des Autors hinter die literarische Fassade seines Buches

Es ist für niemanden eine leichte Aufgabe, für sich herauszufinden, was Traum und was Wirklichkeit ist, wo genau die Grenze zwischen Einbildung und Realität liegt, wozu wir im Leben tatsächlich fähig sind und wo wir uns hoffnungslos überschätzen, wann wir wirklich lieben und was wir mit voller Leidenschaft unternehmen oder unter welchen Umständen wir bloß gewohnheitsmäßig oder konventionell unbedacht agieren. Die Welt in uns und um uns auf diese Weise zu betrachten und in Frage zu stellen bedingt, dass wir dem täglichen Leben einen ungewohnt tiefen, realen und spirituellen Sinn verleihen. Eine Möglichkeit, sich dieser Aufgabe effektiv zu stellen, besteht darin, Gedanken und Beobachtungen schriftlich zu äußern. Leider wurde ich – wie so viele andere Kinder in der Schule – alles andere als dazu inspiriert, meine Gefühle, meine Ängste und Hoffnungen, meine Träume und Alpträume, auf diese Weise auszudrücken. Außerdem stimmten die wenigsten Lehrer mit meiner sehr eigenwilligen Kreation von Grammatik und Schriftform überein. Aus irgendeinem unerklärlichen Grunde begann ich aber dann doch damit, Tage- und Traumbücher voll zu schreiben. Als ich aber feststellen musste, dass all die verschriebene Zeit kaum eine innere Veränderung bewirkt hatte, übergab ich all die beschriebenen Blätter ungelesen dem Altpapier. Mit dem Schreiben von Briefen konnte ich schon mehr anfangen, denn dabei war mir bewusst, dass diese formulierten Gedanken von jemandem gelesen wurden. Ich entwickelte einen großen Enthusiasmus, anderen Menschen innere und äußere Stimmungen auf meiner Lebensreise zwischen Traum und Wirklichkeit so nachvollziehbar wie möglich zu vermitteln.

Obwohl mich mein ungewöhnlicher, ja radikaler Lebenswandel als Mönch im Osten mit zahlreichen bemerkenswerten Erlebnissen konfrontierte, hatte ich die erste Zeit bewusst meine Kontakte zur Heimat und zur restlichen Welt fast völlig abgebrochen. Es mussten erst viele einsame Jahre vergehen, bis ich endlich wieder damit begann, mein Leben und meine Mitmenschen neu zu entdecken und zu schätzen. Eines Tages, als ich mich mit dreißig wieder einmal für einige Tage ausschließlich der Meditation gewidmet hatte, kamen in mir so viele inspirierende und literarische Ideen auf, dass ich mich spontan dazu entschied, meinen ersten Text unter dem Titel »Sri Lanka and the Art of Smiling« niederzuschreiben. Auf Anhieb wurde er in der größten sri-lankischen Tageszeitung veröffentlicht. Das regte mich dazu an, weitere Erlebnisse, Gedanken und Beobachtungen niederzuschreiben, die wiederum im englischen Original und in singhalesischer Übersetzung veröffentlicht wurden. Innerhalb von einem Jahr hatte ich schließlich genug Material gesammelt und Selbstbewusstsein erworben, um mein erstes Büchlein unter dem Titel »Like a Stranger in Paradise« in Sri Lanka zu veröffentlichen. (Es erschien im Jahre 2000 bei Savodaya Vishva Lekha Publication, Ratmalana / Sri Lanka, ISBN 955-599-226-6.) Aber bei der Vorstellung, ein Buch auf Deutsch zu publizieren, überkam mich eine Hemmung. Denn mehr als ein Drittel meines Lebens hatte ich in fremdsprachiger Ferne verbracht, zunehmend der Muttersprache entfremdet. In der ursprünglichen Manuskriptfassung von »Like a Stranger in Paradise« hatte ich Insider-Erlebnisse geschildert, die ich dann aber nicht unbedingt *auf der Insel* publik machen wollte, da sie meine persönlichen Erfahrungen mit dem Land und den Leuten auf ungeschminkte Weise darstellten, beispielsweise wie es hinter den Fassaden des Buddhismus und hinter den Mauern der Gefängnisse aussieht. (Diese Bemerkungen fanden keinen Eingang in die 2000 in Sri Lanka erschienene Buchfassung.) Nachdem ich im Sommer 2003 während meines dritten Österreich-Besuches seit meiner Mönchsordination dann endlich die Zusage eines Verlegers erhielt, begann ich nach meiner Rückkehr ins »Paradies« damit, an meinen Aufzeichnungen zu arbeiten, die sich in vier Jahren angesammelt hatten. Schon bald stellte sich dabei heraus, dass dies für mich wesentlich mehr bedeutete, als bloß die Vergangenheit grammatikalisch und inhaltlich zu überarbeiten und zu verbessern. Mir wurde klar, dass ich mich im Prozess befand, ein zwölfjähriges Kapitel meines Lebens für immer zu Ende zu bringen. Nach dieser eindeutigen und befreienden Ent-Scheidung (sic!) sah ich keine Notwendigkeit mehr darin, einige meiner intimsten Erlebnisse, Ent-Täuschungen (sic!), Kämpfe und meine allzu menschlichen Sehnsüchte als Mönch anderen vorzuenthalten. Sich all dies von der Seele zu schreiben war auch mit der Absicht verbunden, andere dazu zu inspirieren, lange und oft mühsam gegangene Wege in Frage zu stellen und andererseits neue, unbekannte Lebensrichtungen auszuprobieren und eventuell sogar einzuschlagen. Vielleicht ist auch meine Ausdrucksweise so weit nachvollziehbar, sodass der eine oder andere Leser, die eine oder andere Leserin auch zum Schluss kommt, dass wir nicht bloß machtlose Opfer von Gesellschaftssystemen, Religionen, Beziehungen und Charakterzügen sind, sondern dass jeder von uns ein oft ungenutztes, ja sogar ungeahntes Potenzial in sich trägt, all die selbst geschaffenen oder vorgegebenen Grenzen zu überschreiten. Dies wäre dann die ideale Voraussetzung, gewohnte unangenehme Lebensumstände zu ungewöhnlichen, interessanten und vielleicht sogar zu paradiesischen Erlebnissen zu transformieren. Ob und wie wir solche wunderbaren Erfahrungen dann anderen mitteilen, ist eigentlich Nebensache, denn was wirklich zählt, ist, wie wir dem »Hier und Jetzt« begegnen und nicht, wie wir es präsentieren.

Danksagung

Dass hier allerdings der Versuch solch einer Präsentation vorliegt, ist nicht so sehr meiner berechneten Absicht zu verdanken, sondern eher chaotischen Zufällen und zahlreichen Mitmenschen. Hierbei möchte ich zuallererst meine Eltern Franziska und Helmut Palzinsky erwähnen, denen es immer wieder gelungen ist, mir einen klaren Spiegel bezüglich meines Lebens und meiner Texte vor zu halten. Maike Bollow und Raimund Beyerlein hatten mich dazu inspiriert, mich an eine deutsche Veröffentlichung heranzuwagen. Da einerseits mein Deutsch nicht mehr so locker aus dem Handgelenk fließt und ich es andererseits meide, mehr oder weniger Fertiggestelltes selber zu übersetzen und redaktionell zu überarbeiten, hatte ich das Glück, dass sich andere für diese umfangreiche und mühsame Arbeit zur Verfügung stellten: Eva Karel, Alexander Klinsky, Hans Gruber, Dhammavaro Bhikkhu (jetzt: Matthias Dhammavaro Jordan), Roger Stadler, Ingrid Götz, Boris Pietsch und, last not least, Ilse Bruckner und Team (Bruckner Sprachendienste). Nach zwei Jahren des vergeblichen Suchens kam mir endlich Wolfgang Maxlmoser als Verleger entgegen, der das Interesse und den Mut zeigte, meine Texte unzensiert zu veröffentlichen. Dr. Brita Steinwendtner danke ich für ihr ebenso informatives wie empathisches Vorwort. Das Testlesen des Rohmanuskriptes übernahmen dankenswerterweise Frauke Bürger und Barbara Stenzel. Allen Helferinnen und Helfern, die zum Gelingen beigetragen haben, sei an dieser Stelle herzlich gedankt.

Zu den Fotos

Ähnlich wie das Schreiben von Texten, so ist auch das Fotografieren für mich »bloß« ein Nebenprodukt meiner Lebensweise. Ich hatte vor über einem Jahrzehnt das Mönchssein nicht deswegen auf mich genommen, um daraus einmal ein gute Story zu machen, und ich habe diese so facettenreiche Insel mit ihren entlegenen Urwäldern und wunderschönen Stimmungen, mit ihren Ureinwohnern und anderen faszinierenden Menschen nicht deswegen aufgesucht, um einmal sehenswerte Fotos präsentieren zu können. Leute und Landschaft hatten mich derart berührt und bereichert, dass in mir einfach das Bedürfnis aufstieg, auch andere an diesen Erlebnissen in Bild und Wort teilhaben zu lassen. Alle Fotos von Landschaften und Menschen am Ende dieses Buches sind von mir aufgenommen worden, und fast alle, auf denen ich zu sehen bin, sind von meinem treuen Reisebegleiter und Projektmitarbeiter Súnil Abheyrathna gemacht worden. Den abgebildeten Personen danke ich für ihr Einverständnis zur Veröffentlichung. Dank auch an Eva Eberharter, die ein Porträtfoto von mir machte und der Publikation zustimmte.

Sozialprojekte

In meinen Texten und in den Beschreibungen zu den Fotos beziehe ich mich immer wieder auf meine »Simple Wisdom«-Projekte. Die Idee, sozial aktiv zu werden, reifte in mir 1999, als ich mich schon über vier Jahre lang auf dieser paradiesisch-paradoxen Insel aufgehalten hatte. Damals konnte ich mich schon relativ gut in der Landessprache verständigen und war mit den unterschiedlichsten Problemen und Schicksalen direkt konfrontiert worden, die die Menschen hier tagtäglich entweder meistern oder an denen sie scheitern. Als buddhistischer Mönch hatte ich dabei den großen Vorteil, dass ich anerkanntes und geschätztes Mitglied der Gesellschaft war und nicht als exotischer Tourist oder unverstandener Sozialarbeiter abgestempelt werden konnte. Bis dahin hätte ich mir nie vorstellen können, auf was für einfache, direkte und unbürokratische Art effektive Hilfe eigentlich möglich ist, ohne sich dabei völlig verausgaben zu müssen. Einerseits lag das sicherlich daran, dass ich sehr darauf bedacht war, nicht mehr Energie, Zeit und Geld hineinzustecken, als mir und meinen Mitarbeitern zur Verfügung standen – auch wenn die Not auf Sri Lanka immer wieder dazu drängt. Andererseits gaben mir meine tägliche spirituelle Praxis und die Zeit, in der ich mich in die Waldeinsamkeit zurückzog, genug positive Energie und innere Gelassenheit, um mit den teilweise katastrophalen Umständen meist richtig umzugehen. Dabei wurde mir auch klar, dass man Mitmenschen erst dann wirklich helfen kann, wenn man schon eine gewisse Ausgeglichenheit im eigenen Leben gefunden hat.
Auch wenn ich mich in den kommenden Jahren wahrscheinlich nur noch temporär auf Sri Lanka aufhalten sollte, werden meine sri-lankischen Mitarbeiter weiterhin folgende Projekte verlässlich betreuen, wofür auch weiterhin Spenden benötigt und erbeten werden:

- Unterstützung der so genannten Veddas, der Ureinwohner von Sri Lanka
- Unterstützung von männlichen und weiblichen Häftlingen durch Meditationsprogramme und notwendige Hilfsgüter
- Gründung eines spirituellen Zentrums in Colombo, wo Beratung, Bibliothek, Workshops etc. angeboten werden

- Unterstützung von armen Familien, Kindergärten, Schülerinnen, Schülern und Studierenden
- Drucken und Verteilen von spiritueller Literatur, Postkarten, Kalendern etc.

Kontaktpersonen des „Simple Wisdom“ Projektes sind

in Sri Lanka:
Mrs (Frau) Theja Weeratna, 266/3 Galvihara Rd., Dehiwela; Tel: ++94-11-4208181; E-Mail: thejaw@wow.lk
in Österreich:
meine Mutter Franziska Palzinsky, E-Mail: h.f.palzinsky@utanet.at
in Deutschland:
N.N. (Bitte unter der österreichischen Adresse erfragen.)

Weitere und aktuelle Informationen im Internet unter:
www.simple-wisdom.net

Anfragen wegen Yoga- und Meditations-Workshops (Retreats), Lesungen etc., aber auch Fragen und Feedbacks erbitte ich *direkt* an mich: simplewisdom@gmx.at *oder*
Florian Palzinsky, c/o Kasten 31, A-4893 Zell am Moos, Österreich; Tel. / Fax: ++43-(0)6234-8350
Weitere und aktuelle Informationen unter:
www. simple-wisdom.net

Kandy, im Jänner 2004 Samanera Pajalo / Florian Palzinsky

Kapitel 1

Vorüberziehende Gedanken auf einem uralten Felsen[3]

Was für eine schöne Überraschung zu entdecken, wie uneinsam Alleinsein sein kann.
Ellen Burstyn[4]

Wieder einmal begegne ich dem Alleinsein in offener Wildnis, heiße seinen Geschmack willkommen wie die Süße der ersten Kirsche des Jahres. Der Lärm der Gesellschaft und der Staub ihrer Hoffnungen, Verzweiflungen und Sinnlosigkeiten hatte seit einiger Zeit jene feine Erinnerung an ähnliche Erlebnisse vergangener Tage zugedeckt. Der frische Wind der Gegenwart enthüllt aufs Neue das innen und außen Altbekannte. Und wieder einmal wird mir das Paradox bewusst, dass *All-ein-sein* das Gefühl der Einsamkeit verschwinden lässt und Beziehungen oftmals den Schmerz inhaltsloser Einsamkeit nähren. Jene Frauen, die einmal vor langer Zeit mein Herz gebrochen haben oder war es erst gestern? sind nun an andere Männer und an ihre Kinder gebunden. Ich habe es gewagt, dieser lieblich-bitteren Fessel zu entfliehen. Und jetzt, während traumgleicher Tage und lichter Nächte, ist die Zeit reif, dem ins Auge zu schauen und zuzulächeln, was man mit niemandem teilen kann. Unter Menschen und in Märchen heißt es häufig, Glück könne in der Einsamkeit nicht gefunden werden. Aber wenn ich mich umsehe, kann ich in den Gesichtern derer, die ihrem Verlangen nach Geselligkeit nachjagen, kaum etwas vom verheißenen Heil erkennen. Doch auch ich gebe zu, dass manchmal meine Phantasien und Träume die Grenzen überschreiten, die mein Körper seit Jahren beachtet. Aber wer könnte vorhersagen, dass mein Leben für immer von dem Mönchsgelübde begeleitet, beschützt oder eingeengt sein wird?[5] Dennoch fühle ich tief in mir, dass niemand, nicht einmal die perfekte Traumfrau, jemals dazu fähig sein wird, diese Freude zu ersetzen, mit der sich mein Herz in jenen Stunden des Alleinseins füllt.

Die entspannte Stimmung lädt mich ein, meine Sorgen um die Welt loszulassen, meine Versuche und Fehlschläge, mir selbst und anderen zu helfen. Hier habe ich die Zeit, in Ruhe zu überdenken, wie weit ich bis heute auf meinem eigenen Pfad gekommen bin: Ob ich gelernt habe, ruhiger und zufriedener zu gehen, mich weniger von anderen und mir selber irritieren zu lassen. Hier habe ich die Gelegenheit, nach innen zu schauen und eben »hier« zu arbeiten. Und das ist in der Tat schwieriger, seltsamer und wichtiger als viele der extrovertierten Aktivitäten. Wie oft neigen wir stattdessen dazu, uns in dem zu verlieren, was eigentlich nichtig ist und so schnell wieder vergangen und vergessen sein wird! *Hier* wird es offensichtlich, dass es niemanden auf dieser Welt gibt, der meine inneren unsichtbaren Gemütsbewegungen loben könnte, und niemanden, der mir meine Faulheit vorwerfen, meine Hoffnungen und meine Unsicherheiten, meine Ängste und meinen Mut wahrhaftig beurteilen könnte. In solch einer Umgebung wünsche ich mir weder Mauern noch Zäune. Die Felsen, Wiesen, Wälder und die Berge in der Ferne spiegeln die ungebundene Stimmung des Herzens wider, wie sie sich nur in der Abwesenheit von Menschen formen kann, weit weg von ihren einengenden Schöpfungen. Der Geist kann endlich wieder frei durchatmen, da er nicht mehr innerhalb der künstlichen Käfige von Traditionen, Konventionen und Ritualen gefangen gehalten wird.

Nach einem Dach verlange ich nicht, da die Wolken nur wenige Regentropfen mit sich tragen, während sie gegen unbekannte Horizonte segeln. Auch bieten die Blätter der Bäume und die Überhänge von Felsen genügend Schutz vor der Sonne, wenn ihre glühende Hitze um die Mittagszeit niederbrennt. Kann mir jemand die Zimmerdecke eines erstklassigen Hotels oder gar eines Schlosses zeigen, die, weit weg von jedem künstlichen Licht, der glitzernden Pracht dieser zahllosen Sterne gleichkäme? Wer würde sich in solch einer Umgebung wegen schlafloser Stunden Sorgen machen, wenn unsere winzigen Augen ein derart großartiges Wunder erblicken, welches all unsere oberflächlichen Grübeleien besänftigt? Gibt es irgendein Bett, das den Schlaf tiefer und die Träume bedeutungsvoller machen könnte, als solch ein Lager im Schoße der Natur? Hier hat meine Seele Gelegenheit, ihre eigene Natur zu berühren – und das nicht nur im Traume –, während ich die Nacht auf diesem uralten Felsen verbringe, der von der Sonne am Tag kraftvoll gewärmt und von der Abendbrise sanft gekühlt wurde, der von zahllosen Regenfällen grau und glatt poliert wurde und vom Grün der Gräser und der Bäume umbettet ist, während die Luft ihn mit einer Vielfalt von Tierstimmen umgibt. Nur jene winzigen, von Menschenhand gefertigten Lichtpunkte, welche die grenzenlose Himmelssphäre mühelos durchkreuzen, erinnern mich an moderne Zeiten, in denen wir Menschen ein Vermögen für die Erforschung des Planeten und des Universums ausgeben haben und das alles so offensichtlich auf Kosten inneren, unbezahlbaren Reichtums.

Mit dem Gefühl von Wachheit und Sicherheit im »Hause« der Wildnis kann ich diejenigen einfach nicht mehr verstehen, die ihre Zeit damit verschwenden, ihr Leben auf jede nur mögliche Weise abzusichern. Denn, welches Leben ist es eigentlich wert, so übermäßig abgesichert zu werden, wenn es noch nicht einmal in seinen grundlegenden Tiefen und Möglichkeiten verstanden und gelebt wird? Ich leugne nicht, dass mein Herz stärker zu schlagen beginnt, wenn mir in der Dunkelheit der Nacht die knackenden Geräusche eines vorbeiziehenden Elefanten zu Ohren kommen. Und wie geht es mir mit jenen schwer zu entdeckenden Schlangen, deren Gift in wenigen Stunden ein Menschenleben zum Verlöschen bringen kann, oder mit den Moskitos, die es lieben, das süße Blut der Menschen zu saugen und dabei manchmal einen Virus mit bitteren Konsequenzen zurücklassen? Was ist mit dem ungefilterten Wasser aus einem schlammigen Bächlein, an dem auch unzählige Tiere ihren Durst stillen? Und wie geht es mir mit dem Essen der Dorfbewohner, das zwar das Herz mit Dankbarkeit entgegennimmt, mein »verwöhnter« Körper aber nicht immer verträgt? Selbst wenn man diese Umgebung gut kennte und nicht – so wie ich –, wenn alleine gelassen, wie ein Fremder im Paradiese herumirrte, würde es dennoch im Notfall lange dauern, auf den von Menschen unmarkierten und von den Tieren der Wildnis ausgetrampelten Pfaden ins nächste Dorf zu gelangen. Diese Gegend und ihre Wege gehören hier den ungezähmten Wesen, und wir dürfen sie nur als Gäste benutzen, und das aber ohne die Garantie, dass man das gewünschte Ziel wirklich erreicht.

Eine Tatsache, die wir allzu häufig und gerne vergessen, ist, dass überall und jederzeit Gefahren für Leben und Gesundheit warten.

Sollte es gerade hier, in Berührung mit der Wildnis, eine beruhigende Ausnahme geben? Vielleicht hilft aber gerade diese widersprüchliche Stimmung in unzivilisierter Umgebung, eine neue Erkenntnis um das Wunder des Lebens in uns wachzurufen mit all seinen gefürchteten dunklen und geliebten hellen Seiten, mit all seinen Anfängen und Endpunkten, mit all seinen Möglichkeiten und Begrenzungen. Erst dann wird es uns möglich sein, die Wirklichkeit zu verstehen und anzunehmen und die notwendige Harmonie zwischen uns und unserer Umwelt zu finden, sei es in gewohnter, unvollkommener Gesellschaft oder eben in ungewohnter, aber vollkommener Abgeschiedenheit.

Kapitel 2

Sri Lanka und der Zauber seines Lächelns[6]

Ein Lächeln kann man nicht kaufen, erbitten, leihen oder stehlen. Es ist etwas, das keinen Wert für irgend jemanden hat, solange es nicht verschenkt wird.

Unbekannte Quelle

Vor einiger Zeit reiste ich von Europa nach Sri Lanka zurück. Auf dem Weg vom Flughafen nach Colombo fiel mir das Lächeln der Menschen auf den Straßen auf, und ich bemerkte, dass ich dorthin zurückgekommen war, wo ich mich zu Hause fühle. Ich hatte gerade ein paar Monate mit fremden Menschen in einem Land verbracht, das ich eigentlich »meine Heimat« nennen sollte. Nach Jahren war ich wieder einmal auf Besuch in einer anderen Gesellschaft und Klimazone, ein exotischer Vogel aus dem Osten mit ungewöhnlicher Kleidung und Haarschnitt. Eigentlich war ich doch sehr erstaunt, wie wenig es mir ausgemacht hatte, einen Sommer in Europa zu verbringen. Langsam und mit Schwierigkeiten, aber tatsächlich lerne ich also doch die Kunst, ein heimatloses Leben zu führen, das heißt, die Fähigkeit zu haben, sich überall zu Hause zu fühlen und ein inneres Lächeln für jede Situation mit sich zu tragen.

In einer Einkaufsstraße in jener seltsam zivilisierten Welt wurde mir damals klar, dass ein natürliches schönes Gesicht, ungebrochen von der verzweifelten Sehnsucht nach dauerhaftem Glück, im Westen nicht einfach zu finden ist, speziell nicht an einem so reichen, jedoch herzlosen Ort. Erst als ich wieder durch die Lande dieser Insel reiste, wurde mir klar, wie sehr ich es genieße, in einer Umgebung zu leben, wo Menschen es einfach lieben zu lächeln und jede Gelegenheit dazu auch wahrnehmen. Einige »kultivierte« Westler meinen zwar, dass das Lächeln in Asien bloß eine Konvention oder Maske sei. Ich empfinde jedoch, dass die meisten Menschen hier die Kunst des Lächelns wirklich als einen ehrlichen Ausdruck von Freundlichkeit und einer inneren Lebenshaltung praktizieren.

„The people in Sri Lanka have the greatest smile in the world", bemerkte einst stolz eine seit Jahren in den USA lebende Singhalesin.[7] Ich war sehr beeindruckt, dass das Lächeln dieser Dame den amerikanischen »way of life« überlebt hatte. Es muss einfach eine sehr kraftvolle Ausdrucksform sein, denn nur wenige Dinge können tatsächlich dem Zwang einer Konsumgesellschaft standhalten. Um ehrlich zu sein, muss ich hier auch erwähnen, dass auch bei dieser Thematik nicht alles Gold ist, was glänzt. Zum Beispiel hatte ich mich einmal von einem lächelnden Gesicht täuschen lassen, hinter dem sich jedoch extreme Verzweiflung und Selbstmordgedanken verbargen. Und mit derselben Mimik brachte diese junge Frau stolz zum Ausdruck, wie geschickt sie ihre wahren Gefühle verbergen konnte, und das war nicht das einzige Mal, dass mir solch Unerwartetes widerfuhr. So etwas ist sehr erstaunlich für jemanden wie mich, der in einer Gesellschaft aufwuchs, wo sich kaum jemand darum bemüht, negative Gefühle hinter einem Lächeln zu verstecken.
Mittlerweile ist es schon einige Jahre her, dass ich als Mönch allzu sehr gegen meine menschlichen Seiten ankämpfte. Damals empfand ich schon ein bloßes Umherblicken als etwas Unspirituelles und Schlechtes. Eines Tages begegnete ich damals in einem Meditationszentrum dem Lächeln zweier Schwestern. Ihre herzlichen Gesten brachten mich völlig durcheinander, so dass ich verwirrt zu meinem damaligen Meditationslehrer ging und ihn fragte, wie ich mich in einer derartig „unangenehmen Situation" verhalten solle. „Lache einfach zurück!", lautete seine einfache, aber für mich damals ungewohnte Antwort. Seitdem bin ich lockerer im Umgang mit mir und meinen Mitmenschen geworden. Jetzt würde es mich nicht einmal wundern, wenn mich jemand mit den Worten „Ein Mönch sollte doch nicht so viel lachen" zurechtweisen würde. Tatsächlich hatte ich in den ersten Jahren meiner »spirituellen Laufbahn« hauptsächlich gelernt, wie man allem Möglichen entsagt, vielleicht sogar der Lebensfreude. Ich habe mir selber konsequent beigebracht oder es wurde mir immer wieder vorgeschrieben, dieses oder jenes zu befolgen oder zu unterlassen, die Mönchsregeln anzunehmen, sie zu umgehen und Ähnliches mehr. Dabei spürte ich von einer inneren Gelassenheit und Heiterkeit wenig, wenn überhaupt etwas. Als ein heimatlos Reisender in dieser Welt hatte ich zwar viele materiellen Fesseln radikal abgeschnitten, aber

diese Jahre nährten in mir keine Harmonie. Damals hätte mich nichts zu einer Liebeserklärung inspiriert, die man in den Sand schreibt, um sie bald darauf wieder vom Seewind überwehen zu lassen; ich hätte es nicht gehört, wie sie durch einen plätschernden Bach mir zugeflüstert wird, der tief durch den Dschungel fließt; ich hätte sie nicht am Himmel erblicken können, wenn sie mit den Wolken dahingezogen wäre, begleitet von den herumkreisenden Adlern: Denn zu dieser Zeit war ich zu sehr verstrickt in meinen Übereifer, meine Ernsthaftigkeit und meine selbst konstruierten Leiden. Als ich aber mehr Zeit mit jenen verbrachte, die nicht so ernst und durchdacht lebten und nichts von Meditation wussten und wissen wollten, lernte ich zu entspannen, zu lachen, zu scherzen und ganz einfach meine Anspannung loszulassen. Ich entdeckte, dass man durch den Anspruch nach Perfektion leicht die Gelegenheit verpasst, ein Lächeln zu schenken oder eines zu empfangen. Langsam dämmerte es mir auch, dass man auch Wertvolles in einer fehlerhaften Situation inmitten unvollkommener Menschen lernen kann.
Einige sich erwachsen Dünkende aus dem Westen blicken auf Sri-Lanker etwas hochmütig herunter und empfinden diese manchmal als etwas zu kindlich, sogar als etwas zu kindisch. Für mich ist es aber genau diese Unschuld ihrer Herzen, die ich aufrichtig schätze und von der ich so vieles gelernt habe. Wenn ich heutzutage zufällig miterleben muss, wie sich religiöse Mitmenschen voller Eifer in Gespräche voller theoretischer »Spiritualität« verwickeln, dann kommt in mir der starke Wunsch auf, all das Gerede hinter mir zu lassen und mit einfachen Menschen über herkömmliche Dinge zu sprechen oder ein wortloses Lächeln mit einem Kind zu teilen. Und all zu gerne erinnere ich mich dann an jene ewig aktuellen und gültigen Worte von Hermann Hesse: „Vielleicht ist es dies, was dich hindert, den Frieden zu finden, vielleicht sind es die vielen Worte. Denn auch Erlösung und Tugend, auch Sansara und Nirwana sind bloß Worte [...]. Die Welt zu durchschauen, sie zu erklären, sie zu verachten, mag großer Denker Sache sein. Mir aber liegt einzig daran, die Welt lieben zu können, sie nicht zu verachten, sie und mich nicht zu hassen, sie und mich und alle Wesen mit Liebe und Bewunderung und Ehrfurcht betrachten zu können.“[8]

Kapitel 3

Stimmungen in der Einsamkeit[9]

Wenn auf die Probleme und Komplexitäten des Lebens keine Antwort aus dem Inneren kommt, bedeuten sie letztendlich sehr wenig.

C. G. Jung, Gedächtniszitat

Die Stimmung, in der ich mich im Alleinsein fühle, ist nichts Großartiges, nichts Besonderes. Und doch ist es eine Sphäre, die mein Herz in einem solchen Maße fesselt, dass ich nicht davon lassen kann. Ich liebe es mehr als das, was mich zu anderen Zeiten in Bewegung setzt und was andere die ganze Zeit umhertreibt. Ein Gefühl in meinem Inneren sagt mir: »Diese Bröckchen Wahrheit sind gut genug für mich!« – Aber sind sie es nur für mich? Diese Stimmung, sie ergießt sich nicht in schöne Worte, aus denen Gedichte entstehen, welche die müden Seelen derer entzücken könnten, die nur den Lärm des Getümmels in der Menge kennen. Sie versucht nicht, die vollkommene Atmosphäre derer zu imitieren, die weit gegangen sind, so weit, dass für sie menschliche Sorgen wie lächerliche Witze unwissender Narren klingen. Ich höre ihre weisen Ratschläge und versuche, sie anzuwenden, aber werde am Ende nicht viel klüger dadurch. Verwirrt lasse ich die Pfade und Ziele anderer, die zu fremd für mich sind, beiseite, oder sind sie einfach nur zu edel, um sie zu verstehen? In Demut kehre ich dann zu meinem eigenen Alleinsein zurück, das dafür umso greifbarer ist. Und ich bin froh darüber, wie ich meines Weges gehe – auch wenn die Ziele, die ich anstrebe oder die auf mich zusteuern, nicht immer richtig, großartig und klar erscheinen. In solch abgeschiedener Atmosphäre gibt es nicht jene innere Leere, in der Gedanken und Phantasien, Gefühle und Gemütsbewegungen beiseite gelassen oder zunichte gemacht werden. Sie kommen alle hoch, auf verschiedene Art, in verschiedenen Farben und Formen. Manchmal mehr als ich erwarte und mehr als mir lieb ist. Ich habe die Zeit und

nehme mir die Zeit, sie alle aufsteigen zu lassen und sie von weitem oder aus der Nähe zu beobachten ... und lasse sie wieder ziehen, wenn es ihnen beliebt. Ich bemühe mich, zu ihnen ein freundliches Verhältnis zu bewahren, obwohl sie lästig, grob, heftig und manchmal stärker als meine freundliche Haltung sein können. Wenn es aber so weit käme, dass ich mit ihnen zu kämpfen begänne, würde sich diese Stimmung in ein grausames Schlachtfeld verwandeln. Trügerische Gedanken würden mir einreden: »Du bist zu schwach für so ein Unternehmen!« oder »Das ist nicht der Ort, wo Frieden erlangt werden kann! Geh zurück und suche ihn im Getriebe der Welt! « Deshalb ist mein Motto: Wenn Engel kommen, lasse ich sie sein; wenn Teufel kommen, lasse ich sie ebenso sein, und ich versuche mich darin, mit beiden zu harmonieren. Denn habe ich eine andere Wahl? Wenn ich meinen Geist nicht auf Gewinn ausrichte, wie könnte ich dann jemals etwas verlieren?
In welchem Umfang, so frage ich mich, kann mein »Wille« – so stark er auch manchmal zu sein scheint: seit Kindertagen gut erzogen, seit Jahren stolz in Mönchsroben gehüllt, wohl vertraut mit himmlischen Versen – meine »Begierden« kontrollieren? Jene Herzenswünsche, die aus dem Tiefen, Dunklen, Unbekannten kommen und ihre unartigen Gedanken, kindischen Träume und unglaublichen Phantasien zum Ausdruck bringen. In welchem Ausmaß, wage ich zu denken, können jene »Begierden« den »Willen« dazu inspirieren, festgesetzte Ziele, die die spontanen Freuden eines ungebundenen Lebens verloren haben, loszulassen? Ich beobachte beide, wie sie spielen und kämpfen, sich vertragen und provozieren, lieben und hassen, sich vereinen und sich trennen – aber nur für eine Weile, um neue Kraft zu einem neuerlichen Treffen zu gewinnen, mit der sie diese ernsthaften, diese narrenhaften Handlungen weiter fortsetzen. *Hier* ist die richtige Zeit und der richtige Ort, damit Träume erscheinen und ihre Flügel ausbreiten, um über nie zuvor gesehene Horizonte zu fliegen. Sie machen sich über die bekannte Realität derart lustig, dass man die alte, abgenutzte Welt aus einer neuen Perspektive zu betrachten beginnt. Auf diese Art gibt mir das eine weitere Gelegenheit, mir darüber klar zu werden, was mit dem früher einmal für absolut richtig Gehaltenen so schief gegangen ist.

Was ist der Grund dafür, dass manche Träume, so vage sie auch sein mögen, aus unbekannten Sphären zu Besuch kommen? Still tauchen sie im Bewusstsein auf und werden zu klareren Vorstellungen, wandeln sich zu bedeutsamen Gedanken und transformieren sich in tiefe Betrachtungen, die Gewohnheiten dazu bringen können, ihre eingefahrenen Wege zu ändern. Neue Hoffnungen, neue Ziele, neue Kraft kommt auf! Aber bereits im nächsten Augenblick kehren die lang gehätschelten, vertrauten Vorstellungen wieder zurück und drücken diese neuen vagen Träume nieder, und schon segelt man zu den selben alten Zielen mutlos zurück. Dennoch weiß ich intuitiv, dass hier die richtige Zeit und der richtige Ort sind, um Träume entstehen zu lassen und neues Leben zu bringen.
Welche Strategie hat man, wenn man in der Wildnis ohne Gesellschaft von Freunden und Ratschläge des Meisters lebt, und das nicht nur um des Überlebens willen, sondern um das Wissen zu erfahren, was Leben eigentlich bedeutet? Vielleicht liegt die Kunst darin, zu lernen, welches die Grenzen sind, die uns binden, und welches Potenzial uns fähig macht, Neues zu kreieren. Man braucht Geschicklichkeit und Intuition, um zu wissen, wie man das Nötige mit dem verbindet, was das Herz erfreut. Wenn man den Tag über vor der Hitze der Sonne in eine enge Höhle entflohen ist, sind die Augen ermüdet vom Anblick immer derselben wenigen Bäume und Felsen. Der Körper mag mit Schweiß bedeckt sein und die Stimmung des Geistes von Mattheit getrübt. Doch was für ein Wohlbefinden, wenn man in den offenen Raum tritt, den fernen Horizont schaut und dabei den Hauch des Abendwindes fühlt! Welche Freude, dem Pfad zum kleinen, schlammigen Bach zu folgen und ein erfrischendes Bad zu nehmen! Auf solche Art lerne ich wieder einmal, wie befriedigend es ist, sich mit einfachen Mitteln um Körper und Seele zu kümmern. Ich brauche nicht viel Zeit, um die wenigen notwendigen Dinge in Ordnung zu halten. Aber ich halte mich davon fern, das aufzuräumen, was nicht mein ist: Warum sollte ich einen Pfad fegen, der dem Dschungel gehört, geschmückt mit seinen eigenen Blättern? Warum sollte ich den Boden einer Höhle pflastern oder sie mit Wänden einschließen? So, wie es jetzt ist, ist es gut genug, denn schon bald werde ich diesen Ort verlassen müssen ... und ein wenig später diese Erde. Aber dieser Felsen wird seine Form behalten, selbst wenn Jahrhunderte

vergangen sind. Was wäre also der Grund, warum ich meine Energie für Aufgaben verschwenden sollte, die so nichtig sind und keine Dauer haben? Derjenige, der hier nicht den Willen der Natur verstehen kann, die Art und Weise, wie sie ihren eigenen Regeln folgt, der wird bald verzweifeln und zurück nach Hause gehen, wo er glaubt, der Chef zu sein.

Aber kenne ich nicht auch Befürchtungen? Doch. Sie kommen manchmal hoch, wenn beispielsweise ein Stock in der Dunkelheit für eine Schlange gehalten wird, wenn die Stille der Nacht durch den Schrei eines Tieres zerrissen wird oder wenn der Fuß beim Besteigen eines Felsens abgleitet. Diese Momente sind jedoch selten, und bald schlägt das Herz wieder in seinem ruhigen, natürlichen Takt. Mir wird gesagt, dass es hier Geister und Götter gebe, wilde Tiere und übel gesinnte Menschen. Wenn ich zumindest ihre Schatten im Dunkel der Nacht sehen könnte, dann würde ich mir sicherlich Sorgen über Leben und Tod machen. Aber durch das, was ich erlebt habe und erlebe, lasse ich sie meinen Geist nicht zum Narren halten, und daher schlafe ich auch friedlich ein. Trotzdem: Befürchtungen sind da, doch weniger als Ärger. Wenn das Essen auf eine Weise gekocht wird, die der Magen nicht verträgt, wenn kein Trinkwasser mehr vorhanden oder es ungenießbar ist, wenn die Hitze Körper und Geist lähmt, wenn Moskitos das friedvolle Sitzen oder Schlafen stören, dann kommt Ärger auf und lässt mich durch seine Stärke meine Schwäche spüren. Aber schon bald verliert er seine Herrschaft und zieht weiter. Hass ist da, doch weniger als Lust. Manche sagen, man brauche nur Disziplin, um die Beherrschung nicht zu verlieren, wenn dieser natürliche, animalische, innere Drang auftaucht, und mit etwas Weisheit, so wurde mir eingeredet, werde man ohne weiteres fähig sein, seine Wurzeln zu zerstören. Doch wenn Lust sich in unerwarteten Wogen zeigt, die den Geist überfluten und im Herzen so stark wie Wirbelstürme wüten, wenn sie das illusionäre Selbst-Bild erschüttert, ich sei schon weit über die gewöhnlichen Gedanken eines gewöhnlichen Menschen hinausgelangt, wenn da nicht viel von Gleichmut übrig ist, sondern nur ein Erstaunen, dass solches Verlangen in so kurzer Zeit das Steuer an sich reißen kann dann zweifle ich an all diesen naiven Strategien für ein derart komplexes Phänomen. Wenn dieser chaotische Drang wieder einmal die Oberhand gewonnen hat, neige ich dazu, dem zuzustimmen, was andere gesagt haben: »Wir alle wurden genau in dem Augenblick einer Ekstase gezeugt; wie können wir also verleugnen, dass sie ein Teil von uns ist? Warum sollten wir uns also bemühen, Lust zu ignorieren, zu vernachlässigen oder hinter uns zu lassen?« Vielleicht bleibt uns also nicht viel anderes übrig, als diese natürliche Kraft zu akzeptieren und zu lernen, auf angemessene Weise damit zu leben. Wenn wir versuchen, sie zu unterdrücken, wird sie mit doppelter Gewalt wiederkehren. Je schneller wir versuchen, ihr zu entkommen, desto schneller wird sie uns folgen. Aber sobald solche lustvollen Gefühle den Schauplatz verlassen haben, und wenn der Geist sich wieder eines heilsamen Friedens erfreut, dann kommt wieder Hoffnung auf und das Zutrauen, dass ich doch Kontrolle über diese Gewalten habe. Aber noch weiß ich, dass Lust da ist, doch weniger als romantische Träumereien. Vielleicht ist es nur ein Märchen, welches ich in unerzählten Phantasien in meinem Herzen trage. Manchmal scheint es wie eine schlafende Kraft zu sein, die jeden Moment durch einen kurzen Blick oder wenige süße Worte zum Leben erweckt werden könnte. Dann könnte *sie* schon vor mir stehen und meinen Namen, rufen oder hat *sie* schon gerade meinen Namen gerufen und mein Herz entflammt? Kennt sie mittlerweile meinen Geist, meine *sie* umkreisenden Gedanken, meine Sehnsucht nach *ihr*, ihre süßen Augen, ihren Mund, ihr Lächeln, ihre Stimme ... Unerfüllte und nicht zu erfüllende Träume ... Illusionen ... Realitäten? Nur Liebe in solch romantischen Auswüchsen ist fähig, die Welt auf eine ebenso wunderbare wie dämonische Art zu verwandeln. Nicht einmal den brav bürgerlich Lebenden, die Leben, Zeit, Geld und Energie für »sinnvoll Gutes« hingeben, bleibt es erspart, sich Hals über Kopf zu verlieben: In sich verwirrt und draußen verloren für einige süß-bittere Stunden, Tage, Jahre, und was ist schon Zeit in solch einem selbstvergessenen Zustand? All das ist Teil des menschlichen Schicksals. Deswegen wäre es auch irrig zu glauben, dass Mönche vor diesem eigenartigen Phänomen bewahrt würden. Aber hinter diesem weltweiten Drama gibt es auch ein verborgenes Paradox: Wenn endlich das gewonnen ist, worauf auf verschiedenste Weise so gehofft wurde, dann beginnt das erlangte Ziel die Wurzel all jener Sehnsucht zu zerstören. Die Einheit zerbricht, und man findet sich dort wieder, wo man anfangs begonnen hatte: einsam und verloren in der weiten Welt, wo Entzweiung die Norm ist und Vereinigung bloß ein Traum, der niemals andauert. Auch wenn mir das zu bestimmten Zeiten noch so sehr einleuchtet, so sind doch romantische Träumereien vorhanden, aber weniger als die Liebe zur Einsamkeit.

Was steckt hinter dieser bleibenden Stimmung, obwohl ich die Tage nicht zähle, hinter dieser Kraft, deren Stärke ich nicht messe? Hier fühle ich, dass zu einem gewissen Grade die Fremdheit ihren vertrauten Geschmack verloren hat und ich in meinem wirklichen Zuhause angekommen bin. Irgendeine Bindung ist fort, die ich ignoriert, und irgendeine Freiheit ist gewonnen, von der ich nichts gewusst hatte. Das Leben ist wieder sinnvoll auf seine ungewöhnliche Art, weil Unnützes weggelassen werden kann. Ich habe die Zeit, meine Zeit zu nutzen, und Energie, um meine Geschicklichkeit zu schärfen, ohne die üblichen Vergeudungen. Ich kann in neue, frische Formen wachsen und die Fesseln sprengen, die ich mir selbst angelegt oder die andere mir, mit meiner Duldung, gebunden haben. Oder sie wurden auf undurchsichtige Weise geformt, und ich habe sie als einen Teil des Lebens akzeptiert. Ich kann meinen eigenen Ideen folgen, Dinge so tun, wie sie mir gefallen, die Pfade gehen, die mir richtig vorkommen, auch wenn sie zuvor nicht beschritten wurden, und Zeit an Orten verbringen, die ich einfach mag, ohne Gründe dafür finden zu müssen. Ich habe gelernt, wie man auf der Erde sitzt, sodass der Geist in sich ruhen kann, und wie man an Orten ungestört schläft, wo kaum eine Menschenseele vor mir ruhte. Hier wird mir klar, wie eng tatsächlich die Atmosphäre innerhalb der Mauern von Häusern und Tempeln und in den Herzen ihrer Bewohner ist. Wie schwierig es ist, sie sauber zu halten und sie davor zu bewahren, zu zerfallen! Ich frage mich, was so besonders an ihnen sein muss, dass so viel Gefallen daran gefunden wird. Könnte man wirklich so viel Zeit damit verschwenden, wenn man sich bewusst wäre, dass all das am Ende zurückgelassen werden muss?

Mir wird bewusst, wie rasch der Himmel seine Stimmung auf farbenreiche Weise verändern kann und dabei meinen eigenen wechselhaften Geist widerspiegelt. Die feste Bahn der Sonne benutze ich als einen täglichen Wegweiser. Die Veränderung der Mondscheibe erinnert mich daran, wie schnell die Tage vergehen. Durch das funkelnde Licht der Sterne verstehe ich, wie wenig all meine Sorgen eigentlich ausmachen und wie viel ich mir doch daraus mache. Ich lerne, auf wie viel verschiedene Arten die Sonne aufgehen kann, obwohl der Platz und die Zeit jedes Mal dieselben sind. Und hier wird mir bewusst, wie sehr ich den Adler beneide, wie er auf seine ungebundene Weise durch die Luft über die Erde gleitet, die ich nur in meinen Träumen hinter mir lassen kann, und das nur für begrenzte Augenblicke. Wenigstens kann mein Blick mit ihm fliegen, und dabei verliere und finde ich mich zugleich. Es ist ein Genuss, die Tiere mit ihren selbstverständlichen Geschicklichkeiten zu beobachten, und es schmerzt die Erkenntnis, dass ihr Leben doch bloß aus Futtersuche und Fressen, Schlafen und Zeugung einer Nachkommenschaft besteht ... Aber tun wir Menschen denn im Endeffekt viel anderes mit unseren kurzen Leben, wenn wir die Tage damit verbringen, so vor uns hin zu leben?

Bald wird der Tag kommen, wenn ich wieder als Fremder in eine Menschenwelt zurückkehren muss, die ich mittlerweile noch weniger verstehe. Aber wahrscheinlich stellen andere auf ähnliche Weise meine Lebensart in Frage. Doch mache ich mir denn wirklich etwas aus dem, was andere von mir denken? Und warum sollte ich mich bemühen, eine Antwort auf ihre Probleme zu finden? Ist es nicht genug, etwas Stimmiges für sich gefunden zu haben, wie unausdrückbar, verwirrend und ungewiss es auch immer für die Welt klingen mag?

Kapitel 4

Selbstmord auf Serendip[10]

Die Kunst, ein Problem zu lösen, besteht darin, zu der Wurzel des Problems zu gelangen, bevor seine Auswirkungen zur vollen Blüte erwachsen.

Unbekannte Quelle

„Die Bewohner eines Dorfes haben eine tödliche Beere entdeckt, und seitdem essen sie diese so, als würden sie ein Fest feiern", erzählte mir kürzlich eine angesehene Professorin an einer der größten Universitäten Sri Lankas. Obwohl mich diese Aussage erschütterte, überraschen dergleichen Aussagen kaum mehr auf Sri Lanka, denn Selbstmord ist zum Bestandteil des Alltags auf dieser Insel geworden. In der Vergangenheit habe ich in den unterschiedlichsten Gegenden und Gesellschaften dieser Welt gelebt: mit Menschen, die so reich waren, dass ihr Luxus sie beinahe an den Rand ihres Ruins gebracht hatte, und mit Menschen, die so arm waren, dass ihre Kinder tatsächlich an Unterernährung gestorben sind. Dennoch bin ich nirgendwo auf das tödliche Phänomen »Selbstmord« in einem so großen Ausmaß gestoßen wie auf Sri Lanka. Ich besuchte einmal ein Spital, in dem die Schreie eines jungen Mannes, der Pestizide getrunken hatte, laut durch das Gebäude hallten. Für die Ärzte war es zwar ein hoffnungsloser, aber kein außergewöhnlicher Vorfall. Ein anderes Mal erzählte mir jemand von etlichen Selbstmorden, die seine Familie erschüttert hatten – fast so, als wäre das eine Erbkrankheit, die von einer Generation zur nächsten weitergegeben wird. Dann erwähnte einmal eine verzweifelte Mutter mir gegenüber, dass schon ihre 15-jährige Tochter Suizidgedanken geäußert habe. Ein Freund berichtete mir über den Selbstmord einiger Mönche, und traurig kommentierte dieser gläubige Buddhist: „So etwas hat es zuvor noch nie gegeben!" Liest man die Zeitung oder spricht man mit den Menschen, so ist dieses Thema tatsächlich überall und zu jeder Zeit gegenwärtig.

„Wie ist es möglich, dass ein so buddhistisches Land wie Thailand für Sextourismus weltweit so bekannt ist?", fragte mich einmal meine Schwester kritisch. Was für eine berechtigte Frage, und wie schwierig ist es, darauf eine gute Antwort zu finden! In ähnlicher Weise begann ich auf Sri Lanka andere kritisch über jenes tödliche Phänomen zu befragen. Je mehr ich die Sprache der Singhalesen verstehe, umso mehr lerne ich über ihre Herzen und die Motive ihrer Handlungen. Das Resultat ist dabei für einen »Fremden« wie mich in einem »Paradies« wie diesem manchmal sehr überraschend und nicht selten schockierend. *Was läuft falsch* auf dieser wunderschönen Insel, deren Völker anscheinend so sehr gläubig sind (verglichen mit dem religiös verarmten Westen)? *Was läuft falsch* in diesem Land, wo ein aufrichtiges Lächeln immer noch die Gesichter von Jung und Alt in Dörfern und Städten aufhellt? Wo selbst in den abgelegensten Gegenden Kinderscharen die zahlreichen Schulen besuchen; wo mindestens ebenso viele Studentinnen Zugang zu den Universitäten haben wie ihre männlichen Altersgenossen und auch sonst Frauen leitende Positionen innehaben, die in anderen Ländern exklusiv Männern vorbehalten sind[11]; wo eisige Temperaturen oder unerträgliche Hitze, Überschwemmungen oder Dürre nur selten den Rhythmus des Lebens, der Arbeit und der Entspannung lähmen; wo in allen Regionen und in jeder Jahreszeit mit Hilfe von altertümlichen und neuen Bewässerungsprojekten Wasser fließt; wo Felder besät und geerntet werden und die Bäume massenhaft Früchte tragen; wo Tierarten sich noch immer in freier Natur in Herden aufhalten, während diese in anderen Gegenden unseres Planeten schon ausgerottet wurden oder nur noch hinter Gittern zur Bewunderung ausgestellt werden: *Was läuft da falsch?* Seitdem ich die Insel und ihre Bewohner auf vielfältigste Weise erfahren habe, trage ich diese »Selbstmord-Frage« mit mir herum; aber nur unvollständige Antworten kommen mir in den Sinn oder Antworten anderer, die nur neue Fragen aufwerfen. Lange habe ich als Suchender auf einem spirituellen Pfad mit denen gelebt, die sich im Materialismus verloren haben, als Einsiedler unter jenen, die Gesellschaft lieben und brauchen, als Hausloser unter Haus- und Tempelbesitzern, als Fremder und als Gast mit Bewohnern dieses und anderer Länder, einschließlich jenes Landstriches, der sich »Heimat« nennt. So lange habe ich mit verschiedenen Menschen

und unter mannigfachen Umständen gelebt, dass ein naives Verständnis des Lebens sich nicht mehr so leicht hinter den Masken seiner Akteure und deren gesellschaftlichem Hintergrund verstecken kann. Dennoch begleitet mich diese eine Frage immer wieder, wenn ich entlang der sandigen Küsten, über die trockenen Ebenen oder durch die vom Monsunregen geprägte Berglandschaft Sri Lankas reise.
Ich denke nicht, dass es ein Zufall war, dass ausgerechnet hier der Titanic-Film-Boom[12] fast alle Geschäfte und Gemüter überschwemmte. Tatsächlich fühlen sich viele der Inselbewohner, als ob sie sich auf einem sinkenden Schiff befänden. Oft sprechen sie mit mir über ihre Sehnsucht, ins Ausland zu gehen, egal wohin, die Hauptsache: fort von hier. Liebe ich vielleicht diese tränenförmige Insel sogar mehr als viele von denen, die hier das Licht der Welt erblickt haben? Was dieses Land zum Sinken bringt, wie der Eisberg einst die Titanic, sind Krieg, Armut, Arbeitslosigkeit, Erwartungen und Enttäuschungen in Bezug auf Geld, westliche Luxusgüter, Liebesaffären sowie unerfüllte und unerfüllbare Träume. Und das mag der Grund sein, warum diejenigen, die nicht genug Weisheit oder Dummheit, Gleichmut oder Trägheit besitzen, zu früh in unbekannte Gewässer springen, die man vielleicht Samsara oder den endlosen Strom von Leben und Tod nennen könnte. Das sicherste Gefängnis der Welt befand sich einst auf einer Insel, einer ganz kleinen in Amerika. Kein Inhaftierter soll jemals lebend daraus entflohen sein. Ich hörte auch, dass es nach seiner Auflösung Pläne gegeben habe, es in ein Luxus-Hotel umzubauen. Lasst uns hier einen Schritt weiterdenken: Niemand ist jemals lebend diesem gefängnisähnlichen Körper entflohen. Doch ihn aus Verzweiflung zu zerstören wird uns nicht die begehrte Freiheit verschaffen. Einige Erdenbewohner tendieren dazu, unsere »Gitter«, »verriegelten Türen« und »kahlen Wände« in der Hoffnung herauszuputzen, dadurch Körper zu verschönern, attraktiver und angenehmer zu machen. Andere versuchen, dieser Gefängnisstimmung durch Fernsehkonsum zu entkommen, oder sie verlieren sich in irgendwelchen anderen nutzlosen Zerstreuungen. Aber diese Verschönerungsversuche und Ablenkungen gelingen nur vorübergehend. Sie machen das Leben oft nur noch trostloser, besonders dann, wenn man aus den aufwendig fabrizierten Wunschträumen

wieder in der harten Realität erwacht oder sogar auf ihrem Boden hart aufschlägt. Spätestens wenn der Tod seinen Schatten vorauswirft, wird man bemerken, dass innerer Frieden und äußere Freiheit nicht durch zeitraubende oder teure Zerstreuungen oder Anstrengungen erlangt werden können.
Ein Lösungsversuch, diese Situation voller Fesseln und verschlossener Türen zu verändern, wäre, sie in die glückliche Stimmung eines luxuriösen und offenen Hotels zu verwandeln, in dem nicht einmal mehr Cocktailparties notwendig wären, um eine schöne Zeit zu verbringen. Oder noch besser: Lasst uns doch versuchen, dieses Gefängnis in einen heiligen Platz zu verwandeln, in einen Tempel oder Schreinraum, in eine Kirche oder Moschee, wo der Geist sich nicht mehr in oberflächlichen Vergnügungen verliert. Doch mit der Zeit wird man vielleicht auch dabei erkennen, dass die Hingabe zu heiligen Gegenständen und Plätzen nicht unbedingt förderlich für die innere Unabhängigkeit ist. Hat man einmal das und all die daraus sich ergebenden Konsequenzen klar begriffen, so wäre die Voraussetzung geschaffen, um *die ganze Welt* zur Heimat werden zu lassen. Alle Arten von Grenzen würden dann zu bloßen absurden Erinnerungen werden. Menschen jeglicher Konfession würden dann als Brüder und Schwestern angesehen, und die Bedeutung der Wörter »Feind« oder »Fremder« würde man nicht mehr verstehen können. So würde das Herz frei von Vorurteilen werden, voller Liebe, offen und empfänglich für jeden, jederzeit: gegenüber dem Bettler und dem Millionär, dem Krüppel und der Schönheitskönigin, dem Narren, dem Heiligen und all jenen Mitwesen, die erfolgreich oder vergeblich versuchen, einen Pfad entlang den blühenden Wiesen und dornigen Büschen des Lebens zu finden. Aber nur dann werden unsere Herzen für so eine Offenbarung bereit sein, wenn wir fähig sind, sowohl die helle als auch die dunkle Seite derselben wertvollen Münze zu akzeptieren: Reichtum und Armut, Gesellschaft und Einsamkeit, Gesundheit und Krankheit, Geburt und sogar das Ende des »Dramas Leben«, gespielt auf der »Bühne Erde«. Weit weg ist dann die Angst vor dem Tod, auch wenn man sein Pochen an der eigenen Eingangstür nicht mehr ignorieren kann; weit weg ist aber auch der Gedanke oder sogar die Sehnsucht, ihn im Voraus aufzusuchen. Aber wenige sind so weit auf dem steilen Pfad zur Selbsterkenntnis vorange-

schritten, denn die meisten von uns haben sich in größerem oder kleinerem Ausmaße in falschen Ansichten über das Leben und somit auch über den Tod verfangen. Es kommt mir vor, als ob nur wenige offizielle Repräsentanten der Religionen ihr Wissen von direkter Erfahrung herleiten. Fragwürdige Rituale, die aber nur selten wirklich in Frage gestellt werden, sind oft die Mittel, um den spirituellen Hunger eines Volkes zu befriedigen. Wenn aber der ursprüngliche Geschmack der Wahrheit oder einer tiefen Lehre von seinen Anhängern nicht mehr praktiziert und direkt erfahren wird, werden sich diese auf andere Weise nach Fluchten umsehen, um ihre Frustration eines nicht verstandenen Lebens zu kompensieren. Vergnügungen, Fernsehen, Alkohol oder Drogen scheinen attraktiver zu sein als altmodische religiöse Zeremonien und antiquierte Konventionen. Und in dunklen Stunden oder auch nur in einem Moment der Verzweiflung mag sich Selbstmord als eine weitere praktische Lösung anbieten.

In meiner Kindheit genoss ich ein harmonisches Familienleben, gute Erziehung, Freiheit und Luxus, wie er selten auf dieser Insel zu sehen ist. Keine dieser Annehmlichkeiten konnten mich jedoch davor bewahren, Zeiten tiefer Verzweiflung zu erleben. Vielleicht mag es paradox klingen, aber gerade wegen solchen Mengen des Glücks müssen wir manchmal auch mit harten Zeiten konfrontiert werden. Und gerade wegen solch dunkler Momente im Leben erlernen wir oft erst die Fähigkeit, uns unseres Weges oder Umweges bewusst zu werden. Erst dann ist eine Umorientierung in eine ganz andere Richtung möglich, die den »immer glücklich« bürgerlich Lebenden meist verschlossen bleibt. Es sind manchmal gerade diese oberflächlichen Freuden, die vielfach die Anstrengungen vereiteln, einen tiefen Geisteszustand in sich zu entfalten, der uns etliches Leid ersparen kann.

Wenn man Kinder beobachtet, wird man sehen, wie nah die Tränen der Freude und der Traurigkeit beieinander liegen. Bei Singhalesen sieht man oft ihre meist schönen weißen Zähne, denn viele von ihnen haben noch nicht die wunderbare Fähigkeit verlernt zu lächeln. Andererseits passiert es aber nicht gerade selten, dass Menschen wegen irgendwelchen (aus westlicher Perspektive gesehen:) Nichtigkeiten extrem emotional werden. Niemand beschwert sich, wenn man stundenlang auf einen Bus wartet, der irgendwann einmal so überfüllt dahergeklappert kommt, dass er beinahe umkippt, weil eine Menschentraube sogar beim Eingang heraushängt, um sich so noch eine Mitfahrgelegenheit zu verschaffen. Und wenn man Pech hat, bricht der Bus auch noch vor dem ersehnten Ziel zusammen, was aber wiederum mit Gelassenheit von allen Betroffenen hingenommen wird. Wenn die Elektrizität ausfällt oder wieder einmal für Stunden abgedreht wird, wird das ebenso mit der üblichen Redensart »Kein Problem!« als normal hingenommen, und wenn der öffentliche Dienst streikt, hat sich schon bald die Bevölkerung daran gewöhnt. Wenn die Ernte durch ein Unwetter vernichtet wird, wenn das Dach kurz vor dem Monsunregen noch nicht abgedichtet ist, weil einfach die Mittel fehlen, oder wenn in einer Trockenperiode die Wasserreserven zu Ende gehen, dann ist die Einstellung, dass man dies schon irgendwie überleben werde, das einzige Mittel, um solche Situationen irgendwie zu meistern. Da wir uns im Westen so sehr in eine *fast* perfekt funktionierende Welt eingelebt haben, werden wir sehr schnell ungeduldig, wenn irgendwelche Kleinigkeiten nicht wie gewohnt funktionieren oder Unpünktlichkeit als naturgegeben hingenommen werden soll. „Diese Dinge sind für uns Singhalesen nicht von großer Bedeutung", erzählte mir einst ein einheimischer Mönch, „aber wenn es um die Familie geht, die Kaste oder eine Liebesbeziehung, dann werden die Menschen hier oft extrem emotional und kompromisslos." Wir »Sudus«, wie wir von den Einheimischen bezeichnet werden, weil so der singhalesische Name für die Farbe Weiß lautet, werden regelmäßig mit für uns oft nebensächlichen Fragen über Heimatland, Eltern, Geschwister und dergleichen belästigt. Wenn man aber weiß, dass sich Menschen auf »Serendip« manchmal deswegen gegenseitig oder selber umbringen, kann man erst verstehen, welch unterschiedliche Lebensprioritäten im Westen und im Osten gesetzt werden. Es berührt mich immer wieder, wenn ich sehe, wie sich Sri-Lanker um ihre Familien kümmern: die Eltern und Großeltern um ihre Kinder und Enkel, die Kinder und Enkel ebenso um ihre Eltern und Großeltern. Auf dem Lande funktioniert meist noch das archaische System der Großfamilie, und in Dörfern kann man den Eindruck bekommen, als ob es sich um eine einzige große Familie handeln würde. Durch den »modernen«, aber viel unmenschlicheren

Einfluss wird es in den Städten langsam Mode, die alte Generation in Altersheime abzuschieben oder Kinder statt mit menschlicher Wärme mit materiellen Ersatzprodukten zu umsorgen. Fürsorge und Liebe der Familienmitglieder rufen im eigenen Kreise Glücksempfindungen hervor. Wenn diese aber in extreme Anhaftungen münden, wird dennoch mit großer Wahrscheinlichkeit ein mehr oder weniger großes Leiden eines unschönen Tages unerwartet seine hässliche Fratze zeigen. In einer solchen Situation ist es dann leicht möglich, dass eine emotionale Flutwelle den Damm zivilisierten Gleichmutes durchbricht und menschliche Weisheit allgewaltig überflutet. Und nur in solchen Momenten unreflektierter Geisteszustände können spontane und schreckliche Handlungen wie Mord und Selbsttötung begangen werden. Wir im Westen tendieren dazu, viel, ja zu viel nachzudenken. Bevor ein Gedanke in eine Aktion umgesetzt wird, wurde er oft lange Zeit herumgetragen, umgeformt, wieder beiseite gelegt, um vielleicht wieder von neuem aufgenommen zu werden. Lange bevor der materielle Körper durch Suizid endgültig abgetötet wird, ist das Herz wahrscheinlich schon vorher langsam und beinahe unmerklich zugrunde gegangen. Aber in Sri Lanka bestimmen andere und von unserem westlichen Standpunkt her gesehen eher unlogische, *psycho*logische Gesetze den Rhythmus von Leben und Tod.
Niemand mag Leiden als seinen Lehrmeister anerkennen. Wenn wir aber nicht reif genug sind – und wer von uns ist das im Endeffekt schon? –, wird Schmerz unser einziger Begleiter sein, der uns beflügeln kann, im Leben weiterhin zu lernen und zu reifen. Jene aber, die nicht genug spirituellen oder weltlichen Boden unter den Füßen haben, werden bei negativen Stimmungen leichter niedergedrückt, und unter Umständen wird dann der Tod als die einzige Lösung im Leben erwogen. Durch diese so endgültige Handlung wird man aber dann von jeder Möglichkeit einer anderen und sanfteren Alternative, das Leben zu meistern, für immer abgeschnitten. Es ist eine fragwürdige Tat, die der kalten Morgendämmerung die Hoffnung auf einen sonnigen Tag raubt, der Mittagshitze das Verlangen nach der kühlenden Abendstimmung und der Müdigkeit die Aussicht auf einen guten Schlaf. Es wird damit unserer einmaligen Existenz die Möglichkeit genommen, erfrischt für einen neuen Tag aufzuwachen.

Der Versuch, dieses irrationale Phänomen rational zu erklären, bringt naturgemäß jenen wenig, die ihre Entscheidung, diese Welt zu verlassen, bereits ausgeführt haben. Aber vielleicht bringt das Aufgreifen dieses allzu oft verdrängten Themas denen ein paar Keime der Hoffnung, die bereits abseits des Lebensstromes stehen, am Verdursten sind und sich aus einer tiefen Verzweiflung heraus nach dem Gegenteil sehnen. Leid ruft unter Menschen die gegensätzlichsten Reaktionen hervor: Entweder werden wir dadurch in einen Haufen Elend verwandelt, der nach dem Ende von allem verlangt, oder wir transformieren es in ein tieferes und klareres Verständnis über das Leben und die Welt und schöpfen dadurch eine neu entspringende Freude. Diese reine Quelle ist in jedem von uns. Wir brauchen lediglich die Kunst zu erlernen, aus ihr zu trinken. Vielleicht ist das gerade die wichtigste Aufgabe und Herausforderung für jede Generation und für jeden Menschen auf diesem Planeten.

Kapitel 5

Leben in der Wildnis

Wildnis ist ... unberechenbar, bewegt sich kreisförmig, ist Veränderung. Natur webt sich in einem unaufhörlichen Lebensatem um sich selbst ... Das, was wirklich wild ist, fließt an den Rändern über – auf den Küchenboden, in das Liebesleben, durch die Fußspuren auf den Gehsteigen, in der Form von Löwenzahn und Gefühlsausbrüchen. Eine Methode, zu einer Lebensart zurückzukehren, die organischer ist und besser mit der ganzen Natur harmoniert, besteht darin, mehr ins Freie zu gehen ... und die Unberechenbarkeit der Wildnis die Sehnsüchte der Seele in uns berühren zu lassen. Wildnis ist eine natürliche Veranlagung unseres Seins. Man muss nicht weit gehen, um Wildnis zu finden, nur so weit wie zu dem eigenen schlagenden Herzen und zu der Freude, die man im Leben findet.

Cass Adams, The Soul Unearthed[13]

Der Weg zu einem der ausgefallensten Plätze, die ich in Sri Lanka kenne, führt auf einer kleinen holprigen Straße nach Panama, einem kleinen Dorf nicht weit von der Ostküste Sri Lankas. Dort findet man noch immer häufig jene langsamen und schweren Ochsengespanne mit ihren großen, hölzernen Rädern, die sich in den letzten Jahrhunderten in ihrem archaischen Erscheinungsbild und ihrer Nützlichkeit kaum verändert haben. Sie versetzen den Betrachter aus der Gegenwart in die Vergangenheit, als man Zeit noch nicht mit Geld gleichsetzte und mühevolle Arbeit noch nicht durch Maschinen und Hektik ersetzt worden war. An diese letzte menschliche Ansiedlung schließen sich dann noch einige Reisfelder an. Und dann breitet sich der endlos grüne Teppich des Dschungels bis zum Horizont aus, nur auf einer Seite durch einen noch gewaltigeren Ozean begrenzt. Wir sprechen hier von einer Gegend, die auf der rechten unteren Ecke der Landkarte mit »Yala« bezeichnet wird.

Es ist jedes Mal eine große Freude für mich, die letzten zehn Kilometer zu meinem entlegenen Ziel alleine zu wandern, und dabei nur meine Fußabdrücke auf der Sandpiste zurückzulassen, neben den unzähligen anderen Spuren in all den unterschiedlichsten Formen und Größen. Ich habe es mir zur Gewohnheit gemacht, diese Strecke entweder frühmorgens oder spätnachmittags zu marschieren, einerseits, um nicht von der tropischen Hitze überwältigt zu werden, andererseits, um diesen grandiosen Wechsel von Licht und Dunkelheit zu erleben. Auf diese Weise verabschiede ich mich für einige Wochen von der chaotischen »Zivilisation«, um mich in ein von anderen Regeln und Werten bestimmtes Leben in der Natur zu begeben.

Auf halbem Weg durch den Dschungel steht auf der linken Seite ein kleiner Hindu-Tempel. Aber nicht nur Hindus unterbrechen dort ihre Reise für ein kleine Zeremonie, sondern wer auch immer sonst noch glaubt, dass ihm wenigstens die Götter in Zeiten der Gefahr beistehen sollten. Etwas weiter tauchen unerwartet einige verlassene Behausungen auf. Jahrelang nahm sich die Natur die Zeit, mit ihren üppig grünen Girlanden die zerfallenen Zementmauern zu verzieren. War es der jahrzehntelange Krieg, die Einsamkeit, das Bedürfnis nach mehr Komfort, was diese wenigen Familien einst veranlasst hatte, ihr großzügig gebautes Zuhause zu verlassen? Endlich führt der Weg zu einer weiten Lichtung, wo die Wälder einer Lagune Platz gemacht hatten, an der sich nun exotische Wasservögel und Herden von gezähmten Wasserbüffeln am Zusammenspiel von Wasser und Land erfreuten. Dahinter erheben sich einige ungewöhnliche fingerhutförmige Felsen. Auf dem höchsten ist eine Pagode in der sonderbaren Form eines Zylinders errichtet: Kudumbigala, mein ersehntes Ziel, ist endlich erreicht.[14] Jahre ist es mittlerweile her, dass ich einen phantastischen Bericht über diesen eigenartigen Ort gelesen hatte.[15] Und nun, wie durch ein Wunder, haben sich jene Buchstaben in eine Wirklichkeit aus Stein,

Holz, Wasser und einen weiten Horizont vor meinen Augen verwandelt.
Es ist eines der abgelegensten von den bewohnten »Aranyas« („Waldklöster" oder „Waldbehausungen") auf dieser Insel und auch eines der ältesten. Denn wahrscheinlich wurde diese Stätte sogar schon einige Jahrhunderte vor christlicher Zeitrechnung aus dem Fels geschlagen und errichtet. Niemand weiß, wie lange dieser Ort dann unbewohnt war, bis ihn der Mönch Anandasiri Thero vor einem halben Jahrhundert wieder zum Leben erweckte.[16] Aber in den achtziger Jahren, als Sri Lanka als »Island of Blood« berüchtigt war, fiel auch dieser Mönch einem Mordanschlag zum Opfer.[17] Alle anderen Mitbewohner mussten das Kloster verlassen, wenn sie nicht ebenfalls ihr Leben aufs Spiel setzen wollten. Erst nachdem die Friedensgespräche die politische Lage etwas stabilisiert hatten, kehrten einige Mönche von ihrem Exil-Kloster zurück, welches etwa 20 Kilometer weiter nördlich liegt.[18] Beim Eingang der Mönchsstätte befindet sich eine große Halle für Laienbesucher, die mindestens einmal pro Woche aus Panama und anderen Orten kommen, dort übernachten und am frühen Morgen das »dāna«, die Almosenspeise für die Mönche, zubereiten. Außerdem bringen sie sonst noch allerlei notwendige Dinge mit, die zum Leben in waldiger Umgebung gebraucht werden. Von dieser Halle führt ein schmaler, zwei Kilometer langer Pfad zwischen den Felsen zum Zentrum des »Aranya«. Dabei geht man unter einer riesigen Felswand vorbei, die einem liegenden Buddha von etwa 150 Metern Länge und 50 Metern Höhe verblüffend ähnlich sieht. Natürlich wird hier von einigen einfältigen Buddhisten geglaubt, dass sogar die Natur aus Respekt dem Buddha gegenüber solche »Kunstwerke« geschaffen hat. Im Zentrum des Klosterbereiches befindet sich auch die zweite, wieder errichtete »Dagoba«.[19] Als einmal die Mönche diesen Ort für ein paar Tage verlassen hatten, wurde sowohl diese Verehrungsstätte als auch jene auf der Felsenspitze aufgebrochen, und die Reliquien wurden entwendet. Einige Monate später wurde eine Tasche mit dem heiligen Inhalt am Eingang des Nonnenklosters von Panama abgestellt. Offensichtlich hatten Gewissensbisse die Räuber dazu veranlasst, den Schatz zurückzugeben.

Auch die »dāna sāla«, die Speisehalle, befindet sich im Zentrum, deren improvisierte Bauweise gut dahin passt: Das Dach besteht aus einigen neuen und alten Blechplatten, die das Regenwasser zum größten Teil abhalten. Zwei Seiten sind offen, eine weitere ist mit alten Mönchsroben verhängt, und die andere schließt an einen Felsen mit einer Höhle an. Diese bewohnt der Ehrwürdige Podi-Hamuduruwo. Er wird zwar „kleiner Mönch" gerufen, aber eigentlich ist es seinen geistigen und handwerklichen Fähigkeiten zu verdanken, dass der ganze Klosterbetrieb gegenwärtig so reibungslos läuft. In einer Ecke befindet sich ein kleines Museum, in dem kleine kulturelle Gegenstände und Fundstücke aus der Natur ausgestellt sind: Tonscherben aus unbekannten Jahrhunderten, Bärenschädel, Hirschgeweihe, Knochen von Wildschweinen, Affen und anderen Tieren der Wildnis. Ein Kalender und eine Uhr an der Felswand erinnern daran, dass man sich auch im Urwald noch zur Moderne zählen möchte, zu jener Ära, die den Fluss der Zeit und der Jahreszeiten in Zahlen und Namen zerteilt und das unbegreifliche harmonische Pulsieren der Zeit in Sekunden, Minuten und Stunden zersplittert, um all dem einen Sinn zu geben.
Ein paar hundert Meter davon entfernt liegt ein kleiner natürlicher Tümpel, der wohl ausschlaggebend dafür gewesen sein mag, warum ausgerechnet dieser Platz im Dschungel ausgewählt worden war. Auch nach Monaten ohne Regen, wenn alle anderen Wasserlöcher und Brunnen rundum ausgetrocknet sind, findet sich hier noch ein Rest von schlammig-grünem Wasser. Während der letzten Trockenperiode hat die Dürre so lange angehalten, dass sogar Soldaten Trinkwasser von anderswo her besorgen mussten. Die Essensreste werden täglich in diesen Teich geworfen, um die Schildkröten und Fische zu füttern, welche wiederum als Nahrung für ein anderes Tier dienen: Aus der Ferne kann man manchmal die Augen und andere Körperteile eines Krokodils entdecken, das aber sogleich untertaucht, wenn es den Beobachter sieht. Immer wieder betritt auch ein wilder Elefant die »Klosterbühne«. Raja („König"), wie ihn die Klosterbewohner respektvoll nennen, weiß, dass sein Kommen immer mit großer Neugier und Freude beobachtet wird, auch wenn er die sorgfältig gefegten Pfade durch seine unbekümmerte und schwerfällige Art in Unordnung bringt.

Die Höhlen-Küche, die sich ein paar hundert Meter entfernt befindet, ist einer der von wilden Tieren meistbesuchten Orte im Kloster, vielleicht auch aus dem Wissen heraus, dass Laien leichter zu erschrecken sind als ihre Brüder in den braunen Roben. Eines Nachts hinterließ Raja nicht nur seine riesigen Fußabdrücke im kleinen Gemüsegarten, sondern auch einen großen Haufen Elefantendung vor der Küchentür. Ein anderes Mal wurde ich ganz aufgeregt geholt, weil sich eine zweieinhalb Meter lange Python, Hitze und Trockenheit fliehend, dort in einer kühlenden Wasserpfütze eines Zement-Bassins erfrischte. Eines Tages kam mir auch das Gerücht zu Ohren, eine Leopardenmutter habe sich mit ihren beiden Jungen in einer kleinen, tiefen Höhle ihr Zuhause eingerichtet, nur wenige Meter unterhalb der Küche; der Klosterkoch könne die Angst einflößenden Laute in der Nacht hören. Nur einmal vernahm ich das aggressive Fauchen dieses verrufenen Raubtieres und war dann sehr froh, die Nacht in meiner sicheren Höhle verbracht zu haben. Dort steht ein Baum, den diese Riesenkatze als Ausgangspunkt für ihre Jagd verwendet hatte. Schließlich entschlossen sich die Mönche, den Ast abzusägen, der für den tödlichen Sprung auf nichts ahnende Opfer benutzt wurde. Was ich in diesem spirituellen Zentrum, neben den Begegnungen mit wilden Tieren und warmherzigen Menschen, besonders genossen hatte, bringt ein dem Buddha zugeschriebenes Zitat zum Ausdruck, welches neben dem Eingang einer der Höhlen steht: „Allein zu sein ist wie das Leben in der Brahma-Welt, mit jemandem anderen zu sein entspricht dem Leben der Deva-Welt, wo immer aber mehr als drei Leute zusammen sind, erscheint das Leben so unruhig wie eine Dorfgemeinschaft.“[20] Immer, wenn ich ausreichend Umgang mit der Gesellschaft gepflegt habe, kommt in mir das Bedürfnis hoch, mich wieder einmal auf die Suche nach Abgeschiedenheit und meinem »inneren Selbst« zu begeben.[21] Dazu kann kein Ort abgelegen genug sein, solange die notwendigen Voraussetzungen stimmen. In Kudumbigala hatte ich das Glück, dass die Mönche vom ersten Tag an meinen Wunsch nach Einsamkeit nicht nur respektierten, sondern auch großzügig unterstützten. Nach all den Jahren, die ich mich der Alltagsroutine von Klöstern untergeordnet hatte, ist mir das heute in dem Maße nicht mehr möglich. In einer Gegend mit einem derart fernen Horizont, eingebettet in unberechenbare Wildnis, wird mein Herz schwer und mein Körper müde, sobald ich meine Bewegungen und Gedanken zu sehr nach Regeln, Vorschriften und Erwartungen anderer ausrichten muss. Wenn ich hingegen nur von wilden Tieren und urwüchsiger Vegetation umgeben bin, stehe ich an der Schwelle zu einer so anderen freien Welt, die zugleich das Tor zu meinen inneren, unbekannten Bereichen ist. Als idealen Einstieg zur unberührten Natur wurde mir eine Höhle zugeteilt, die von der Speisehalle in zehn Gehminuten durch Wald und über Fels erreichbar war. Ein idealer Platz, da niemand »zufällig« oder aus Langeweile vorbeikommen konnte. Andererseits lag er auch nicht zu weit abseits, sodass meistens jemand die Zeit fand, Frühstück oder Mittagessen vorbeizubringen. Abendessen war natürlich unter so disziplinierten Mönchen strengstens verpönt.[22] Um meinen Magen aber zufrieden zu stellen, bewahrte ich mir immer einen »illegalen Vorrat« an Essbarem auf, den ich zur »falschen«, aber für mich richtigen Zeit heimlich zu mir nahm.[23] War das nicht möglich, so nahm ich einfach meine Almosenschale, begab mich zum richtigen Zeitpunkt auf einen Sprung zur Speisehalle, nahm mir mein »dānā«,[24] meine Mahlzeit, und kehrte ungestört in die Abgeschiedenheit zurück. In solcher Umgebung wird auch ganz einfaches Essen zu einem »Festmahl«, und Szenen, in denen sich eigentlich nicht viel ereignet, geraten zu einer großartigen »Show«.

Meine Unterkunft mag bereits unzählige farbenprächtige Sonnenuntergänge erlebt haben, seitdem sie vor etwa zweitausend Jahren in den Felsen gemeißelt worden war. Vor etwa dreißig Jahren wurde eine Ziegelwand wieder errichtet, um ungeladene Besuche auszuschließen und um die Naturelemente nur in gemilderter Form hereinzulassen. Zwei Türen, die sich an den gegenüberliegenden Seiten befinden, in der Mitte ein Fenster und ein paar Luftlöcher sorgen für eine gute Durchlüftung und die niedere Steindecke zusätzlich für angenehme Kühle. In der Mitte gibt es einen zementierten breiten Betonsockel, der als Schlaf- und Sitzstelle dient.

Am Beginn meines ersten Aufenthaltes war ich darüber amüsiert, im Klosterbereich ein exotisch-esoterisches Hippie-Paar anzutreffen. Sie hatten sich einige Monate vor mir in dieser Höhle niedergelassen, aber natürlich ohne Wissen und Erlaubnis der Mönche. Zwar gab es auf beiden Seiten ein ähnliches Bedürfnis nach einem natürlichen und spirituellen Leben, abseits des »normalen« Gesellschaftslebens, aber das war auch schon das einzig gemeinsame Interesse, denn die anderen Lebensanschauungen und Verhaltensweisen gingen weit auseinander. Die Geistlichkeit hätte ja die Anwesenheit des bärtigen Typs mit seinen Dreadlocks in der heiligen Höhle noch akzeptieren können. Aber die Freundin dazu und dann noch ein riesiger Hund waren doch zuviel des Guten. Die Argumente der friedlichen Eindringlinge lauteten, dass sie ganz brav wie „Bruder und Schwester" zusammenleben würden, keine Drogen nähmen, niemandem Schaden zufügen und sich ebenfalls auf einer ernsthaften spirituellen Suche befänden. Die Mönche beschlossen schließlich, ihnen doch einen Raum in der Eingangshalle zu gewähren, und die Hippies sollten als Gegenleistung den Platz immer schön sauber halten und sogar den zurückgelassenen Dreck von Besuchern aufräumen. Dieser junge Mann war eigentlich Berufsmusiker, der aber auch gerne anderen klar machen wollte, ihm sei das »dritte Auge« aufgegangen und er könne sogar die Aura von Bäumen sehen. Außerdem war er fest davon überzeugt, dass uns allen schon bald eine Art Weltuntergang, ein „Polsprung", wie er sagte, bevorstehe, den nur wenige weise Naturfreaks überleben würden, und deshalb wolle er sich hier vorbereiten. Er benutzte prinzipiell keine Schuhe oder eine Taschenlampe, was ihm schon einige schmerzhafte Wunden verursacht hatte. All seinen »Weisheiten« zuzuhören war für mich bis zu einem gewissen Grade recht aufschlussreich, aber darüber hinaus empfand ich es doch eher als eine Zeitverschwendung. Eine Wunschvorstellung des jüngeren Abtes[25] Dhammasiri Thero war gewesen, ihn einmal als Mönch zu ordinieren und sie im Nonnenkloster von Panama unterzubringen. Sicherlich war seine Absicht dahinter, nicht nur ihnen »den Weg zum Nirwana zu erleichtern«, sondern sie auch stolz Besuchern präsentieren zu können, denn Westler in Roben heben um einiges das Image eines Klosters! Nach einigen Monaten erkannten schließlich doch alle Betroffenen, dass auch dieser Kompromiss für niemanden wirklich zufrieden stellend war. Außerdem kam auch heraus, dass keiner der beiden ein gültiges Visum hatte und das noch dazu in einer Gegend, die von Polizei und Militär extrem »übervölkert« war. Und so verschwanden sie eines Tages. Hie und da hörte man noch Gerüchte über sie,

aber sie kehrten nie wieder an den Ort zurück, den sie anfangs mit so viel Enthusiasmus bewohnt hatten.
Die wenigen Dinge, die ich in der Höhle bei mir hatte, tagsüber auf meine Urwald-Ausflüge oder in manchen Nächten auf meinem Felsen-Schlafplatz mitnahm, erinnerten mich manchmal daran, in was für einer mit Krempel überladenen Umgebung sich Menschen darum bemühen (und das nicht selten vergeblich), das Leben irgendwie zu genießen. Dinge anhäufen, aber auch Erinnerungen, Emotionen, Körperfett und giftige Schlackenstoffe, die wir nicht *wirklich* brauchen noch lieben, war offensichtlich schon immer ein Charakterzug des Homo sapiens gewesen, den man nunmehr auf der ganzen Welt, in allen Religionen, Kulturen und Schichten beobachten kann. Würden viele von uns nicht damit beginnen, diesen Zustand zu ändern, den uns unsere Vorfahren, Eltern und die Gesellschaft »nach bestem Wissen und Gewissen« ins Leben mitgegeben haben, wenn uns klar werden würde, inwieweit dadurch unsere Energie, Freude, Gesundheit, Beziehungen – ja das ganze Leben an sich auf allen Ebenen gehemmt wird?[26]
Neben der Bemühung, meine Habseligkeiten auf eine übersichtliche, erträgliche und tragbare Menge zu reduzieren, habe ich in den letzten Jahren Yoga als zusätzlichen »Energie-Kick« entdeckt. Für meine täglichen Übungen am frühen Morgen und gegen den späten Nachmittag diente die Betonplattform in meiner Höhle in idealer Weise. Diese alte Methode des Durchstreckens und Biegens des Körpers ist für mich eine tägliche Quelle für körperliche und geistige Ausgeglichenheit. Es ist ein dynamischer Weg, das wieder zu lernen, was bei uns seit Kindertagen durch moderne und oftmals so falsche Lebenshaltungen langsam aber stetig ausgelöscht wurde. Unsere Körper sind oft schon so steif und schwach, um auch nur für kurze Zeit eine einfache Sitzposition am Boden einzunehmen, so wie dies Babys noch mit Leichtigkeit »beherrschen« und wie Heilige sich zu allen Zeiten niederzulassen pflegten. Lange Stunden und Tage in der Abgeschiedenheit – und nicht nur dann, wie jeder von uns weiß – mögen unvorhersagbare negative Emotionen an die Oberfläche bringen. Diese aber durch bloßes Meditieren und Reflektieren »durchsitzen« zu wollen, führt manchmal nur dazu, dass wir uns im Kreise bewegen. Dabei machte ich die Erfahrung, dass mir oft erst die archaischen und ästhetischen Positionen des

Yoga einen neuen Lichtblick, einen neuen Anker, neue Lebensenergie gaben. Undomestizierte Tiere beweisen uns sehr anschaulich, wie sehr eine instinktive Art sich zu bewegen und zu strecken vor Ungelenkigkeit durch Alter und Depression bewahrt.[27]

Einmal saß ich wenige Meter von meiner Höhle entfernt und aß gerade mein Frühstück, als ich einen großen schwarzen Bären bemerkte, der aus meiner Höhle herauskam. Er musste wohl durch die Hintertür unbemerkt eingetreten sein. Als er sich erneut anschickte, sich hinein zu begeben, gab ich ein klatschendes Warnsignal von mir, da ich meinen Essensvorrat nicht aufgeben wollte. Da blieb der schwarz behaarte Genosse etwas verwirrt stehen, sah sich um, konnte aber nicht feststellen, von wo die Störung gekommen war. Nun beschloss er, in meine Richtung zu gehen, obwohl er mich noch immer nicht wahrgenommen hatte. Jetzt begann mein Herz zu pochen, denn es war nicht nur meine erste so nahe Begegnung mit einem so exotischen Waldbewohner und seinen großen Pranken und Krallen; ich hatte auch die gefüllte Almosenschale auf meinem Schoß und wusste natürlich nicht, wie »bärenhungrig« er war. Erst nachdem ich ein weiteres Mal geklatscht hatte, wurde ich wahrgenommen, und daraufhin verschwand er schnell über die steinernen Stufen hinab in den Wald.[28]

Als ich am nächsten Morgen gerade bei meiner Yoga–Praxis war, hörte ich in der Nähe ein lautes Atemgeräusch. Als ich hinaus blickte, sah ich wiederum meinen Freund. Nur waren jetzt unsere Positionen umgekehrt: Ich kam aus der Höhle und er stand auf dem Felsen, bis er seinen Weg fortsetzte. Ich ging ihm einige Meter nach, dann schauten wir uns an, unterhielten uns kurz, aber freundlich, und jeder ging seinen »Geschäften« nach. Der ältere Abt meinte, ich solle den Bären doch „Kalu-puta" (Schwarzer Sohn) nennen. Wahrscheinlich wäre es aber angebrachter gewesen, ihn „Schwarzer Großvater" zu rufen. Bezüglich Bären schreibt der einstige Abt Anandasiri Thero in seinem Buch: „Welche Ansichten man auch immer über wilde Tiere des Dschungels haben mag, es ist der Bär, der sich auf schnellste Art mit den Menschen anfreundet."[29]

Einmal, als ich die Höhle nachts zum Urinieren verlassen wollte, öffnete ich die Tür, und etwas vor mir auf dem Boden bewegte sich. Ich beleuchtete das Objekt mit meiner griffbereiten

Taschenlampe und sah eine Karawala, eine der tödlichen Giftschlangen in Sri Lanka, die meiner Höhle einen Besuch abgestattet hatte.[30] Sie verschwand aber friedlich in einem Spalt bei der Tür und ließ sich nicht wieder blicken.
Immer wieder verbrachte ich Nächte im Freien auf einem Felsen unter dem eindrucksvollen Firmament von funkelnden Sternen, wie man es kaum noch in der zivilisierten Welt wahrnehmen kann. Von dort hatte ich eine wunderbare Aussicht auf die Lagune und die Weite des Ozeans. Eines Abends wurde ich plötzlich von einem lauten Geräusch beunruhigt. Mit der Taschenlampe schlich ich mich auf die Anhöhe und konnte einen Elefanten in etwa 50 Meter Entfernung beobachten, der zu einem kleinen Teich gekommen war, um seinen Durst zu stillen, denn während der damaligen Trockenzeit herrschte überall Wassermangel. Der Lichtstrahl erschreckte nun auch den Elefanten, und er verschwand verärgert im Dschungel, was mir doch Leid tat. Dieses kleine, natürliche Wasserreservoir war in der Nähe meiner Höhle und hatte die richtige Größe eines natürlichen Schwimmbeckens: etwa zehn mal fünf Meter. Nach anfänglicher Unsicherheit – da man durch das schlammige Wasser weder den Grund noch eventuell versteckte Tiere unterhalb der Wasseroberfläche sehen konnte – wagte ich schließlich doch, darin ein Bad zu nehmen, was zu einem täglichen Ritual wurde. Mit Fröschen und anderen Insekten schwamm ich im Wasser, Libellen tanzten dabei über die Wasseroberfläche, einige Blumen blühten am Ufer, und hoch über mir am blauen Himmel zogen weiße Wolken ungehindert ihres Weges. Das sind Momente im menschlichen Dasein, die man einfach genießt, ohne sich nach irgendetwas anderem in der weiten Welt zu sehnen.
Aber eines Morgens auf meinem Weg, um die Sonne beim Aufgehen zu begrüßen, sah ich ein zwei Meter langes Krokodil mit lautem Platschen ins Wasser springen, und damit war auch mein Traum vom Luxus-Schwimmbad dahin. Einige Luftblasen waren noch zu sehen, und dann kehrte Stille in dieses unheimliche Gewässer ein. Irgendwie war ich von dem Erlebnis (oder war es ein Traum gewesen?) etwas verwirrt: War das ein außergewöhnlicher Besuch, oder hatte dieses unwillkommene Mitwesen hier schon immer ohne mein Wissen gewohnt? Jedenfalls verzichtete ich an diesem Tag auf mein Bad. Dazu kam noch, dass ich einige Tage

vorher die Geschichte gehört hatte, dass kürzlich ein Mann von einem Krokodil in Panama bis auf den Unterschenkelknochen gebissen worden sei. Ich erzählte Podi Hamuduruwo etwas beunruhigt von meiner Begegnung, da er mir mit dem Leben in der Wildnis vor Ort am vertrautesten schien. Er entgegnete nur gelassen: „Hab vor diesen Krokodilen keine Angst, im Gegenteil: die haben Angst vor uns. Die ziehen von einem Teich zum nächsten und jagen kleine Tiere. Sie würden es aber niemals wagen, dich anzufallen. Anders hingegen verhalten sich die Krokodile, die in der Nähe von Dörfern und in den Lagunen leben, denn dort sind sie daran gewöhnt, größere Tiere, wie Rinder, anzufallen." Diese Worte gaben mir wieder Zuversicht. Als ich mir durch vorsichtige Teichbeobachtungen sicher war, dass das »Ungeheuer« weitergezogen war, stürzte ich mich wieder in die Fluten. Und dabei kam ich mir doch ein wenig wie ein Held vor, der soeben einen Drachen besiegt hatte.
Die Begegnung mit kleineren und weniger gefährlichen Tieren mag zwar nicht so spektakulär erscheinen. Sie passiert aber wesentlich häufiger und bedarf daher sogar größerer Beachtung, besonders wenn das Verlangen da ist, sich die wilde Natur zu seinem Wohnort zu machen. Mit Moskitos hatte ich bis dahin meistens Glück. Wir waren untereinander zu einer stillen Vereinbarung gekommen, die lautet: „Ein paar Stiche gehen in Ordnung, wenn es nicht zu unangenehm ist. Außerdem ist für beide Seiten absichtliches Töten strengstens untersagt." Sri Lanka soll zwar eine der höchsten Malaria-Raten der Welt haben, doch obwohl ich oft Nächte draußen oder zumindest nicht unter einem Moskitonetz verbrachte, hatte ich in den neun Jahren hier nie ein Problem mit dieser laut der Weltgesundheitsorganisation (WHO) schwierigsten parasitären Erkrankung der Menschheit. Auch Zecken sind eine Insektenart, die menschliches Blut sehr schmackhaft finden und nicht gerade in kleinen Mengen die trockenen Klimazonen bewohnen.[31] Wenn man sich durch das Unterholz begibt, bekommt man gewöhnlich einige harmlose Bisse zu spüren. Einmal traf ich aber in einer Höhle auf eine größere Zeckenart von zirka zweieinhalb Zentimeter Länge. Haben diese einmal unbemerkt Blut gesaugt, bleibt ein dunkelblauer Fleck von der Größe einer Münze zurück, der auch noch nach einer Woche durch einen unangenehmen Juckreiz zu spüren ist.

Nach solchen Schilderungen kommt wahrscheinlich die Frage auf, wie gefährlich eigentlich das Leben in der Wildnis ist. Oder: Bis zu welchem Grade bilden wir uns vieles davon ein, was uns dann vor so großartigen Erfahrungen abschreckt, die das Leben erst in einer ganz besonderen Weise bereichern? Nur dann, wenn wir verstehen, auf welche Art wir uns mit sinnlosen Ängsten und Sorgen einengen, die wir seit Kindertagen von unseren Eltern und der Gesellschaft übernommen haben, können wir den Mut finden, neue Wege mit ungewöhnlicher Leichtigkeit zu gehen. Aber zu oft verlieren wir uns wieder in unseren alten Gedankenspielen. Und bevor wir überhaupt einen neuen Weg ausprobieren konnten, haben wir oft die Instrumente, durch die wir unser Leben geschickt führen könnten, bereits irrationalen Kräften übergeben. Anstatt dass wir versuchen, das psychologische Theater hinter und unter der Bühne zu erforschen, fallen wir zu oft in alte Muster zurück und betteln höhere Kräfte außerhalb unseres Selbst um Hilfe an. Ihnen gegenüber machen wir dann Versprechungen, ohne zu bemerken, dass Götter bloß psychische Faktoren sind und als Urbild des Unbewussten gelten.[32]
Meine Art, mit unbekannten Gebieten und neuen Erfahrungen umzugehen, besteht darin, übliche Ansichten beiseite zu lassen, um das zu berücksichtigen, was ich durch meine eigenen Sinne beobachten kann. Oder ich höre auf den Rat derer, die lange genug entsprechende Erfahrungen gemacht haben. Außerdem bin ich sicher, dass ein ruhiges und glückliches Gemüt dafür ausschlaggebend sein kann, was uns passiert und wie uns das Leben behandelt. Aber auch das ist keine Garantie für andauernde Sicherheit und ewiges Glück. Erst wenn es uns gelingt, uns von der engen individuellen Sichtweise von »Glück« und »Unglück« loszusagen, werden wir fähig werden, uns des Lebens furchtlos zu erfreuen. Dann kann alles willkommen geheißen und umarmt werden, aber gleichzeitig betrifft uns eigentlich gar nichts mehr wirklich. Über diesen erhabenen Aspekt, den wir zwar theoretisch leicht nachvollziehen können, aber im Alltag viel zu leicht verlieren, heißt es: „Von der Quelle aus betrachtet befindet sich die Welt in einer majestätischen Harmonie der Formen, die ins Leben kommen, sich entfalten und sich wiederum auflösen. Aber was die Lebewesen in dieser kurzen Zeit erleben, ist der furchtbare Lärm von Schlachten, Schreien und Schmerzen“.[33]

Zweifellos benötigt es einige Erfahrung, um in der Wildnis die passenden Orte zu finden, ohne von den dort waltenden Kräften überwältigt zu werden: Wo der Schatten der Bäume und eine Brise vom Ozean die Hitze erträglich machen; wo ein Felsen im richtigen Winkel geneigt ist, um darauf angenehm sitzen zu können, oder flach genug ist, um sich darauf mittags oder nachts auszuruhen; wo der Körper nicht zu vielen Insekten als vorzügliche Nahrungsquelle dient; wo der Geist durch die Umgebung erfrischt und nicht benommen wird ... Und manchmal kommt es mir vor, als hätte die Natur die Orte meinetwegen so gestaltet, als wäre mein Auftritt in dieser Szenerie sorgsam vorbereitet worden.
Die Kraft der Sonne während des Tages und die verzückende Art der Sonnenaufgänge und Sonnenuntergänge ließen mich von einem Ort zum anderen wandern. Außerdem gaben das täglich mehrmalige Klopfen der hölzernen Klosterglocke, meine regelmäßigen Zeiten für die Yoga-Praxis, die Zeit der Nahrungsaufnahme, das Sich-Ausruhen und andere Tätigkeiten, die eben zum Leben und Überleben dazugehören, den Tagen einen bestimmten Rhythmus, der harmonisch in die Natur und deren Kreislauf eingebettet war. Und manchmal erinnerte mich nur ein Flugzeug, das den Himmel durchkreuzte oder ein Schiff am Ozean daran, dass es da draußen noch eine andere, weit entfernte Welt gab, von der ich gekommen war und zu der ich einmal wieder zurückkehren sollte.
Eines Tages beschloss ich, mich einer Gruppe von drei Mönchen und drei Laien anzuschließen, um eine in Vergessenheit geratene antike Buddha-Statue in Bambaragasdalawa[34] ausfindig zu machen, ein verlassenes altes Felsenkloster, welches mitten im Urwald fünf Kilometer landeinwärts von Kudumbigala lag. Zwar pflegten früher Dorfbewohner von Panama als Pilger dorthin zu gehen, aber innerhalb einer Generation war das Wissen um diese heilige Stätte verloren gegangen. Erst später fand ich die etwa zehn Meter langen Überreste einer Skulptur, die einst den sterbenden Buddha darstellte. Aber das passierte mir eher im Sinne von Pablo Picassos Motto: „Ich suche nicht, ich finde!“ Es bot sich ein makabrer Anblick dar: Der halbe Kopf und der Bauch der Statue waren von Reliquien-Räubern bei der Suche nach Schätzen zerstört worden.
Eines meiner größten Abenteuer auf meiner Reise in die Abgeschiedenheit begann eines Morgens, als ich mich mit meinem

Freund und oftmaligen Reisebegleiter Súnil einige Wochen später nach Bambaragasdalawa aufmachte. Nur mit dem Allernotwendigsten, um dort für eine Woche überleben zu können, hatten wir uns auf den mühsamen und uns unklaren Weg gemacht. Endlich hatten wir das ersehnte Ziel erreicht. Dort ließen wir uns zunächst in der Höhlen-Küche nieder. An der steinernen Decke waren die zahllosen Namen derjenigen geschrieben, welche den Mut gehabt hatten, die Natur auf diese Weise herauszufordern: Jäger, Pilger, Abenteurer und jetzt eben wir! Zuallererst bauten wir eine kleine Speisekammer aus Stein und Lehm für unsere Nahrungsvorräte, damit keine ungebetenen Gäste, wie Bären, Affen oder Mäuse, sich damit verköstigen konnten. Schon am nächsten Tag fand ich eine der erstaunlichsten Felsunterkünfte, die mir als langjähriger Höhlenbewohner je untergekommen ist. Sie trug den passenden Namen »Akasalena« (Himmelshöhle). Offensichtlich hatten nur wenige Menschen je die Westseite des von weit her sichtbaren, steil ansteigenden Felsens erklommen. Etwa hundert Meter über dem Boden konnte man von dort den Dschungel im Süden bis hin zum Ozean überblicken und im Westen die Berge, die sich in der Ferne von der Ebene abhoben. Die Höhle war etwa vierzig Meter lang, drei Meter breit und gerade hoch genug, um sich darin bequem bewegen zu können. Der Boden bestand aus Fels und Sand, und für mein »Himmelslager« breitete ich darauf eine Stoffunterlage und meine gefalteten Roben. In der Dämmerung war nicht der Abendstern als erstes Licht zu sehen, sondern die rhythmisch aufblitzenden Strahlen eines Leuchtturms im Indischen Ozean. Die einstigen Ziegelwände waren längst zu Staub zerfallen, und die Offenheit erzeugte eine natürliche, aber dennoch heimische Atmosphäre, die kein Architekt und Baumeister in einem künstlich geschaffenen Wohnraum hätte erzeugen können. Der Nachteil der unverputzten Felswände war, dass die Spalten, die tief in das Innere des Felsens eindrangen, Unterkünfte von unerwünschten Mitbewohnern sein konnten. Längst vertrockneter Bärenkot ließ darauf schließen, dass dieser Höhlengenosse eine andere Behausung gefunden hatte. Doch nachts nahm ich manchmal undefinierbare Geräusche wahr. Aber nur einmal konnte ich die Umrisse eines größeren Tieres erkennen; vielleicht war es ein Stachelschwein.

Einige Zeit später, als ich schon wieder meine konventionellere Höhle in Kudumbigala bewohnte, kehrte Súnil mit einem anderen Mönch nochmals zur »Himmelshöhle« zurück, um meine zurückgelassenen Sachen von dort mitzunehmen. Und ausgerechnet an der Stelle, wo ich zu schlafen pflegte, fanden sie frische Tatzenabdrücke eines Leoparden. Ich hatte in freier Natur noch nie einen Leoparden getroffen, aber ich hatte und habe festes Vertrauen in die Worte von Anandasiri Thero: „Es gibt kein furchtsameres Wesen als den Leoparden. Auch wenn sein Hunger noch so groß ist, er würde niemals bloß seine Beute anspringen. Vor allem muss die Lage günstig und ein Versteck in unmittelbarer Umgebung sein."[35]

Als unsere Vorräte dem Ende zugingen, entschieden wir, dass Súnil alleine nach Kudumbigala zurückgehen sollte, um nach einigen Tagen mit gefülltem Rucksack wieder zurückzukehren. Am nächsten Morgen begleitete ich ihn noch bis zum Rand des Dschungels, wo unerwartete Herausforderungen auf ihn warteten. Mutig tauchte er allein in diesen grünen Ozean ein. Und ich blieb alleine zurück, so fern jeder menschlichen Seele wie kaum je zuvor. Doch schon bald gewöhnte ich mich daran, ohne jegliches Gefühl von Einsamkeit. Und je länger ich alleine war, desto mehr fühlte ich mich wohl und zufrieden. Wie viele Mitmenschen machen genau gegenteilige Erfahrungen! Zusammengepfercht an Orten mit Tausenden oder sogar Millionen anderer Erdenbewohner – was üblicherweise mit »Stadt« bezeichnet wird –, und dennoch trägt jeder für sich seine Einsamkeit ständig mit sich herum oder stößt, unangenehm berührt, auf die der anderen!

Eines späten Morgens, nachdem ich mit einfachsten Mitteln mein kleines Mahl gekocht hatte, genoss ich, wie gewohnt, ein erfrischendes Bad in einem kleinen natürlichen Steinteich, nicht unähnlich dem in Kudumbigala. Wer würde sich in derartiger Abgeschiedenheit um irgendeine Bekleidung kümmern? Doch als ich aus dem Wasser stieg, hörte ich plötzlich menschliche Stimmen. Eilig wickelte ich mich notdürftig in meine Unterrobe. Dann sah ich in der Nähe eine Gruppe von Wilderern aus dem Dschungel kommen, und erst als sie mich gesehen hatten, drehten sie schleunigst um und verschwanden. Diese Begebenheit erinnerte mich an eine meiner taoistischen Lieblingsgeschichten: Eine Gruppe von Schülern des Konfuzius (die kommen mir vor wie die andächtig-

konservativen Gläubigen jeder Religion) hatte ein Problem und wollte die Lösung von einem sehr klugen taoistischen Einsiedler erfahren ... Aber welche Aufregung, als sie bei seiner entlegenen Höhle ankamen und ihn dort nackt antrafen! „Wie können Sie sich nur so aufhalten?“, fragten sie ihn etwas verwirrt. Er lächelte und antwortete dann ruhig: „Was ist daran falsch? Die Welt ist meine Höhle, diese Höhle ist meine Unterhose. Aber was ich eigentlich von euch wissen will: Was habt ihr in meiner Unterhose verloren?“[36]
Vor einigen Jahren hielt ich mich einmal gemeinsam mit einem alten Mönch in einer großen Höhle im Nordosten von Thailand auf. Damals war ich noch ein junger Mönch ohne viel Selbstvertrauen, und viele meiner Entscheidungen machte ich von buddhistischen Büchern oder Meinungen meiner religiösen Vorgesetzten abhängig. Eines Tages stellte ich mir die Frage, was falsch daran wäre, an dieser abgeschiedenen Stätte mich einfach nackt zu waschen. Darüber verunsichert, befragte ich meinen um vieles älteren Mönchsbruder. Er aber riet mir davon allen Ernstes mit dem Argument ab, dass mich zwar keine Menschen sehen würden, aber doch sicherlich die Götter davon gestört werden würden! Wenn man so eine Aussage unter psychologischem Blickwinkel betrachtet, das heißt, »Götter« als bloße Projektion des eigenen Unbewussten deutet, scheint es ganz offensichtlich, in welchem Grade beim Sprecher gewisse Aspekte unterdrückt worden waren.[37] Es ist erstaunlich und gleichzeitig traurig, wie schwierig es für die meisten von uns ist, uns so betrachtend annehmen zu können, wie wir sind: unsere Gedanken, unsere Gefühle und unseren Körper. Das soll natürlich nicht mit erotischem Exhibitionismus verwechselt werden, der das andere Extrem in der heutigen modernen Gesellschaft widerspiegelt.[38] Je länger ich mich an derart abgelegenen »unzivilisierten« Orten aufhalte, umso mehr kann ich die Gewohnheiten von Eingeborenen nachvollziehen, den Körper nicht von der Umwelt mittels Kleidung abzusondern. Unsere diesbezüglich unnatürliche Lebensart wird durch die erste Begegnung eines nordamerikanischen Indianers mit der »zivilisierten« Welt treffend so beschrieben:
Sie lebten nicht in der Wildnis, sondern fürchteten sie, indem sie dazu einen gehörigen Abstand einhielten, so wie jemand, der eine tödliche Schlange von sich hält. [...] Warum trugen sie schwere Kleider gegen die Wirklichkeit der Natur? Warum leben sie allein in sterilen

Häusern, eilen ziellos umher und verwenden so viel Zeit und Aufmerksamkeit für die einfachen Vorgänge des Überlebens? […] Wie beschränkt waren doch ihre Bewegungen. Wie sie doch schachtelförmige Häuser und schwere Kleider von den eigentlichen Lebens-Elementen abschnitten. Es schien, dass sie nichts von der Natur wahrnehmen konnten – Adler kreisten unbemerkt über ihre Köpfe. Sie lebten in einem luftleeren Raum, getrennt von allem außer von sich selbst und dem Elend, das sie erzeugt hatten.[39]

Erst am vierten Morgen, als ich gerade wieder mein Bad im Teich genommen hatte, entdeckte ich Súnil langsam zur Höhlen-Küche hinken, völlig erschöpft, offensichtlich unter Schock stehend. Seine Arme und Füße waren mit einigen Schürfwunden überzogen. Außer seinen Kleidern hatte er nicht mehr als ein Buschmesser, einen Kompass und eine Schachtel Streichhölzer bei sich. Während er sichtlich hungrig meine Tagesration aß, fing er an, von seinem Erlebnis zu berichten: Nachdem er in Kudumbigala angekommen war und sich einen Tag lang ausgeruht hatte, füllte er seinen Rucksack mit den Nahrungsvorräten und machte sich am späten Morgen des dritten Tages wieder auf den Weg zurück zu mir. Schon bald hatte er Schwierigkeiten, die richtige Route zu finden. Die Sonne wurde heißer, das Trinkwasser weniger und die Last des Rucksacks immer schwerer. Auf der Suche nach Wasser stellte er den Rucksack und seine Sandaletten an den Fuß eines Felsens ab, um ihn zu erklimmen. Plötzlich erschrak er durch das Geräusch eines Tieres, das er für einen Bären hielt, derart, dass er das Gleichgewicht verlor, einige Meter abstürzte, wobei sein Kopf auf Fels aufschlug. Für kurze Zeit verlor er das Bewusstsein. Als er sich schließlich nach seinen zurückgelassenen Dingen umsah, konnte er sie nirgends entdecken. Je länger er suchte, desto weniger konnte er sich daran erinnern, wo er sie abgestellt hatte und aus welcher Richtung er überhaupt hergekommen war. Alles schien wie verhext und von diesem unendlich weiten grünen Ozean verschluckt worden zu sein. Menschen, die ihr ganzes Leben lang mit Hilfe von eindeutigen Pfaden und klaren Wegweisern ihre Ziele (wie sinnvoll oder sinnlos sie auch immer gewesen sind) zu finden vermögen, können sich wahrscheinlich kaum eine Vorstellung davon machen, wie sich ein dichter Dschungel in ein Labyrinth verwandeln kann

und wie leicht man dabei vom eigenen Bewusstsein zum Narren gehalten wird. Ähnliches kennen wir ansonsten vielleicht nur aus Träumen oder Märchen. Nur anhand der Sonne und des Kompasses konnte er erahnen, in welche Richtung er sich fortbewegen sollte, bis ihn die Dunkelheit zwang, auf einem Felsen die Morgendämmerung abzuwarten. Während der Nacht konnte er kaum Schlaf finden. Alptraumartige Gedanken gingen ihm durch den Kopf, dass sein Lebensende herannahen könnte. Am nächsten Morgen setzte er seinen Überlebenskampf fort, bis er endlich die Orientierungspunkte von Bambaragasdalawa erkennen konnte. Und erst dann war er sicher, dass *er* dieses Mal den Kampf mit der Wildnis gewonnen hatte, den sicherlich nicht wenige vor ihm auf qualvolle Art verloren hatten. Es dauerte nicht lange, bis er wieder seine Lebensenergie wiedererlangt hatte, und schon bald scherzten wir darüber, dass die Tiere jetzt eine große Party mit unserem Essen feiern würden. Sicher hatten sie auch große Freude an Súnils neu erworbenem Radio, das er auch zurücklassen musste. Es blieb für seine Wunden nicht ausreichend Zeit, vollständig auszuheilen, denn unsere letzten Essensvorräte reichten nur noch für zwei Tage. Um seine Schmerzen ein wenig zu lindern, borgte ich ihm meine Sandaletten und half ihm, eine Krücke zu basteln. Am zehnten Tag nach meiner Ankunft verließen wir bei Tagesanbruch diesen so wunderbaren Ort in der Hoffnung, ein anderes Mal zurückzukommen.[40]
Jene Strecke zwischen den zwei uralten Felsenklöstern erschien mir ähnlich wie die meisten unserer Lebenswege, wenn wir auf dunklen Wegen einem Ziel (oder Sinn) entgegenzugehen versuchen: Das, was manchmal eben gerade noch so ausgesehen hat, als wäre es der richtige Pfad, führt unerwartet ins Nirgendwo. Was man aber für eine Sackgasse hielt, stellt sich dann vielleicht ganz überraschend als ein Highway schnurgerade zum Ziel heraus, bis man Augenblicke später erneut verwirrt vor dem Nichts steht und sogar an der Kompassnadel zu zweifeln beginnt!

Als wir etwa die Hälfte der Wildnis, denn von einem Weg konnte kaum die Rede sein, hinter uns gebracht hatten, fing es zu regnen an, was das Marschieren und Herumirren durch das Unterholz keinesfalls erleichterte. Es waren bereits mehr als drei Stunden vergangen, bis wir endlich sicher waren, die Felsgipfel von Kudumbigala vor uns wieder zu erkennen; und erst dann entspannten sich unsere Körper. Was war das für eine Freude, als wir wieder auf einem Weg wanderten, der uns mit größter Wahrscheinlichkeit zu einem uns bekannten Ziel führen würde! Als wir in der Speisehalle von Kudumbigala angekommen waren, entfernte ich zuallererst die unzähligen Dornen, die in meine Fußsohlen eingedrungen waren. Die ersten paar Tage fühlte ich mich beim Gehen so, als würde ich über Glassplitter laufen, und sogar nach Wochen entfernte ich noch einige der tief eingedrungenen und abgebrochenen Dornenspitzen, die ich damals auf dieser exotischen Expedition zwischen Himmel und Hölle mitgenommen hatte. Aber es dauerte nicht lange, bis wir uns wieder fit genug fühlten, in den nicht weniger gefährlichen »Zivilisations-Dschungel« einzutauchen.

Sogar derart abgelegene Plätze wie Kudumbigala bleiben in unserem mobilen Zeitalter nicht von Touristen verschont, im Speziellen nicht von jenen Menschentypen, denen es nicht um eine tiefe besinnliche Erfahrung geht, sondern bloß um das Abklappern von Sehenswürdigkeiten: kurz umsehen, die Ruhe stören, Müll zurücklassen und auf respektlose Art zum nächsten Zielpunkt eilen. Aber an Orten mit solch besonderer Atmosphäre hält die Natur auch ein Rezept gegen unpassende Eindringlinge bereit. Während der Regenzeit werden jedes Jahr große Teile der Straße, die das Waldkloster mit der Außenwelt verbindet, fortgespült. In dieser Zeit können nur Reisende diese spirituelle Stätte erreichen, die dazu bereit sind, einige Unannehmlichkeiten auf sich zu nehmen. Vielleicht sind das die notwendigen Voraussetzungen, um sich diesem von mir so geliebten Felsenkloster, von dem ich jedes Mal verändert fortgehe, mit gebührendem Respekt zu nähern.

Kapitel 6

Zum Tode verurteilt überleben

Erlebnisse, Briefe, Schicksale von zum Tode verurteilten Häftlingen[41]

... aber wir stellen uns taub, ja spielen Vogel Strauss gegenüber der Tatsache, dass die destruktive Seite nur bewältigt werden kann, indem wir genau diese Kräfte zu konstruktiven Aktivitäten heranziehen.

Rollo May[42]

Als ich wieder einmal den Hochsicherheitstrakt eines sri-lankischen Gefängnisses besuchte, erzählten mir die Häftlinge von zwei „Verrückten", die in diesem Gefängnis, wie Tiere eingesperrt, ihr Leben fristen würden. Ich warf einen Blick durch die Holzlattentüren in ihre Zellen und sah, wie sie am Boden hockend, ihr kärgliches Mittagsmahl zu sich nahmen. Bis zu diesem Zeitpunkt war ich schon zahlreichen Häftlingen begegnet, aber so ein erbärmlicher Anblick war mir dabei noch nie untergekommen![43] Es ist sicherlich eine Ausnahme, dass ausgerechnet mir als Ausländer ein solch trauriger Einblick hinter die Fassaden einer so mysteriösen Anstalt gewährt wurde. Selbst die wenigsten Sri-Lanker haben wirklich eine Ahnung, was hinter den Mauern, geschweige denn in den Hochsicherheitstrakten ihrer Gefängnisse vor sich geht. In diesem Kapitel will ich einige meiner oft sehr persönlichen und berührenden Erlebnisse mit jenen schildern, deren Leben rechtlich als nichtig beurteilt und verurteilt wurde. Die Personen, von denen ich berichte und die hier auch in Form von Briefen selber zu Wort kommen werden, repräsentieren die große schweigende Masse von denjenigen, deren Schicksale nie ans Tageslicht kamen und wahrscheinlich künftig auch nie kommen werden. Ich muss vorausschicken, dass ich weder das Interesse noch die Möglichkeit hatte, all diese Geschichten auf ihren Wahrheitsgehalt zu überprüfen; denn

manchmal kam es mir so vor, als wären alle unschuldig, die hinter Gittern sitzen.
Mit dem Gedanken, Gefängnisse zu besuchen, verband ich anfänglich nur einfache Gespräche und unkomplizierte Meditationsübungen, um damit spirituelle Inspirationen zu geben. Aber schon bald wurde mir klar, dass ich bei dieser Arbeit mit einem wesentlich umfassenderen, komplizierten, ja unlösbaren Bereich konfrontiert war und ich innerhalb dieser Mauern immer wieder auch an meine eigenen Grenzen stoßen würde. Trotzdem nahm ich diese Herausforderung immer wieder auf mich – mit unterschiedlichem Erfolg wie Misserfolg.
Es dauerte nicht lange, bis mich nach den ersten Gefängnis-Programmen die ersten inoffiziellen Briefe in selbst gebastelten Umschlägen per Post erreichten, oft ohne Briefmarke. Wahrscheinlich waren sie Besuchern heimlich zugesteckt oder mit Hilfe bestochener Wächter aus den Gefängnissen geschmuggelt worden. Doch selbst in der Abwesenheit von Aufsehern nahmen Insassen oft die Gelegenheit wahr, mir ihre aussichtlose Situation oder die ihrer Familie drastisch zu schildern. Was Hinrichtungen betrifft, sieht die Situation in Sri Lanka so aus: Mörderische Urteile, gemeinhin Todesurteile genannt, werden offiziell noch immer bei Mord- und Drogendelikten ausgesprochen. Doch ist bereits über ein Viertel Jahrhundert vergangen, seitdem der letzte Häftling zum Galgen geführt wurde.[44]
A., dessen Prozess wegen Mordes an die neun (!) Jahre gedauert hatte, war einer meiner spirituellsten nahe stehenden Häftlinge. Als ich ihn und seine Mithäftlinge zum ersten Mal im Jahre 2000 im Hochsicherheitstrakt des Welikada-Gefängnisses in Colombo besuchte, war er schon jahrelang in einer Einzelzelle inhaftiert gewesen. Seine Tochter und sein Sohn, die ich ein paar Mal zu Hause bei ihrer Großmutter besucht hatte – die Mutter war anscheinend irgendwo in die Szene abgerutscht –, durften ihren Vater nur einmal pro Monat für fünfzehn Minuten sehen. Der Besuch war ausschließlich in Anwesenheit eines Wächters und unter strengen Sicherheitsmassnahmen gestattet. Das bedeutete auch, dass zwischen ihnen kaum ein Körperkontakt möglich war. Einmal wurde A. von seinem Sohn gefragt, wann er denn endlich nach Hause kommen werde. Darauf antwortete er ihm: „Dann

wirst du schon ein großer Junge sein." Natürlich war es nicht verwunderlich, dass diese Kinder beim Lernen große Konzentrationsschwierigkeiten hatten. Für einige Zeit übernahm ich durch mein »Simple Wisdom«-Projekt die Bezahlung für ihre Nachhilfestunden, was freilich keine Lösung für ihre psychischen Probleme brachte.[45] Jedes Mal, wenn sri-lankische Medien ein Gewaltverbrechen ausschlachteten, wurde der Ruf nach dem Henker von allen möglichen Seiten laut, um sowohl jene Täter zu bestrafen als auch potenzielle Mörder abzuschrecken.[46] Die betroffenen Insassen sagten mir einmal frustriert, dass 95 Prozent ihrer eigenen Landsleute ihren legal beschlossenen Tod befürworten würden. Nicht nur die »Obermönche«, die sich als die offiziellen Vertreter des Buddhismus in Sri Lanka ausgeben, plädieren für das Hängen, sondern sogar einige der westlichen Mönche, die im Allgemeinen als wesentlich frommer und gelehrter gelten, finden an diesem quasi-göttlichen Strafgericht nichts auszusetzen. Mir bleibt rätselhaft, wie solche »Buddhisten« die erste Tugendanweisung Buddhas auslegen, welche lautet: „Ich übe mich darin, das Töten von allen Lebewesen zu unterlassen."[47] Als wieder einmal die Forderung nach dem Galgen landesweit heftig aufflammte, wandte ich mich in meiner Verzweiflung an Amnesty International und beschrieb die damalige Lage einer Mitarbeiterin in London folgendermaßen:

> Die Situation ist für mich nicht leicht, denn ich kenne diese Menschen, die offiziell getötet werden sollen, schon seit etlichen Monaten. Gerade heute hatte ich eine zweistündige Sitzung mit ihnen. Ich kann mit ihnen über alles reden und diskutieren, denn nur selten sind Wächter anwesend. „Die Stimmung ist noch okay, doch wenn der Erste hängt, wird sich das sicher ändern", sagte mir A., der vielleicht unter den Ersten sein wird. Er erklärte mir auch, wie der Todeskandidat die letzten fünf Tage von einer Zelle mit Spezialschloss zur nächsten verlegt wird (wo übrigens derzeit unsere Programme stattfinden), bis schließlich nur noch der Raum mit dem Galgen übrig bleibt. Wir konnten durch ein paar Risse hinter die Tür blicken, wo der Haken und die mit Brettern abgedeckte Falltür zu sehen sind.[48] Das Spezialseil (das angeblich keine sichtbaren Verletzungen hinterlässt, wie

> mir ernsthaft von einem höheren Beamten erklärt wurde) komme aus Belgien, witzeln die Betroffenen. Aber auch der »Senior Superintendent«, kurz SSP genannt, wies heute in einem Gespräch mit mir darauf hin, allerdings nicht im Spaß! A., einer der wenigen, die perfektes Englisch sprechen und der mir beim Übersetzen behilflich ist, zeigte großes Interesse an den mitgebrachten Unterlagen von Amnesty International, die ich in einem Bürgerrechtsbüro kopiert hatte. Ich zögerte irgendwie, ihm diese Sachen zu geben, aber er ist anscheinend sehr ruhig und sieht das Ganze sehr realistisch.[49] Ich kann eigentlich eine Menge von ihm lernen, aber bald könnte er nicht mehr unter uns sein! In diesem Trakt gibt es unter den 57 zum Tode Verurteilten anscheinend auch Unschuldige.

Diese Thematik besprach ich einmal mit den Häftlingen des Welikada-Hochsicherheitstraktes, die alle miteinander übereinstimmten, dass unter ihnen auch völlig Unschuldige säßen. A. meinte dazu: „Vor Gericht lügt im Grunde jeder, aber wenn wir uns miteinander unterhalten und unsere »Geschichten« austauschen, dann besteht keinerlei Grund, die Wahrheit zu verschleiern. Und dabei ist schon manche Tragödie ans Licht gekommen." Ein zu Tode Verurteilter, der seit zwei Jahren in Bogambara sitzt, erklärte mir einmal voller Emotionen, dass er unschuldig sei und dass deswegen x-mal am Tag solche Aggressionen in ihm gegenüber jenen aufkamen, die ihn hinter Gitter gebracht hatten, dass sein einziger Gedanke oft nur »Rache!« ist.
Damals hatte Amnesty International mir versichert, eine »urgent action« (eine spontane weltweit eingeleitete Aktion in Form von Protestbriefen) in die Wege zu leiten, falls das erste Datum einer Hinrichtung bekannt gegeben würde. Daher hatte ich den SSP gebeten – ohne natürlich dafür den Grund zu nennen – mich sofort zu informieren, wenn der erste Galgentermin festgelegt würde. Da er aber angenommen hatte, dass ich bei der Hinrichtung anwesend sein wollte, hatte er mir versichert, dass ich – als der „Gefängnis-Seelsorger" – selbstverständlich bei diesem Ereignis anwesend sein dürfe. Dem Gesetz nach ist übrigens die Anwesenheit des Gefängnisdirektors, eines Hauptwächters und eines Arztes

verpflichtend. Er erzählte mir dann, dass er selber schon bei einigen Hinrichtungen anwesend gewesen und nach dem ersten Mal ihm der Appetit vergangen sei. Ich selbst hatte diesbezüglich keinerlei voyeuristische Ambitionen.[50] Damals war meinen Häftlingen und mir völlig unerwartet klar geworden, wie dünn eigentlich das Rosshaar ihres Damoklesschwertes war. In jener Zeit der Ungewissheit zeigte mir A. einen Zeitungsartikel vom 3. Dezember 2000 im »Sunday Leader« mit der Überschrift „Gesucht: ein Henker“:

> Da die Regierung dabei ist, die Todesstrafe wieder einzuführen, wird für den Galgen ein Henker gesucht. „Ja, wir brauchen einen Henker“, sagte Justizminister Batty Weerakoon dem »Sunday Leader«. „Ich sehe darin kein Problem. Unsere Gesellschaft ist so brutalisiert, da werden sich viele dafür bewerben“, sagte er. Seit 1976 wurden die Galgen nicht mehr verwendet. Die früheren Henker, ein Vater mit seinem Sohn, sind schon lange verstorben. Die Gefängnisabteilungen von Welikada und Bogambara haben die Galgen durch ständige Wartung funktionstüchtig gehalten.[51] Es gibt 57 zum Tode verurteilte Häftlinge in Welikada. Verwandte von einigen dieser Häftlinge erzählten dem »Sunday Leader«, dass den Insassen neue Kleidung gebracht, sie voneinander getrennt und ihre Köpfe rasiert worden seien.[52] Ihnen sei gesagt worden, sie müssten auf die Rückkehr der Präsidentin Chandrika Kumaratunga aus dem Ausland warten, bis ihr Schicksal beschlossen werde.[53] Minister Weerakoon betonte, dass nicht alle 57, die sich im Todestrakt befinden, hingerichtet werden würden. „Nur die, die sich bei einer allerletzten Überprüfung für eine Milderung nicht qualifizieren, werden hingerichtet.“ Unterdessen wurde die Hinrichtung von A., der wegen Mord an T. vor fünfzehn Jahren zu Tode verurteilt wurde, schon vorbereitet.

Ich war beeindruckt, wie gelassen A. mit seiner »Todesanzeige« umzugehen wusste. Ich selber konnte daraufhin nicht sehr viel machen, außer am 13. Dezember 2000 der Präsidentin folgenden Brief zu schreiben, mit einer Kopie an den Justizminister:

Eure Exzellenz!
Ich schreibe diesen Brief aus tiefer Besorgnis, dass die Todesstrafe in nächster Zukunft wieder eingeführt werden soll. Ich möchte meinen Ansichten, sowohl als buddhistischer Mönch als auch als Mensch, der in direktem Kontakt mit den Inhaftierten steht, die voraussichtlich durch das Gesetz getötet werden sollen, Ausdruck verleihen. Wie ich Ihnen bereits in einem Brief vom 7. Juli 2000 geschrieben habe, unterrichte ich männliche und weibliche Inhaftierte, einschließlich zum Tode Verurteilter, seit über einem Jahr in Meditation. Während dieser Zeit habe ich eine starke emotionale Bindung und Freundschaft zu diesen Häftlingen entwickelt, die sich in großer Bereitwilligkeit zum Besseren gewandelt haben. Ich bin zutiefst von dem Gedanken beunruhigt, dass sie vielleicht in absehbarer Zeit durch das Gesetz umgebracht werden sollen!
Vielleicht könnten Sie einige der unten stehenden Dinge erwägen, bevor Sie ein Gesetz mit solch erschreckenden Konsequenzen einführen.
Ich bitte Sie, aus buddhistischer Perspektive darüber nachzudenken, was Buddha mit dem folgenden Vers gemeint hat: „Vor Zücht'gung haben alle Angst, / Und alle fürchten sich vor'm Tod; / Dich selbst mit allen d'rum vergleich', / Und töte nicht und schlage nicht." (Dhammapada, Strophe 130)[54]
Es folgen einige Zitate von Dr. Shigemitsu Dando (ehemaliger Richter des Obersten Gerichtshofs in Japan: »The Case Against Capital Punishment«), und von Larry Cox, USA (ehemaliger Stellvertretender Generalsekretär: »Moving Towards a World without Execution«), die beide 1992 von Amnesty International veröffentlicht wurden:[55]

• „Wenn wir bedenken, dass es durch die Anwendung des Systems der Todesstrafe immer unvermeidlich ist, dass auch unschuldige Menschen aufgrund von Fehlurteilen hingerichtet werden, dann wird die Todesstrafe zum absoluten Inbegriff der Unmenschlichkeit und Grausamkeit."

[Kommentar von S. P.:] Sehr wenige Menschen in Sri Lanka haben die Möglichkeit, persönlich mit verurteilten Gefängnisinsassen zu sprechen. Während diesen Sitzungen habe ich den Eindruck gewonnen, dass es auch hier einige Gefangene gibt, die tatsächlich unschuldig sind. Das ist nicht überraschend, denn Fehler werden auf der ganzen Welt gemacht, auch in den USA.[56]

• „Das passiert eben, wenn einem aus Menschen bestehenden System gottähnliche Macht verliehen wird."
• „Das Gesetz muss der Gesellschaft als Vorbild dienen, wie Gerechtigkeit ausgeübt werden soll. Wenn es das Gesetz erlaubt, Menschen mit eigener Hand das Leben zu nehmen, während es vom Volk erwartet, menschliches Leben zu respektieren, dann kann das Gesetz nicht länger die Disziplin in der Gesellschaft aufrechterhalten."
• „Es überrascht nicht, dass die Staaten, die heute diese Gewalt, gesetzlich zu töten, anwenden, oft dieselben sind, die auf illegale Weise andere Menschenrechte verletzen."
• „Nationen, die die Todesstrafe einführten, konnten nicht bestätigen, dass als Resultat der Todesstrafe ihre Gewaltverbrechensrate sank, und diejenigen Nationen, die die Todesstrafe abschafften, konnten nicht bestätigen, dass ihre Verbrechensraten stiegen."
• „Die Todesstrafe hat keine besondere Macht, von Gewaltverbrechen abzuschrecken; sie kann Gewaltverbrechen durch ihre brutalisierende Wirkung sogar zunehmen lassen."

Ich habe die ernsthafte Hoffnung, dass Sie als Buddhistin und als die mächtigste Person in diesem Staat dies gütigerweise zur Kenntnis nehmen und die notwendigen Schritte unternehmen, um diesen Unglücklichen Gnade zuteil werden zu lassen.

Mit Dank, Ihr im Dhamma [in Buddhas Lehre; Anm. d. Red.] verbleibender
Mönch Pajalo

Es war der Justizminister der mir daraufhin schrieb:

> Lieber Ehrwürdiger Pajalo,
>
> vielen Dank für Ihren informativen Brief. Ich sehe allerdings nicht, dass das Abschaffen der Todesstrafe als Teil der Regierungsangelegenheiten betrachtet werden kann. Alles weitere Material, diese Frage von Ihnen betreffend, werde ich in Erwägung ziehen, wenn es mir schriftlich zukommt. [...]

Auf dieses Angebot ging ich selbstverständlich ein. Wenngleich auch die Antwort der Präsidentin ausblieb, so hatte ich doch eine indirekte Rückmeldung gewissermaßen bereits im Voraus erhalten. Denn einige Monate zuvor hatte ich von sieben Todeskandidaten einen heimlichen Brief bekommen, der mich bewog, folgende Zeilen an die Präsidentin zu richten:

> [...] Durch die Zusammentreffen mit diesen Menschen ist mir klar geworden, dass eine harte und strenge Bestrafung keine Lösung ist, um diese Gesetzesbrecher zurück auf den richtigen Weg zu bringen. Während der letzten acht Monate habe ich eine sehr positive Veränderung in ihren Einstellungen beobachtet, was die Gesellschaft, ihr Verstehen und Annehmen des Unrechts, das sie begangen haben, und ihre feste Absicht, ein besseres Leben nach buddhistischen Grundsätzen zu leben, betrifft. In dem Wissen, unter welch schwierigen Bedingungen und unter welch psychischem Druck diese sieben verurteilten Gefangenen leben (siehe beigefügte Liste [Hier nicht abgedruckt; Anm. d. Red.]), möchte ich Sie als Präsidentin dieses Landes darum bitten, ihnen die Todesstrafe zu erlassen und ihre Strafe in eine lebenslängliche Haftstrafe umzuwandeln. Diese Angelegenheit habe ich mit hohen Instanzen der Gefängnisleitungen und der Wohltätigkeitsorganisation der Gefängnisse diskutiert, und ich habe dabei ihre volle Unterstützung für mein Ersuchen erhalten. [...]

Ihr Privatsekretär schrieb mir daraufhin:

Präsidenten-Büro, 12. Juli 2000

Betreff: Begnadigung von sieben zu Tode verurteilten Häftlingen des Bogambara-Gefängnisses, Kandy (Ersucht um ein Treffen mit der Präsidentin)

Ehrwürdiger Herr,

mir wurde von ihrer Majestät der Präsidentin aufgetragen, den Erhalt Ihres Briefes vom 7. Juli bezüglich der oben erwähnten Thematik zu bestätigen. Ihre Majestät hat mich gebeten, Ihnen, Ehrwürdiger Pajalo, ihren Dank und ihre Anerkennung für die spirituelle Begleitung auszurichten, die Sie durch Meditationsübungen anbieten, damit diese Übeltäter dadurch gebessert werden und sie in Zukunft ein besseres Leben nach buddhistischen Prinzipien führen werden. [...]

Mir wurde zwar gesagt, dass ein Antwortschreiben vom Präsidentenbüro etwas Außergewöhnliches sei, aber dennoch wurde die eigentliche Frage völlig ignoriert. Übrigens hatte einmal auch der Premierminister während einer Pressekonferenz – bei der ich damals der einzig anwesende ausländische Mönch war – meine Arbeit als sehr positiv herausgestrichen. Solche offiziellen Stellungnahmen sind natürlich ein großer Vorteil, besonders wenn man es wagt, sensible Punkte – und davon gibt es genug – gegenüber Gefängnisautoritäten anzusprechen.
Um wirklich zu verstehen, was in einem Häftling der Todeszelle vor sich geht, hatte ich A. gebeten, sein Leben als zum Tode Verurteilter zu beschreiben. Er verfasste einen mehrseitigen Bericht, der in Auszügen hier wiedergegeben sei:

Aus dem Bericht des Todeskandidaten A.,
geschrieben am 20. Dezember 2000

Nachdem ich so viel Zeit, 22 1/2 Stunden am Tag, in einer Einzelzelle eingesperrt verbringe, habe ich meinen Geist so

> weit ausschließlich durch Meditation und den Glauben an Gott geschult. [A. ist ein tief gläubiger Christ; Anm. von S. P.] Falls meine Zeit abgelaufen wäre und ich zum Galgen gehen müsste, würde ich das in dem Wissen tun, all jenen vergeben zu haben, die mir Unrecht angetan haben, sei es in der Vergangenheit, Gegenwart oder sogar in der Zukunft, lange nachdem ich gegangen sein werde. Wenn jemandem, der zum Tode verurteilt wurde, gesagt wird, dass er nur noch x Tage zu leben habe und hilflos bis zu der bestimmten Zeit gehalten werde, würde da nicht Angst vor dem Tod im Herzen des verurteilten Gefangenen aufkommen? Das passiert in allen Fällen und unter allen Umständen. Aber diejenigen, die ein Gefühl von Mut, Ruhe und Sammlung in sich haben, sind viele Schritte weiter gegangen, um einen Zustand jenseits der Angst zu erleben. Das nennt sich Selbstbesinnung und Nach-innen-Schau. Man kommt mit seiner Situation zurecht und kann das, was kommen wird, ohne Angst akzeptieren, weil man zur Einsicht gekommen ist.[57] Und das ist Teil der Rehabilitation. Hat jemand sein inneres Selbst richtig betrachtet, dann beginnt er inneren Geistesfrieden zu finden und braucht darüber hinaus nicht weiter danach zu suchen. Das ist die einzig logische Erklärung für diese Ruhe, diese Sammlung und diesen Mut.[58]

Etwas über A.s spirituellen und kreativen Charakter erfährt man aus den folgenden Zeilen:

> Während meiner Haft habe ich meine Zeit religiösen Aktivitäten, der Meditation und dem Yoga gewidmet. Aus eigener Initiative und Zeiteinteilung habe ich mir zusätzlich viele andere Aktivitäten selbst beigebracht, wie zum Beispiel das Weben und andere Handwerkskünste.

Erklärend sei hinzugefügt, dass das Gefängnis keinerlei manuelle Aktivitäten unterstützte, da für diese Häftlinge jegliche Arbeit verboten war. A. hatte mir einmal ein heimlich handgewebtes Tuch geschenkt, welches er ohne Webstuhl in 300 Arbeitsstunden aus der Baumwolle der Häftlingskleidung gefertigt hatte. Die inspirierende Persönlichkeit A.s kommt auch in folgendem Brief vom 8. März 2001 zum Ausdruck:

> Sādhu,[59] zwei meiner Klassenkameraden haben mich besucht, und ich war sehr froh, sie zu sehen. Sie haben mir erzählt, dass sie gekommen waren, um mir Mut zu machen und Kraft zu geben. Aber nachdem sie mich gesehen und mit mir gesprochen hatten, waren sie es, die von mir ermutigt und gestärkt worden waren. Sie sagten, dass ihnen meine Geisteshaltung gefällt. Übrigens habe ich ihnen die Gründe für meinen geistigen Zustand genannt und erklärt, wie Meditation dabei eine große Rolle spielt. Ich habe dich dabei ausdrücklich erwähnt, auch gegenüber meinen Eltern, Kindern, Verwandten und Freunden.

Die folgenden Zeilen, die A. mir im Mai 2001 während meines Österreich-Aufenthaltes zuschickte, geben nicht nur Einblick in seine tragischen Lebensumstände, sondern eröffnen darüber hinaus ein Verständnis über das Potenzial, welches Meditation in sich birgt:

> Ich stimme damit völlig überein, dass sich die Träume einer solchen Person in Alpträume verwandeln und Schlösser in Aschenhaufen, dass man in einer Fantasiewelt der Einbildung lebt und sich weigert, die Realität zu akzeptieren.[60] Anfangs habe ich mich auch so gefühlt und genau so verhalten. Erst nachdem ich mit der Meditation begonnen hatte, konnte ich mich mit meiner Situation zurechtfinden, die Realität akzeptieren und mir eingestehen, welch ein Idiot ich war, mich in eine Scheinwelt zu flüchten.
>
> Du siehst, Sādhu, als einer, der zum Tode verurteilt wurde, wie das bei mir der Fall ist, lebe ich nunmehr für den einen (gegenwärtigen) Tag. Ich kann nichts von dem verändern, was vergangen ist, und ich weiß auch nicht, was das Morgen für mich bringen wird. Alles, was ich habe, ist die Gegenwart. Deswegen werde ich in der Gegenwart leben, und wenn die Sonne auch noch morgen für mich scheint, dann will ich mir Sorgen über jenen Tag machen, der sich dann für mich ergeben wird.

Auch ein Mithäftling von A., der damals schon seit acht Jahren in Einzelhaft saß und außerdem sehr schwer an Hämorrhoiden litt, sagte mir einmal, dass auch er sich anfänglich an das Gefängnisleben gewöhnen musste, aber schließlich hätte er sich „ganz gut“[61] eingelebt. Da ich all diese Aktivitäten zum Glück nicht als Sozialarbeiter oder unter sonst irgendeinem Auftrag unternahm, sondern allein von mir aus, freiwillig und spontan, vergingen manchmal Perioden, in denen ich mich, abseits jeglicher sozialen Verwicklungen, ungestört in die Einsamkeit zurückzog.[62] Darüber schrieb mir A. in einem Brief am 2. Februar 2001:

> Sādhu, wir werden dich während deiner Abwesenheit wirklich vermissen. Wie auch immer, mach weiter und tu, was du tun musst. Wir verstehen deine Position. Māmā [auf Singhalesisch »Onkel«; Anm. v. S. P.] möchte, dass ich dir erzähle, dass uns durch deine Abwesenheit wirklich viel genommen wird. Denn deine Lehren und deine Sitzungen mit uns sind ein großer Trost und etwas, worauf wir uns freuen. Māmā ist der älteste Herr in unserer Gruppe. Der Rest stimmt völlig zu, und ich auch. […] Ich verstehe deine Schwierigkeiten, dich an die andere Welt anzupassen, nachdem du so zurückgezogen gelebt hast. Wie komisch es klingt, wenn du sagst: „die mir wie ein Gefängnis vorkommt“ was ja irgendwie wahr ist. Manchmal fürchte ich mich so sehr davor, aus dem Gefängnis entlassen zu werden, da ich mich auch frage, ob ich fähig sein werde, mich anzupassen. Es fühlt sich an, als ginge man aus der Freiheit innerhalb dieser Gefängnismauern in ein viel schwierigeres und größeres Gefängnis, das die Welt ist.[63] […] Die Sitzungen und das Zusammensein mit dir sind für uns mindestens so inspirierend wie für dich. So sehr wir uns auch darauf freuen, dich zu sehen, so verstehen wir doch völlig deine Position. Also mach dir keine Sorgen und zweifle nicht! Mach weiter und tu, was du tun musst! Denn es ist wichtig, dass auch andere die Möglichkeit haben, von deiner Arbeit zu profitieren, ganz zu schweigen von deinem eigenen Nutzen und deiner Spiritualität. Trotzdem schätzen wir deine Besuche und freuen uns auf sie, auch wenn es nur ab und zu ist.

In einem anderen Brief heißt es:

> Ich bin mir nicht über die anderen sicher, aber ich verbringe sehr viel meiner Freizeit damit, über dich und deine Retreats nachzudenken. Sie geben mir sehr viel Inspiration und den Willen, weiter zu machen, um wesentlich höhere spirituelle Ziele zu erreichen.

In einem Brief gab ich A. einmal den Denkanstoß, zumindest den Versuch zu wagen, einen sehr wichtigen, aber auch schwierigen Schritte in eine hellere Zukunft zu machen, worauf er mir am 10. Mai schrieb:

> Zum wichtigsten Teil deines Briefes: „Habe ich je überlegt, mit der Familie meines Opfers in Kontakt zu treten, um mich zu entschuldigen?" Was für eine sonderbare und doch interessante Frage! Ich habe speziell über diese Sache sehr viel nachgedacht. Sehr gerne möchte ich besonders der Mutter und auch den Brüdern des Opfers begegnen und für das Trauma um Verzeihung bitten, das dieses ganze Ereignis für sie verursacht hat. Ich weiß nicht, wie sie reagieren würden und glaube eigentlich nicht, dass sie meine redliche Absicht anerkennen würden. Wie auch immer, es ist mir gleichgültig, wie sie oder andere darüber denken und fühlen, denn ich weiß, dass ich das Richtige tue. Ich fühle, dass diese Handlung für meinen Geistesfrieden der „Zuckerguss auf der Torte" sein könnte. Allerdings ist es nicht so, dass ich noch keine Ahnung von Geistesfrieden hätte. Aber wenn dies erledigt und vorbei ist, werde ich mich viel besser fühlen. [Daraufhin hatte er auch versucht, Kontakt mit ihnen herzustellen, aber die Familie seines Opfers hatte anscheinend Sri Lanka verlassen. Anm. v. S. P.] Es ist für meine Familie schwierig, unangenehme Fragen von anderen Leuten zu beantworten. Daher neigen sie dazu, den leichten Ausweg zu wählen: „Vollkommen unschuldig" und basta. Wenn die Zeit reif ist, werde ich mich sicherlich mit ihnen zusammensetzen und in einem langen Gespräch die Karten auf den Tisch legen.

Das Problem bei dieser verzwickten Sache war, dass für so ein Gespräch weder die Zeit noch die richtige Atmosphäre gewährleistet war, was natürlich wiederum mit einem unmenschlichen Bürokratismus und unsensiblen Verantwortlichen zu tun hatte.

Verschiedene Häftlinge im Hochsicherheitstrakt hatten unterschiedliche Methoden, wie sie mit dieser an sich so aussichtslosen Situation umgingen. B., der einst Polizist von Beruf war, versuchte es beispielsweise mit blindem Optimismus. Sein Gerichtsverfahren hatte sich so lange hingezogen, dass er jahrelang als Untersuchungshäftling im Hochsicherheitstrakt sitzen musste. Nur wenn es mir wirklich notwendig erschien, oder wenn ich einen Insassen schon lange gut kannte, stellte ich die sensible und persönliche Frage, warum er hier gelandet war. Dadurch wollte ich vermeiden, jemanden unnötig bloßzustellen oder zum Lügen zu verleiten. Da aber zu B. schon eine lange persönliche Beziehung bestand und er mir außerdem mit seinen Englischkenntnissen immer wieder bei meinen Gesprächen behilflich war, erkundigte ich mich eines Tages nach der Ursache seiner Haft. Als er mir sagte, er sei „in eine Schießerei verwickelt" gewesen, meinte ich, dass es sich dabei nicht unbedingt um ein geringes Vergehen handle. Dennoch hatte er mir immer wieder versichert, er werde schon bald entlassen werden und mich dann bei sich zu Hause zum Essen einladen.[64] Eines Tages informierte mich dann ein Mitbruder meines Klosters, dass in den Fernsehnachrichten B.s Todesurteil wegen fünffachen Mordes verlautbart worden war; dazu kam noch eine Extra-Strafe von 46 Jahren hinter Gittern. Sein eigentliches Vergehen war – laut Mithäftlingen –, dass er fast die ganze Verwandtschaft seiner Frau umgebracht hatte. Innerhalb von zwei Wochen hatte er daraufhin, wie das so in Sri Lanka üblich ist, gegen sein Urteil Berufung eingelegt. Und das bedeutete, dass er wiederum Monate, wenn nicht Jahre auf ein endgültiges Urteil über seine Taten und mithin über sein Leben zu warten hatte. Für einige Zeit war dann mein Kontakt mit B. abgebrochen, da er in einen anderen Gefängnistrakt verlegt worden war, wo ich keine Programme veranstaltete. Als ich später einmal gerade den schwer bewachten Haupteingang des Welikada-Gefängnisses in Colombo verlassen wollte, hörte ich eine mir bekannte Stimme brüllen: „Sādhu, Sādhu, ich muss dich sprechen!" Hinter einem vergitterten Fenster im zweiten Stock eines der baufälligen Gebäude sah ich B. Ich konnte ihm aber nur zuwinken, da mich mein pflichtbewusster Begleitaufseher (mir war untersagt, ohne offizielle Begleitung im Gefängnis herumzugehen) darauf hinwies, dass sich eine derartige Unterhaltung nicht gezieme. Früher hatte mir B. einmal besorgt gesagt, dass einige der Bücher, Hefte und Stifte, die ich für einige Insassen besorgt hatte, als Tauschware gegen Drogen missbraucht würden. Das wunderte mich nicht, ist doch korruptes Verhalten und Korruption bei Institutionen, auch in den Gefängnissen, in ganz Sri Lanka anzutreffen.

Der folgende Brief stammt von einem anderen Todeskandidaten aus dem speziellen C-Trakt des Welikada-Gefängnisses. Ich will ihn hier „C." nennen. Da er des Englischen nicht mächtig war, diktierte er am 4. Juni 2001 den Text seinem Mitgefangenen A., der übersetzte. Diese etwas pathetisch klingenden Zeilen wurden mir ebenfalls nach Österreich nachgeschickt und waren auch an den Rest meiner Familie adressiert:

> Es geht uns gut, und wir fahren wie immer mit unseren Meditationsübungen fort. Wir wissen nicht, wie wir dir dafür danken sollen, dass du uns die Fähigkeit verliehen und uns den Weg dahin gezeigt hast, unser moralisch zerrüttetes, mit Leid erfülltes und verzweifeltes Leben nach all diesen langen Jahren unter Kontrolle zu bringen. Worte reichen dafür nicht aus. Von der Vergangenheit zur Gegenwart hat eine enorme Verbesserung in uns stattgefunden. Deinen Schweiß und deine Mühe, uns auf den rechten Weg zu bringen, wissen wir sehr zu schätzen, und wir danken dir auf Knien und aus der Tiefe unseres Herzens. Wenn du unser vergangenes Leben betrachtest, dann kannst du vielleicht erkennen, dass wir uns durch den Hass und den Zorn auf uns selbst und andere nicht einmal gegenseitig anschauen konnten. Obwohl wir unter diesen Bedingungen ausharren mussten, ist es ein Wunder, dass wir dabei nicht wahnsinnig geworden sind. Aber das wäre passiert, wenn du nicht gewesen wärest. Dass du zu uns gekommen bist, ist etwas, was unter normalen Umständen nicht einmal im Traume geschieht. Erst nachdem du zu uns gebracht wurdest, hat

unser Geisteszustand sich zum Positiven verändert. Obwohl du körperlich nicht bei uns bist, gehen wir den Weg, auf den du uns gebracht hast. Mein Wunsch ist, dass du deinen Aufenthalt in Europa mit deiner Familie und deinen Freunden genießt und du wieder zu uns zurückkommst. Ich bitte dich, dass du bald zurückkommst und Freude in unsere Herzen bringst und Licht in diesen depressiven Trakt. Falls es gute Medizin gegen Gastritis gibt, bitte versuche, sie mir mitzubringen.
In einem Land mit schätzungsweise 2 500 Jahren buddhistischer Geschichte[65] müssen wir uns schämen, dass es unter Hunderten von einheimischen Mönchen [Tatsächlich sind es etwa 20 000; Anm. von S. P.] keinen einzigen gibt, der zu uns kommt, um einen Dhamma-Vers zu rezitieren, um den Dhamma [Buddhas Lehre; Anm. von S. P.] zu predigen und uns einen Weg zur Befreiung zu zeigen. Wir sind dabei ausschließlich auf einen westlichen Mönch angewiesen. Wenn es hier unter zehn anderen ordinierten Mönchen nur einen wie dich gäbe, dann, so glaube ich, wäre unser Land nicht das, was es heute ist. Unser Sangha [die Mönchsgemeinschaft; Anm. von S. P.] sollte sich dafür schämen, was du für uns und unser Land getan hast. Ich bitte dich [nochmals; Anm. von S. P.], bald wiederzukommen, um Licht in diesen deprimierenden Gefängnistrakt zu bringen.

Der bloße Anblick dieses Insassen lässt das Ausmaß einer jahrelangen psychosomatischen Krankheit erkennen: sein Körper ist stark abgemagert und die Augen liegen dunkel umrahmt tief in den Augenhöhlen. Durch C. kam ich eines Tages zufällig dahinter, dass diese Todeskandidaten zu jener Zeit für einige Wochen von jeglicher medizinischen Versorgung abgeschnitten waren. Er gab mir einmal das Rezept für ein Medikament, das, wie so oft, in der Gefängnisapotheke nicht erhältlich war. Ich besorgte es draußen und übergab es einem »Welfare Officer« (was großartiger klingt, als es in Wirklichkeit normalerweise der Fall ist), einem Wachbeamten, dem von Amts wegen die Fürsorge obliegt. Dies war die übliche offizielle Prozedur, wie ich Medikamente für Gefangene besorgen durfte. Als ich aber nach einiger Zeit wieder diesen Trakt besuchte,

erfuhr ich, dass C. sein Medikament noch immer nicht erhalten hatte, denn damals war die Diskussion um die Todesstrafe äußerst heftig im Gange, und aus Sicherheitsgründen durften die Betroffenen nicht einmal Medikamente besorgen oder einen Arzt besuchen. Empört beklagte ich mich beim SSP darüber. Obwohl er eigentlich seine Aufgabe relativ menschlich und verantwortungsvoll erfüllte, meine Arbeit und Hilfsaktionen auf großzügige Weise unterstützte und auch bei den Häftlingen sehr populär war, besuchte er kaum die ärmsten und »schwärzesten seiner Schäfchen« im speziellen B- und C-Trakt. Dies begründet er mir gegenüber mit der Bemerkung: „Sie stellen mir dann immer so viele Fragen und beschweren sich über alles Mögliche." Durch die verantwortlichen Hauptwächter kam ihm dieser unmenschliche Ausnahmezustand auch nicht zu Ohren, da von ihnen ernsthafte Probleme oft vernachlässigt wurden. Als ich ihm die tatsächliche Situation schilderte, ließ er C. sofort ins Gefängniskrankenhaus überstellen, und innerhalb kurzer Zeit war bei den anderen Insassen wieder die übliche medizinische Betreuung gewährleistet.
Als ich wieder einmal den Welikada-Hochsicherheitstrakt besuchte, stellte mir A. ganz stolz seine neuen illegalen Mitbewohner vor: zwei junge, herzige Streifenhörnchen, die ihm jemand heimlich hatte zukommen lassen und die sich dank zweier verschiedener, mit Glöckchen versehener Halsbändern unterscheiden ließen. Er hatte ihnen ein kleines, abschließbares Häuschen gebaut, ließ ihnen aber wesentlich mehr Freiheit, als ihm selber von anderen zugestanden wurde. Aber während unseres Programms mussten sie in ihr Minigefängnis, weil sie sich beim Herumklettern mit den Anwesenden vergnügten. Diese Knasttiere waren die Lieblinge aller Insassen, von denen die meisten wegen Mordes einsaßen. Auch die Beamten drückten die Augen zu, obwohl schon der Rausschmiss wegen schlechten Benehmens dieser Kobolde laut angedroht worden war. Durch so einen herzlichen Kontakt konnte man spüren, wie wenig es im Grunde braucht, um psychische Wunden im Herzen zu mildern und die lebensfeindliche Atmosphäre innerhalb der Mauern menschlicher zu machen. Ein anderes Mal, als sich gerade alle anwesenden Insassen in Meditation vertieft hatten, blickte ich um mich und beobachtete, wie in der Nähe zahlreiche Mäuse, die aus dem Abwasserschacht hervorkamen, ungestört durch die Gegend

tanzten. Ohne jegliche Aversion wurde mir auch von Ratten erzählt, deren Größe sogar die der herumstreunenden Katzen übertraf!

„Mitgefangen, mitgehangen“ singt Reinhard Mey in einem Lied über einen Gefangenen, welches mit den Worten beginnt: „Von Wand zu Wand sind es vier Schritte, / Von Tür zu Fenster sechseinhalb, / Aber das Fenster ist zu hoch / Und viel zu weit fort von der Pritsche, / Um dadurch irgendwas zu sehen [...].“[66] Als mir vor über zwei Jahrzehnten diese lyrische Beschreibung zu Ohren kam, hatte ich mir damals nie träumen lassen, wie real ich einmal die Welt der Gitter erleben würde. Was mich in diesem Hochsicherheits-Trakt bei einem längerem Aufenthalt wahrscheinlich am meisten Nerven kosten würde, wäre nicht die Einzelhaft, die in dem überfüllten Gebäudekomplex eher als Luxus angesehen würde, sondern die Radiomusik, die von morgens bis abends durch den ganzen Trakt schallt. Dahinter steht vielleicht die naive psychologische Vorstellung, dass dadurch nicht nur die Ohren, sondern auch der Frust der Insassen betäubt wird. Da sie natürlich jegliche Ablenkung von ihrem tragischen Alltagsleben von Herzen begrüßen, hatten mich diese Todeskandidaten gebeten, ihnen einen Fernseher zu besorgen. Auch wenn mir klar war, dass spirituelle Bücher – die ich ebenfalls regelmäßig besorgte – wesentlich eher dazu beitrügen, sich mit dem Leben in dieser fatalen Enge zurechtzufinden als beispielsweise indische Liebesfilme, erfüllte ich ihnen dennoch diesen Wunsch. Denn wie viele von ihnen konnten mit etwas anspruchsvollerer Literatur etwas anfangen oder waren ernsthaft an einer »Lösung« und »Los-Lösung« abseits seichter Unterhaltung interessiert? Dass für einige von ihnen spirituelle Anweisungen tatsächlich die psychische Rettung waren, kam einmal in folgendem Ausspruch eines Häftlings klar zum Ausdruck: „Ich wäre im Irrenhaus gelandet, wenn ich mich nicht der Meditation gewidmet hätte.“ Übrigens waren im Welikada-Hochsicherheitstrakt nur etwa ein Viertel der Insassen, also etwa fünfzehn Personen, an meinen Programmen interessiert. Das war, verglichen mit dem Bogambara-Trakt, relativ wenig, denn dort nahmen meist alle Todeskandidaten teil, außer einem geistig Erkrankten. Allerdings hatten die Treffen im kleinen Rahmen den Vorteil, dass die Atmosphäre persönlicher war und auch indivi-

duelle Probleme öfter in der Gruppe diskutiert wurden. Wenn in einem solchen Spezialtrakt die Gittertür hinter mir ins Schloss gefallen war, Matten gebracht und die Häftlinge aus ihren Zellen gelassen wurden, um mit mir am Ende des Ganges wieder einmal zwei Stunden zu verbringen, wusste ich oft noch nicht, wie das Programm verlaufen würde. Einer der Schwerpunkte war selbstverständlich die Meditation, in die wir uns gemeinsam für jeweils zwanzig bis dreißig Minuten mehr oder weniger intensiv vertieften und worüber wir dann auch Erfahrungen austauschten und Fragen klärten. Ansonsten wurden verschiedenste Themen besprochen, welche direkt mit ihrer einengenden Lebenssituation zu tun hatten, wichtig oder trivial waren, aber auch Geheimnisse aus unseren so gegensätzlichen Lebenswelten beinhalteten. Beispielsweise wurde mir einmal ein ebenso phantastisches wie illegales Instrument aus Schnüren und Feuerstein vorgestellt. Innerhalb von Sekunden konnte es eine Zigarette zum Brennen bringen. So eine Vorführung gab es freilich nur, wenn gerade kein Gefängniswärter anwesend war. Auf diese Weise lernte ich von ihnen und sie von mir, und dabei merkte ich, wie wertvoll meine Besuche für ihren eintönigen Alltag waren, aber auch wie bereichernd für mein abwechslungsreiches Leben.
Einmal beklagten sich einige so genannte Schwerverbrecher bei mir, dass ihnen die Konzentration nur sehr schwer möglich sei, wenn sie in ihren Zellen meditierten, weil die Mitgefangenen keine Rücksicht nähmen. Außerdem baten sie inständig, zumindest einmal im Monat drei Tage von morgens bis abends miteinander meditieren zu dürfen. Dies war schon einmal erlaubt, dann aber wieder eingestellt worden. Wie die spirituelle Atmosphäre in Klöstern, Tempeln und überhaupt auf der ganzen Insel aussehen würde, wenn ein größerer Teil der 20 000 Mönche solch ein Verlangen nach Meditation hätte wie diese Inhaftierten – davon kann man in der gegenwärtigen Zeit religiöser Nachlässigkeit nur träumen!
Eines Tages kam mir spontan die Frage in den Sinn, wie diese Insassen, die eigentlich hier sind, um auf ihre Hinrichtung zu warten, selber zu dieser Art von Bestrafung standen. Sicherlich wollte sich niemand selber am Galgen hängen sehen, aber würden sie es befürworten, wenn »wirkliche« Schwerverbrecher, Menschen wie beispielsweise Hitler oder Prabhakaran (der Führer der terroristi-

schen LTTE) zur Hinrichtung geführt würden? Nach heftigen Meinungsäußerungen und einigem Hin und Her entschied sich schließlich dennoch die Hälfte der anwesenden Todeskandidaten dafür, dass *in solchen Fällen* die Hinrichtung eine legitime Art der Bestrafung sei.

Als wir einmal über den Tod gesprochen hatten, meinte einer von ihnen, dass er vielleicht eines Tages wirklich hier sterben müsse. Diese negative Haltung warfen ihm aber die anderen heftig vor, was mir auf eindrucksvolle Weise zeigte, dass sie trotz ihrer dem Leben entsagenden Bestrafung noch nicht die Hoffnung auf Freiheit und Leben aufgegeben hatten. Gerade durch solche lebendigen und mitunter auch gewagten Gesprächsthemen war es möglich, dem Einzelnen neue Inspirationen und Geistesnahrung in sein eintöniges Zellenleben mitzugeben und damit auch ein Mittel gegen Gleichgültigkeit und Depression, die unter solchen Umständen jeder Zeit Herz und Geist zu lähmen drohen.[67]

Dass mein Zugang zu den Hochsicherheitstrakten nicht selbstverständlich war, wurde mir erst wieder bewusst, als ein neu ernannter SSP des Welikada-Gefängnisses meine Programme mit den Todeskandidaten nicht gestatten wollte, angeblich aus Sicherheitsgründen! Bei keinem einzigen meiner Aufenthalte mit den als »Schwerstverbrecher« Bezeichneten hatte ich je das geringste Gefühl irgendeiner Bedrohung. Daraufhin traf ich mich mit seinem Vorgesetzten, dem Generalkommissar für alle Gefängnisse Sri Lankas. Dieser betonte, er befürworte die Idee der Rehabilitation anstelle der Bestrafung.[68] Nach unserem Treffen schrieb ich ihm folgende Gesprächsnotiz:

> Der wichtigste Punkt während unseres kurzen Gespräches war, dass Sie mir weiterhin meine Arbeit mit denen erlauben, die meines Erachtens solche Programme am meisten benötigen, nämlich die zum Tode Verurteilten. Alles, was dafür benötigt wird, ist im Hochsicherheitstrakt vorhanden, und es ist nicht notwendig, sie deswegen extra an einen anderen Ort zu bringen.

Neben dieser spirituellen Aufgabe und den medizinischen Bitten, die von Häftlingen an mich herangetragen wurden, kam noch ein juristischer Bereich dazu, den der folgende Brief anspricht:

> Mit diesem Brief möchte ich dich, ehrwürdiger Mönch, um Hilfe bitten. Durch das richtige Verständnis der Meditation habe ich mich völlig verändert. Mögen dir und Herrn Rathnayaka[69] viele Verdienste [im religiösen Sinne; Anm. d. Red.] dafür zugute kommen, dass ihr uns Dhamma [die Lehre Buddhas; Anm. d. Red.] und Meditation beibringt. Ich werde bis zu meinem Tode die Meditation üben. [...] Vor fast eineinhalb Jahren wurde ich von dem Gericht in Ampara zum Tode verurteilt, wogegen ich Berufung eingelegt habe. Dieses Unglück ist wegen meiner schweren Trinkerei passiert. Ich habe im Rausch meine Frau geschlagen, und sie ist an den Folgen gestorben. Jetzt haben meine Kinder beide Eltern verloren. Die Kinder sind jetzt durch den Einfluss der Schwägerin mir gegenüber sehr verbittert, weswegen ich ihnen aber nicht böse bin. Nachdem ich in diese Schwierigkeiten geraten bin, starb mein Vater. An dem Tag, an dem ich zum Tode verurteilt wurde, starb auch meine Mutter. Ich habe vier Geschwister, und anfänglich haben sie auch 5 000 Rupien an meinen Rechtsanwalt bezahlt, der meinen Fall übernehmen sollte. Insgesamt verlangt er jedoch 17 500 Rupien [zirka 175 Euro; Anm. v. S. P.]. Ich denke, dass ich meinen Geschwistern große Probleme bereitet habe, da sie sich nicht mehr um mich kümmern und mich seit langer Zeit nicht besucht haben. Ich habe niemanden, dem ich dieses Problem schildern kann, aber ich weiß, dass du, ehrwürdiger Mönch, Leuten wie mir hilfst.

Als ich schließlich mit seinem Rechtsanwalt, der dafür bekannt war, solche Fälle relativ erfolgreich zu vertreten, die rechtliche Lage besprochen hatte, meinte dieser dazu, dass ihm wahrscheinlich kaum mehr als zehn Jahre hinter Gittern drohen würden. Solch einen Anwalt konnten sich aber nur die wenigsten leisten. Die Insassen des Welikada-Hochsicherheitstraktes meinten einmal mir gegenüber, dass von den damals etwa sechzig zum Tode Verur-

teilten alle zum ersten Mal wegen eines Tötungsdeliktes verurteilt waren, und nur zwei von ihnen hatten sich einen teuren und damit guten Rechtsanwalt leisten können. Dagegen, so meinten sie, hätten Berufsmörder – deren Tätigkeit in bestimmten kriminellen Kreisen in Sri Lanka eine gar nicht so unübliche Art des Lebenserwerbes ist – meist genug Geld und gute Beziehungen zur Polizei oder zu Politikern, um mit einer relativ geringen Strafe oder sogar straffrei davonzukommen. Es sind eben auch hier, wie fast überall auf der Welt, meistens die Menschen der untersten sozialen Schichten, die das härteste Los trifft. Etwa hundert Insassen warten auf ein Berufungsverfahren zur Aufhebung des Todesurteils. Doch die wenigsten von ihnen wären im Stande, sich einen erfahrenen Rechtsanwalt zu leisten, wenn es mir nicht gelungen wäre, dies mittels Geldspenden zu finanzieren. Deswegen häuften sich solche Bitten an mich zunehmend. Da die Spendengelder meines Sozialprojektes aber ebenfalls beschränkt waren, kam ich dabei nicht selten in Gewissenskonflikte, ob ich solch hohe Summen für Anwaltskosten ausgeben dürfe, und falls ja, wem ich diese Bitte erfüllen sollte und wen ich notgedrungen enttäuschen müsste.
D., Mitte fünfzig und Vater von einigen Kindern, war ein Häftling des berüchtigten Bogambara-Hochsicherheitstraktes. Er hatte vor Jahren die zweiwöchige Berufungsfrist versäumt und bat mich immer wieder, ihm zu helfen, seinen Prozess neu aufzurollen, ein sehr komplizierter, wenn nicht gar unmöglicher Vorgang. Bei einer handgreiflichen Auseinandersetzung war D.s Kontrahent an den Folgen einer Verletzung, die ihm D. nach eigenem Bekunden ohne jede Tötungsabsicht zugefügt hatte, gestorben. Mit seinem etwas rauen Benehmen, einer Narbe im Gesicht und seiner großen und kräftigen Gestalt hätte man schwerlich darauf geschlossen, dass D. sich in seiner Zelle hauptsächlich mit religiösen Fragen beschäftigte und täglich lange religiöse Texte rezitierte. Regelmäßig überreichte er mir Notizzettel, auf denen die Titel buddhistischer Bücher vermerkt waren, die ich ihm beim nächsten Mal mitbringen sollte. Im Laufe der Zeit hat er in seiner asketischen Zelle eine kleine Bibliothek angelegt, deren Bücher er auch an seine Mithäftlinge bereitwillig verlieh. Einmal fragte ich ihn halb scherzhaft, ob er denn vorhabe, Mönch zu werden. Zwar verneinte D. diese Frage nicht, meinte aber, seine Zukunft sei ja für so eine

Entscheidung viel zu ungewiss. Als ich nach langer Zeit, in der ich keine Programme in Gefängnissen veranstaltet hatte, wieder in Kontakt mit den zum Tode Verurteilten kam, erfuhr ich vom erfolgreichen Verlauf seines Berufungsverfahrens (vermutlich durch Beziehungen, wie gemutmaßt wurde). Er war zu lebenslanger Haft begnadigt worden. Deswegen durfte er auch den Hochsicherheitstrakt verlassen. Aber angeblich fing er dann an, mit Heroin zu handeln und wurde deswegen nach Welikada strafverlegt. Ich hörte auch, dass er sich in der Zwischenzeit mit großer Begeisterung dem Christentum zugewandt haben soll. In sri-lankischen Gefängnissen, wie auch außerhalb, besteht ein gewisses Konkurrenzdenken zwischen den verschiedenen Religionen, und die Tendenz ist groß, die Apostaten zu verdammen. Ich hatte D. seither nicht wieder getroffen und konnte mir daher auch kein Bild machen, was für ein Wandel tatsächlich in ihm vorgegangen war.[70]

Einer der zum Tode Verurteilten im selben Trakt war übrigens ein »Adhivasi«, ein Ureinwohner (vulgo: Vedda) aus dem mir gut bekannten Dorfe Dambana. In einem Brief schrieb er mir, bei einer Auseinandersetzung mit jemandem habe sich ein Gewehrschuss unversehens gelöst, wobei seine Frau tödlich getroffen worden war. Als ich mich dann direkt bei den ehemaligen Mitbewohnern in seinem Dorf erkundigte, kam eine ganz andere Geschichte heraus: Angeblich war er ein extrem eifersüchtiger Ehemann und wollte sogar seine Frau zwingen, ihn mit dem Baby bei der Jagd zu begleiten. Als sie nicht zustimmte, hielt er ihr „zum Spaß" das geladene Gewehr vor, und dabei ging ein Schuss los. Er floh und versteckte sich im Wald, bis ihn schließlich jemand überzeugen konnte, dass es besser für ihn sei, sich der Polizei zu stellen und den Vorfall aufzuklären. Das tat der Adhivasi, und tatsächlich wurde er gegen Kaution recht bald wieder auf freien Fuß gesetzt. Als er aber nicht zu den Gerichtsverhandlungen erschien, wurde er in Abwesenheit zum Tode verurteilt. Er tauchte unter, ließ sich unerkannt in einem anderen Dorf nieder, heiratete ein zweites Mal und hatte zwei Kinder, wovon eines starb. Nach zehn Jahren wurde er schließlich doch gefasst und landete hinter Gittern, wo ich ihm schließlich bei meinen Programmen im Bogambara-Gefängnis begegnete. In Hinblick auf meine Rechtshilfe hatte sich zwar der Häuptling nicht geäußert, aber andere hatten große Bedenken, dass dieses Stammesmitglied

wieder etwas anstellen würde, wenn er zurückkäme. Im Sommer 2001, als ich mich gerade in Europa aufhielt, war im Bogambara-Hochsicherheitstrakt *beinahe* etwas vorgefallen, was niemand für möglich gehalten hatte: ein Massenausbruchsversuch von so genannten Schwerverbrechern. Irgendwie war ich froh, dass der ganze Vorfall in meiner Abwesenheit stattgefunden hatte. Denn so konnte kein missmutiger Beamter den Auslösefaktor bei mir suchen. Wenn man so konsequent auf der Seite der Insassen war, dann ist es nicht weiter verwunderlich, dass hie und da Vorwürfe von der »Gegenpartei« laut werden, noch dazu, weil viele der Wachbeamten aus einfachen Verhältnissen stammen und der tägliche Umgang mit Kriminellen in gewisser Weise auch charakterbildend ist. Doch im Großen und Ganzen war ich überrascht, wie unkompliziert ansonsten der Kontakt mit den »uniformierten Insassen« war.[71] Einerseits erkannten sie die positive Veränderung ihrer Schutzbefohlenen, was auch ihre Arbeit erleichterte, andererseits wussten sie auch von meinen meist sehr positiven Beziehungen zu den höheren Gefängnisautoritäten.
Die meisten der als »gemeingefährlich« eingestuften Häftlinge dieses berüchtigten Traktes kannte ich seit den Anfängen meiner Gefängnisarbeit im Jahre 1999. Durch sie und meine häufigen Besuche wusste ich relativ gut Bescheid, auch darüber, dass dort die »Überlebenssituation« noch unmenschlicher war als die ihrer Knastgenossen in Colombo. Auch wenn mich dieser Teil des Gefängnisses mit seinen dicken, feuchten und jahrhundertealten Wänden, kahlen Gängen und durchsichtigen Gittertüren an mittelalterliche Verliese erinnerte, war es für mich dennoch jedes Mal ein besonderes Erlebnis, zumindest für einige Stunden solch räumliche, physische und psychische Enge zu teilen und dadurch zu erweitern. Dort mussten die Häftlinge bis zu 23 Stunden in ihren Einzelzellen verbringen, in denen aus Sicherheitsgründen die Fenster fast völlig abgedunkelt waren, was auch die Durchlüftung stark beeinträchtigte. Entweder brannte in den Zellen rund um die Uhr eine Glühbirne – so schwach, dass beim Lesen schon nach kurzer Zeit die Augen schmerzten, oder außerhalb war eine Neonröhre angebracht, die nur begrenzt Licht durch die Zellentür warf. Wenn dort Insassen bei Drogenmissbrauch, homosexuellen Aktivitäten oder anderen verbotenen Tätigkeiten – die wahrschein-

lich weltweit in Gefängnissen üblich sind – erwischt wurden, wurden sie für einige Tage oder länger in die Bestrafungszelle gesteckt. In diesem vollkommen abgedunkelten Raum gab es nicht einmal eine Matte. Der Häftling bekam nur Reis mit Salz zu essen. Da die Situation für die Betroffenen kaum schlechter werden konnte, lässt sich die Idee zu fliehen durchaus nachvollziehen. Doch der Plan flog auf. Ein Inhaftierter hatte ihn kurz vor dem geplanten Beginn verraten. E., einer der Hauptverdächtigen, erhielt zur Strafe die Bastonade.[72] Später erzählte er mir, dass er gar nicht in dem ihm unterstellten Maße beteiligt gewesen sei. Die meisten derer, die man der aktiven Teilnahme beim Fluchtversuch für schuldig hielt, wurden dem Welikada-Gefängnis überstellt, was viele von ihnen sicherlich mit Erleichterung aufnahmen. Einige Wochen später ließen mich einige Häftlinge wissen, dass es damals gelungen war, alle Hauptschlüssel nachzumachen. Wie das im Detail vor sich gegangen war, wollte mir niemand sagen. Dass einige von ihnen großes handwerkliches Talent besaßen, war für mich nichts Neues. So schenkte mir beispielsweise E. einmal einen Kugelschreiber, den er aus einer Kokosnuss-Schale ohne die üblichen Werkzeuge angefertigt hatte. In die Oberfläche hatte er ein aus einer Fünf-Rupien-Münze zugeschliffenes Herz eingelegt. Dabei hatte E. mit solchen Handwerkskünsten früher nie zu tun gehabt. Ich vermute, dass hinter solch einer Geschicklichkeit nicht nur die Liebe zum Schenken steckt, auch der Gefängnis-Frust und die Sehnsucht nach Freiheit machen naturgemäß erfinderisch!
Ein höherer Gefängnisbeamter, mit dem ich die absurden Haftbedingungen diskutiert hatte, verwies mich an die Gefängnis-Chefärztin.[73] Falls sie die Situation als gesundheitsgefährdend einstufen würde, könnte unter Umständen eine Verbesserung bewirkt werden. Sie hatte daraufhin den Gefängnisdirektor informiert und dieser wiederum den obersten Generalkommissar. Im Endeffekt war bei der ganzen Sache nicht viel herausgekommen, außer dass mich der Direktor zurechtwies, ich solle gefälligst bei meiner Meditationsaufgabe bleiben und mich nicht in Angelegenheiten einmischen, die mich nichts angehen würden. Er wollte auch wissen, von welchem Häftling die Beschwerde gekommen war. So ein Hinweis sei gar nicht nötig, sagte ich ihm, denn ein Blick in solch eine Zelle genüge, um zu sehen, dass solche Bedingungen nicht menschen-

würdig seien.[74] Natürlich schob auch er die Verantwortung von sich und meinte, dass der Gefängnis-Ingenieur diese Sicherheitsmaßnahmen als notwendig erachtet hatte. Als ich diesen Vorfall mit den betroffenen Insassen besprochen hatte, meinte ich dazu, dass es zu solchen Auseinandersetzungen manchmal einfach kommen musste, da die Gefängnisadministration und ich völlig unterschiedliche Schwerpunkte vertraten. Die offizielle Aufgabe einer Haftanstalt, wie man sie immer wieder pompös auf Schildern innerhalb der Mauern lesen konnte, lautete: »Custody, Care & Correction«, also „Haft, Fürsorge und Besserung“. Um was es sich aber dort hauptsächlich drehte, war *Haft und Bestrafung*. Worum es mir aber in erster Linie ging, war *Fürsorge und Besserung*. Bei manchen Punkten stieß ich auf Probleme, weil übereifrige Beamte ihre Pflicht buchstabengetreu erfüllten, und bei anderen deswegen, weil sie nachlässig waren und ihrer Pflicht nicht nachkamen.

Als ein anderer Häftling einmal über Schmerzen infolge der Bastonade klagte, erfuhr ich von seinem etwas naiven Ausbruchversuch. Er allein hatte einige Nächte lang mit einem harten Gegenstand ein Loch in die Mauer gegraben, das er tagsüber mit einem großen Kalender abdeckte. Da aber regelmäßig die Zellen und Gittertüren des Hochsicherheitstraktes überprüft wurden und außerdem die Zelle monatlich gewechselt werden musste, kam er mit seinem heimlichen Unternehmen nicht weit. Etwas vorwurfsvoll bemerkte ich zu ihm, dass bei einem geglückten Ausbruch aus seiner Todeszelle er ja wiederum nicht weiter als in die andere Gefängnisumgebung gelangt wäre.

Ein anderes Mal hatte es in diesem Trakt eine panikartige Revolte derjenigen Untersuchungshäftlinge gegeben, deren Prozess, meist wegen Mordes, noch im Gange war. Eines Nachts, als in ganz Sri Lanka wieder einmal der Strom wegen Sparmaßnahmen abgeschaltet worden war, bildete sich einer der Häftling ein, dass das Gebäude einstürzen würden, und löste dadurch bei seinen Mitinsassen Panik aus. Bei solch baufälligen Gemäuern besteht sicherlich eine gewisse Wahrscheinlichkeit, dass dergleichen eintreten kann, aber noch wahrscheinlicher war das ganze Drama unter Drogeneinfluss oder psychischem Druck halluziniert worden. Auf jeden Fall begannen die Häftlinge daraufhin zu brüllen und schlugen die Holzlatten ihrer Zellentüren ein. Wiederum wurden an die 30

Häftlinge strafverlegt. Unter ihnen befand sich auch F., ein junger, intellektueller Mann mit guten Englisch-Kenntnissen. Er hatte am Oberschenkel eine schmerzhafte Einschusswunde, die ihm jedes Mal bei längeren Meditationssitzungen Schwierigkeiten bereitete. F. erklärte mir, dass ein Wächter ihn angeschossen habe, in der Vermutung, er wolle türmen. Auf meine Frage, ob er deswegen eine Klage eingereicht habe oder bereits Schmerzensgeld beziehe, meinte er bescheiden, dass dieser Beamte nur seiner Pflicht nachgekommen sei. Einmal wollte F., in der Blüte seiner Jahre stehend, von mir wissen, was ich ihm gegen aufsteigende Lustgefühle anraten könne. Ich vermochte ihm darauf eigentlich nicht viel zu sagen, außer dass wir beide – er als Häftling, ich als Mönch – in dieser Hinsicht vor einem ähnlichen Problem stünden; sollte aber *er* dereinst zu einer zufrieden stellenden Lösung kommen, so möge er sie mir doch verraten! Als meine Mutter im Dezember 2001 nach Sri Lanka kam, hatte sie die Möglichkeit, sowohl zwei der Frauengefängnisse als auch das Bogambara-Gefängnis zu besuchen. Zu diesem Anlass wurde uns dort ein sehr herzlicher Empfang bereitet, wobei F. eine sehr ergreifende Rede auf Englisch hielt. Als ich danach für eine längere Periode meine Gefängnisbesuche einstellte, schrieben wir uns noch einige Briefe, bis der Kontakt zeitweise völlig abbrach. Bei einem unserer letzten Treffen sagte er mir, dass er schon bald gegen Kaution freigelassen werde. Wenn er endlich draußen sei, wolle er versuchen, seine Tagebuchaufzeichnungen, die er seiner Mutter nach Hause mitgeben konnte, zu veröffentlichen. (Das würde sicherlich ein spannendes Buch werden.)
Beim Besuch meiner Mutter wurden wir auch durch das Gefängnis-Gelände geführt und uns sogar der Einblick in das makaberste Gebäude der ganzen Anstalt gestattet: in die Exekutionsstätte. Die ganze Maschinerie, die noch vor wenigen Jahrzehnten Menschenleben gesetzeskonform vernichtet hatte, war vollständig erhalten und würde nur weniger Instandsetzungsarbeiten bedürfen, um wieder zu funktionieren. Es waren sogar ausreichend Haken und eine genügend breite Falltür vorhanden, um drei Menschen gleichzeitig hinzurichten. Die Todesstrafe wird aber in Sri Lanka bis zum heutigen Tag nicht nur für Männer ausgesprochen, sondern in seltenen Fällen auch für Frauen. Ich hatte allerdings nie davon gehört, dass je eine Insassin zum Galgen geführt worden war, und der SSP, der

für die größte Frauenhaftanstalt verantwortlich war, versicherte mir auch einmal, dass dies in Sri Lanka niemals passieren würde. Zu der Zeit, als ich die zwei größten Frauengefängnisse in Colombo und Kandy besuchte, waren im ganzen Land drei Frauen zum Tode verurteilt, die aber alle später zu lebenslänglicher Haft begnadigt wurden. Eine dieser Frauen kam regelmäßig zu meinen Programmen. Ihr Gesicht war auffällig bleich und ihre Augen hatten dunkle Ränder, vermutlich Symptome von Schlaflosigkeit und Stress, was unter solchen Umständen nicht weiter verwunderlich wäre. Ich glaube, sie hatte einen Eifersuchtsmord an ihrem Mann oder an seiner Geliebten begangen. Wenn ich mich recht erinnere, war unter jenen drei Frauen auch eine Mutter, deren Kind angeblich bei einem Unfall ums Leben gekommen war. Ihr wurde aber vorgeworfen, dass sie seinen Tod absichtlich herbeigeführt hatte.
Bei meinem Besuch im Frauengefängnis von Kandy, das mit damals hundert Insassinnen das zweitgrößte der Insel war, lernte ich G. kennen, eine Inderin Mitte vierzig, die ein perfektes Englisch sprach. Sie war gebürtige Hindu, die im Gefängnis zu einer gläubigen Christin wurde. Sie war zu allen meinen Programmen gekommen, außer wenn es ihr psychisch oder physisch zu schlecht ging oder sie von Aufsehern oder Aufseherinnen nicht zugelassen wurde mit der Begründung, sie sei keine Buddhistin. G. erzählte mir ihr Schicksal gleich am ersten Tag: Vor etlichen Jahren war sie am Flughafen mit Drogen erwischt worden, die ihr jemand zugesteckt hatte. Später hörte ich auch davon, dass vielleicht sogar ihr Mann sie darin verwickelt hatte. G. wurde deswegen zunächst zum Tode verurteilt, später jedoch zu lebenslanger Haft begnadigt. In Laufe meiner Besuche lernte ich ähnlich tragische Drogengeschichten von anderen Insassinnen aus Sri Lanka, Indien und Pakistan kennen. Immer wieder beeindruckte mich G., wenn sie während den Programmen im Lotussitz neben mir meditierte oder wenn sie von ihren spirituellen Erfahrungen erzählte, zum Beispiel, wie schön es für sie war, frühmorgens beim Meditieren den Vögeln bei ihrer Tagesbegrüßung zuzuhören. Wie selten höre ich solche Schilderungen von meinen »freien« Mitmenschen! Liegt dies vielleicht daran, dass deren Geist durch Familie, Beruf und andere Pflichten viel zu gebunden ist, um die Muße zu haben, »Morgenstimmung und Vogelgezwitscher« *mit dem Herzen* zu erleben?

Berührend war für mich die Schilderung, wie G. vergeblich um das Leben einer Taube gekämpft hatte, die einer der »Knastkatzen« zum Opfer gefallen war. Gerade solche unscheinbaren und nichtigen Ereignisse sind es, die das eintönige Alltagsleben hinter Gittern auf eine Art bereichern, wie man es sich draußen in einer unbegrenzten und von Reizen überfluteten Welt kaum vorstellen kann. Aber ihr Gefängnisaufenthalt war zusätzlich von vielen Unglücksschlägen geprägt: Immer wieder musste sie wegen starker Migräneanfälle in das öffentliche Krankenhaus eingeliefert werden, die einerseits sicherlich psychisch, andererseits wahrscheinlich auch von einer früheren schweren Kopfverletzung mit bedingt waren. Dieses Gefängnis hatte keine eigene Krankenabteilung, und deswegen wurde in solchen Fällen ein »Sonderausflug« unter besonderen Sicherheitsvorkehrungen gestattet.[75] Eines Tages erfuhr ich von ihren Mitinsassinnen, dass G. einen Selbstmordversuch durch eine Überdosis Tabletten überlebt hatte. Da bei ihr nicht nur der Freiheitsentzug, sondern auch eine kulturelle und sprachliche Isolierung dazu gekommen war, war die Versuchung, so zum »ewigen Frieden« zu gelangen, nicht völlig unverständlich. Schließlich und endlich wurde ihr doch die ersehnte Freiheit ermöglicht, und sie durfte zurück nach Indien.

H., eine Singhalesin ebenfalls Mitte vierzig, die von Anfang an bei fast allen meiner Meditations-Programme mitgemacht hatte, war mir durch ihr ungewohnt strenges Gemüt aufgefallen. Später erfuhr ich, dass sie, anscheinend mehrmals verheiratet gewesen, wegen Mordes an zweien ihrer Ehemänner zum Tode verurteilt worden war, jedoch dagegen Berufung eingelegt hatte. Mir wurde gesagt – aber vielleicht war das nur üble Nachrede –, dass H. die von mir mitgebrachten Dhamma-Bücher [über die Buddha-Lehre; Anm. d. Red.] nicht an andere Interessierte weitergeben würde. Einige hatten Angst vor ihr, denn angeblich drohte sie bei Streitereien sogar mit dem „Umbringen“, was natürlich in ihrem Fall etwas ernster genommen wurde. Eine andere Strafgefangene erzählte mir, dass auch sie ihren Mann umgebracht habe. Das sei damals aus einer Verzweiflung heraus geschehen, weil er sie und ihre Kinder im Rausch so sehr belästigt habe.

Die meisten der zahlreichen Häftlingsbriefe, die ich im Laufe meiner »Gefängniskarriere« erhielt, wurden mir entweder in Abwesenheit eines Wachbeamten heimlich zugesteckt[76] oder illegal per Post zugeschickt. Im Gegensatz dazu schrieb mir einmal eine dreißigjährige Insassin folgenden von der Gefängnisbehörde offiziell genehmigten Brief:

> Samstag, 23. Dezember 2000
>
> Sehr geehrter Herr,
> im allmächtigen Namen Jesu sende ich Ihnen frohe Weihnachtsgrüße. Vielen Dank, dass Sie mir die Bibel gebracht haben.[77] Ich bin eine Waise und ein hilfloses, armes, unschuldiges Mädchen. Früher war ich eine Nonne der Kirche. Zu meinem Unglück ließen mich die Umstände in so ein wasserloses Loch fallen. Noch immer muss ich aus dieser Hölle errettet werden und meine Seele makellos bewahren. Die Anklage ist wegen Heroins, ungefähr 1 1/2 Kilo, das in Colgate-Zahnpulver-Dosen war, die mir von einem Unbekannten mitgegeben worden waren. Als ich von Indien nach Colombo zurückkehrte, war diese Person, die mir das Paket überreicht hatte, vom Flughafen entflohen. Ehrlich gesagt hätte ich nie gedacht, dass solch verfluchtes Zeug darin war. Und jetzt bin ich hier in diesem Gefängnis!
> Da Sie ein religiöser Führer sind, hoffe ich, dass Sie mir im Namen Gottes diesen Gefallen tun können. Sie können mir hundertprozentig vertrauen. Ich bin ein aufrichtiges, christliches Mädchen. Es ist nicht nur so, dass ich Ihnen mein Leben lang dankbar sein werde, sondern dass ich auch in der Lage sein werde, Ihnen alles zurückzuzahlen, was Sie ausgegeben haben. Das verspreche ich Ihnen hiermit ganz bestimmt. […]

Ich gab damals Kopien dieses Briefes an einige Anwälte weiter, die mir alle zusagten, dass sie sich dieser Frau annehmen würden, was aber, soviel ich weiß, niemals geschehen ist. Vielleicht gehört sie mittlerweile zu den unzählig vielen, die hier und überall auf der Welt hinter Gittern warten, hoffen, eines Tages aufgeben und ungehört an ihrem Schicksal zerbrechen. Wie ging ich mit solchen ungelösten und unlösbaren Situationen um, mit denen ich jahrelang konfrontiert wurde? Um in Anbetracht all dieser Not nicht zu verzweifeln, musste ich mir immer wieder die Grenzen vor Augen halten, denen meine Präsenz und meine Aktionsmöglichkeit unterworfen waren. Einer Bekannten schrieb ich einmal darüber:

> Ich stimme mit dir nicht überein, dass es für alles in der Welt eine Lösung gibt, insbesondere nicht für jene Probleme, die außerhalb von uns liegen. Ich werde damit jedes Mal konfrontiert, wenn ich ein Gefängnis besuche und mir persönliche Lebensgeschichten erzählt werden, die meist so traurig klingen. Oft kann ich ihnen nicht mehr als mein Zuhören anbieten. Ich kann nicht einmal für sie beten, weil ich daran nicht glaube. Ich kann mir das alles auch nicht zu sehr zu Herzen nehmen, weil es mir schlaflose Nächte bereiten würde. Manchmal kann ich einfach nur dankbar sein, dass ich nicht an ihrer Stelle bin, wo so oft keine Lösung in Aussicht ist.

Und trotz all dieser tragischen Geschichten darf ich diesen Bericht mit einem gewissen »Happy End« abschließen: Denn auch wenn weiterhin die rechtlichen Vorraussetzungen für Hinrichtungen bestehen und die Forderung nach jener unmenschlichsten aller Bestrafungen nicht leiser wird, können sich zumindest die meisten meiner hier erwähnten Schützlinge sicher sein, dass ihr Leben einmal nicht am Galgen enden wird. Nach dem letzten Regierungsumschwung wurden im Jahre 2002 zum Vesak-Fest, dem höchsten buddhistischen Feiertag, die meisten Todesurteile in lebenslange Haftstrafen umgewandelt.[78] Das bedeutet, dass sich ein Hoffnungsschimmer am Horizont ihres dunklen Lebensalltags abzeichnet. Zuversicht mag aufkeimen, dass sich dereinst ein Weg in die freie und veränderte Welt wiedereröffnet, auch wenn sich die Gefängnistore für die meisten von ihnen kaum früher als in fünfzehn Jahren öffnen werden.[79] Ob sie all die Jahre schuldig oder unschuldig hinter Gittern verbracht haben werden, und ob sie sich dabei zum Positiven oder zum Negativen verändert haben werden, wird im Endeffekt niemand anderer beurteilen können als die Betroffenen selber. Eines ist dennoch sicher: Unzähliges und Unbezahlbares habe ich während diesen Programmen gelernt. Auch wenn ich künftig keines dieser Gefängnisse besuchen werde, so werden mir zumindest diese edlen Erfahrungen bleiben, und jene Menschen werden in meinem Herzen weiterleben und mich auf meiner eigenen Suche nach innerer Freiheit begleiten.

Kapitel 7

Gespräche mit Ureinwohnern

In Zusammenarbeit mit meinem Freund und Projekt-Mitarbeiter Súnil Abeyrathna

Rekonstruierte Dialoge von Juli und August 2002

Zur Einstimmung: Einige Stellungnahmen zu den Adhivasi[80]

Robert Knox im Jahre 1681: „Sie töten Wild und trocknen das Fleisch über dem Feuer, und die Bewohner des Landes kommen und kaufen es ihnen ab. […] Sie sind ausgezeichnete Bogenschützen. Sie haben eine kleine Axt, die sie an der Seite tragen, um Honig aus hohlen Bäumen zu schlagen. Einige, die in der Nähe von Siedlungen leben, treiben Handel mit anderen Leuten. […] Sie schneiden nie ihr Haar, sondern binden es in einem Knoten auf ihrem Kopf. […] die wilderen [Veddas; Anm. d. Red.] unter ihnen bringen ihre Opfer nur unter Bäumen dar, und während sie opfern, tanzen sie darum herum, sowohl Männer als auch Frauen."[81]

Encyclopaedia Britannica, 2002: „Sie wurden mittlerweile zum größten Teil von der heutigen singhalesischen Bevölkerung absorbiert; 1911 wurde von ihnen berichtet, dass ihre Anzahl 5 300 beträgt, während die Regierung sie 1964 auf etwa 800 schätzte. Seit den siebziger Jahren haben sie praktisch aufgehört, als eigenständige Gruppe zu existieren."[82]

Rainer Krack, 2004: „Die permanente Degradierung zu Untermenschen bildete nicht gerade die Basis für eine harmonische Beziehung zwischen ihnen und den Singhalesen. Mit dem Anwachsen der singhalesischen wie auch der tamilischen Bevölkerung und der Rodung ausgedehnter Waldflächen verloren sie im wahrsten Sinne des Wortes an Boden und mussten ihren althergebrachten Lebensstil weitgehend aufgeben. Die heutige Zahl der Veddas ist umstritten; bei einem Zensus im Jahre 1963 zählte man lediglich 400, mancher Wissenschaftler will aber 5-6 000 entdeckt haben. Die Wahrheit mag irgendwo dazwischen liegen. Die meisten Veddas arbeiten heute als Bauern, mehr oder weniger von der singhalesischen Gesellschaft assimiliert. Viele von ihnen aber wirken entwurzelt und deprimiert, der Verlust ihrer angestammten Lebensweise hat sie zu geduckten Schattenwesen gemacht. Ihr Schicksal ähnelt damit dem der australischen Aborigines [...]."[83]

Aus einem Bericht vom »Cultural Survival of Sri Lanka« anlässlich des Jahres der Naturvölker, 1993: „Sri Lankas Ureinwohner, die Veddas,[84] oder Wanniyala-Aetto[85] (»Waldbewohner«)[86], wie sie sich selbst bezeichnen, bewahren eine direkte Abstammungslinie von der ursprünglichen neolithischen Gemeinschaft der Insel, die mindestens bis 14 000 v. Chr. zurückreicht; und nach aktueller wissenschaftlicher Auffassung wahrscheinlich noch viel weiter[87].[...] Im Laufe der Geschichte wurden unzählige Tausende dieser Ureinwohner [...] mehr oder weniger in den Hauptstrom der singhalesischen [...] oder der tamilischen [...] Bevölkerung absorbiert. Heute gelingt es nur wenigen Wanniyala-Aetto, ihre kulturelle Identität und ihren traditionellen Lebensstil zu bewahren, [und das] trotz des erbarmungslosen Drucks, den die beherrschenden Gesellschaften ihrer Umgebung auf sie [ausüben].[88] Durch die drohende Auslöschung der Wanniyala-Aetto-Kultur wird Sri Lanka und die Welt einen reichen Schatz an naturvölkischer Poesie und an lebendiger ökologischer Weisheit verlieren, die dringend für eine nachhaltige Zukunft des Restes der Menschheit gebraucht wird."[89]

Uru Warige Wanniyala-Aetto[90] in einer Rede an die UN-Delegation 1996: „Dasselbe Land, welches wir, die Wannyala-Aetto, mit anderen Wesen (-Aetto) teilen, ist auch von unseren Vorfahren, Göttern und Göttinnen und Wald-Geistern geteilt worden. [...] Unser besonderer Name, Wannyala-Aetto, hat keine Bedeutung mehr, wenn wir nicht im Wald leben können. Durch den Verlust des Dschungels und unserer Lebensgrundlage können wir uns nicht mehr Wannyala-Aetto, Waldmenschen, nennen, und wir sind hierher gekommen, um eine Lösung dafür zu finden. Wir wollen nicht nur als ein Volk, sondern auch als eine Kultur überleben."[91]

Vorbemerkung

Mein erster Besuch bei den Adhivasi fand im Jahr 1998 statt, und zwar aus reiner Neugierde. Zu dieser Zeit war Tissahamy, der Vater des jetzigen Häuptlings Wanniyala-Aetto, noch am Leben. Zwei Jahre später nahm mich ein Mönchs-Bruder mit nach Dambana, dem Hauptdorf der Veddas, um Kleidung, Lebensmittel und buddhistische Bilderbücher zu verteilen. Heute weiß ich, dass diese Art von Hilfe zwar das eigene Gewissen beruhigen mag, aber die eigentlichen Probleme, mit denen die Ureinwohner gegenwärtig zu kämpfen haben, eher verstärkt als vermindert. Damals begegnete ich auch Wanniyala-Aettos Bruder, der einige Monate später verstarb. Ein zwölfjähriges Mädchen namens Vasana (der singhalesische Name bedeutet »Glück«) fand damals etwas über meine Sozialprojekte heraus und setzte sich mit mir in Verbindung. Ihre Bitte war, ich solle ihrer Familie helfen. Sie hat vier Schwestern zwischen fünf und vierundzwanzig Jahren und einen fünf Jahre alten adoptierten Bruder. Den hatte ihre Mutter eines Tages im Walde gefunden. Ihr Vater Gunapala (von ihm wird noch die Rede sein) bebaut zwar etwas Land und verkauft Honig oder andere Dinge an Besucher, aber dennoch reicht ihr Einkommen kaum aus. Einst hatten sie einen kleinen Laden, den mussten sie aber aus wirtschaftlichen Gründen vor ein paar Jahren schließen. Durch mein »Simple Wisdom«-Projekt kauften wir der Familie schließlich eine Milchkuh und brachten auch den nahe gelegenen Kindergarten wieder in Gang. Damals kümmerte sich die älteste Tochter und ein anderes Adhivasi-Mädchen um die etwa fünfzehn Kinder.[92] Etwa zur selben Zeit verbrachte ich ein paar Tage in einer vom Dorf abgelegenen Höhle.[93] Als ich damals Wanniyala-Aetto meine Hilfe anbot, schlug er vor, ihm bei den Besorgungen der Gegenstände für die größte alljährliche Ritualversammlung, Thoilaya genannt, behilflich zu sein.[94] (Übrigens konnten im darauf folgenden Jahr nicht genug Sponsoren gefunden werden, und das Fest musste deswegen abgesagt werden.) Seitdem habe ich dem Häuptling und seinem Volk immer wieder auf verschiedenste Art Unterstützung gewährt.

Im April 2003 hatte ich zum ersten Mal die Gelegenheit, bei einem traditionellen Tanzritual dabei zu sein. Dabei waren Súnil und ich die einzigen Nicht-Adhivasi. Es begann um Mitternacht und dauerte bis

um 12 Uhr mittags. Zu intensiven Trommelrhythmen vollführten die Tänzer in tranceartiger Stimmung imposante archaische Tänze, durch die offensichtlich tiefere Impulse zum Ausdruck gebracht wurden. Wenn auch viele der Adhivasi nicht länger tiefes Vertrauen in ihre Tradition haben, so ist zumindest der Glaube an diese Rituale noch stark verankert und damit auf psychologischer Ebene auch heilsam. Besonders von dem etwa sechzigjährigen Schwager des Häuptlings war ich beeindruckt, mit welch lockerer Eleganz er sich zu den Trommelschlägen bewegte. Als ich später erfuhr, wie weit er dem Alkohol verfallen war, dachte ich, es könnte aber auch sein, dass seine unverkrampfte Art vielleicht daher stammte.
Ich war auch an dem Tage anwesend, als einige Adhivasi der Gruppe einer Schule, die mit Voranmeldung von weither gekommen war, eine Vorführung ihrer verschiedenen Traditionen und Künste boten. Auf dem Programm standen neben Jagd- und Opfertänzen, die der Göttin Kiri Amma gewidmet waren, auch das Entzünden von Feuer nur mit Hilfe von Feuersteinen und die Treffsicherheit, die der älteste Sohn des Häuptlings beim Bogenschießen zeigte. Für die Show, die ich zwar sehr interessant fand, aber doch mit gemischten Gefühlen betrachtete, wurde natürlich dann um Geld gebeten. Als dann die zufriedengestellten Besucher wieder abgefahren waren, wurde eine gewisse Enttäuschung geäußert, dass nicht mehr dabei hereingekommen war. Wohin das Geld dann geflossen ist, darüber habe ich gewisse Vermutungen und der Häuptling wahrscheinlich auch.
Bei jedem neuerlichen Besuch ergaben sich immer wieder reichhaltige Gelegenheiten und Gespräche, bei denen ich jedes Mal neue Aspekte über ihre und in gewisser Hinsicht auch meine Welt kennen lernen durfte. Die folgenden Aufzeichnungen sind ein Teil dieses bedrohten »kulturellen Gedächtnisses«. Die meisten dieser hier aufgezeichneten Dialoge mit Nayika Tumā[95] (die immer sehr lebendig waren und erst auf dem Papier einen etwas sterilen Interviewton angenommen haben) fanden in seiner Hütte oder während unserer ersten Urwald-Expedition statt. Mit Gunapala und Gunawardana sprachen Súnil und ich an anderen Orten rund um Dambana.

Probleme und Projekte

Frage: Was sind die größten Probleme Ihres Volkes?
Wanniyala-Aetto: Die neue Generation verliert das Interesse an ihrer eigenen Tradition, Kultur und Sprache; das Jagen ist außer Kontrolle geraten, und die Wälder sind niedergebrannt worden [für Landbau, Vieh, als Jagdmittel usw.; Anm. v. S. P.]. Ich habe jetzt Regeln für mein Volk festgelegt, und selbst wenn sie keiner befolgt, ist dies das Beste, was ich derzeit tun kann.
Frage: Sie sagten einmal, dass die große Anzahl von Besuchern manchmal ein Problem für Sie und Ihr Volk darstellt. Haben Sie irgend einen Plan, was Sie in der Zukunft dagegen tun könnten?
Wanniyala-Aetto: Ich schätze Besuche wie diesen [dabei zeigte er auf mich], aber viele Besucher kommen einfach nur, um herumzuschauen, ohne jedes ernsthafte Interesse; und das ist wirklich lästig. Für die Zukunft planen wir, eine Schranke zu errichten und die Leute erst darum zu bitten, ein paar Fragen schriftlich zu beantworten, zum Beispiel aus welchen Gründen sie hierher gekommen sind, und um ihnen grundsätzliche Umgangsregeln klar zu machen, wie zum Beispiel nicht herumzuschreien, laute Musik zu machen, Müll liegen zu lassen, sich hier zu betrinken oder auch sonst keinen Respekt zu zeigen. [Ich habe immer wieder Besucher beobachtet, wie sie die Veranda seiner Hütte betraten, ohne dabei ihre Schuhe auszuziehen, was in Sri Lanka als sehr unhöflich gilt; Anm. v. S. P.]
Frage: Warum ist das Kindergarten-Projekt zunächst fehlgeschlagen? [Anm. v. S. P.: Seit den Anfängen vor einigen Jahren wurde es einige Male geschlossen und dann wieder geöffnet.]
Wanniyala-Aetto: Manchmal ist mein Volk sehr passiv, und darüber bin ich nicht glücklich. Ich selbst und Gunawardana [siehe unten] waren es, die mit unseren eigenen Händen die Halle des Kindergartens bauten, aber dann verloren die Eltern das Interesse daran. Das Projekt wurde auch von anderen NGOs [siehe Glossar; Anm. d. Red.] unterstützt, aber immer wieder ist etwas danebengegangen. Ich kann auch ein anderes Beispiel nennen, wie desinteressiert mein Volk manchmal ist: In ein paar Tagen [August 2002] findet eine Zusammenkunft mit der Regierung in Colombo statt, bei der wir unsere Schwierigkeiten darlegen wollen. Ich bat ein paar

meiner Leute, als Repräsentanten mit mir zu kommen. Woran diese aber in erster Linie interessiert sind, ist, wie viel Geld sie dafür erhalten. [Während er so redet, lächelt er darüber und macht keinen verzweifelten Eindruck. Eine Adhivasi-Gruppe fuhr schließlich doch nach Colombo, aber keine der zuständigen Behörden zeigte Interesse, ihren Anliegen Gehör zu schenken. Anm. v. S. P.]

Zu meinem [= S. P.s] Vorschlag, ein Buch für die Adhivasi-Kinder zu publizieren:
Wanniyala-Aetto: Das ist eine hervorragende Idee, wenn wir für so ein Büchlein über unsere eigene Tradition und unsere kulturelle Herkunft zusammenarbeiten könnten. Mit einigen Behörden in Colombo habe ich über so ein Projekt auch schon gesprochen, aber das ist ein so langsamer Prozess. Übrigens habe ich gesehen, dass das Volk in Nepal [das er während einer internationalen Konferenz von Ureinwohnern besucht hatte; Anm. v. S. P.], etwas ganz Ähnliches macht. [Gunawardana hat schließlich dieses Bilderbuch unter dem Namen „Wanniyala-Aetto I" zusammengestellt, von dem am Jahrestag der Naturvölker 2003 dem Häuptling 800 Exemplare überreicht wurden. Anm. v. S. P.[96]]
Frage: Erhalten Sie immer noch Einladungen zu internationalen Naturvölker-Konferenzen?
Wanniyala-Aetto: Ja, manchmal, aber sie schicken die Einladung, ohne dabei die Flugkosten zu übernehmen. [Das kann er sich natürlich nicht leisten. Gunawardana ist der einzige Ureinwohner, der an der Universität von Colombo studierte und im Fachbereich Singhalesisch den akademischen Grad eines Bachelor of Arts (B. A.) erworben hat. Er schrieb einige Bücher über sein Volk; das letzte war unsere Publikation. Eines davon wurde sogar ins Englische übersetzt: »Hunting Grounds«[97] („Jagdgründe"). Zur Zeit ist er Lehrer in einem benachbarten Dorf, wo ebenfalls Adhivasi leben. Anm. v. S. P.]
Gunawardana: Ich bin bei einigen dieser Konferenzen [Australien, Philippinen, Nepal; Anm. v. S. P.] gewesen. Einerseits habe ich das Gefühl, dass da einfach nur geredet wird, ohne dass dabei etwas herauskommt, andererseits würden wir Ureinwohner uns viel mehr über ein natürliches Ambiente für solche Treffen freuen als über noble Hotels.

Frage: Auf welche Weise haben Sie sich mit den anderen Naturvölkern verbunden gefühlt?
Gunawardana: Das geschah nicht so sehr auf einer verbalen, sondern viel mehr auf einer geistigen Ebene. Die Körper der Australier kamen mir ähnlich vor, sie sind aber größer. Die Art und Weise, wie sie Betelnüsse kauten, ist der unseren sehr ähnlich. Der Trommelrhythmus der philippinischen Ureinwohner war derselbe wie unserer.
Frage: Sind Sie stolz, ein Adhivasi zu sein?
Gunawardana: Ja, natürlich. Die zivilisierten und gebildeten Völker sind es, die die Welt zerstören. Wir sind stolz, dass wir daran nicht teilnehmen. [Wenn ich aber sehe, wie gegenwärtig mit den Wäldern rund um Dambana umgegangen wird, kann ich dieser Behauptung nicht völlig zustimmen. Anm. v. S. P.]
Frage: Erhalten Sie Unterstützung von irgendeiner nationalen oder internationalen Organisation?
Wanniyala-Aetto: Außer etwas Unterstützung vom »Zahn-Reliquien-Tempel-Trust« [und von meinem »Simple Wisdom«-Projekt; Anm. v. S. P.] gibt es eigentlich kaum Unterstützung von irgendwo, meistens nur leere Versprechungen. Und wenn jemand hilft, dann meistens nur, um sich wichtig zu machen und seinen Namen zu präsentieren. Aus diesem Grund habe ich kein Interesse mehr, um Hilfe zu bitten.
Ich plane, einen »Wanniyala-Aetto-Fond« zu gründen, um damit Einzelpersonen, Familien, die in Schwierigkeiten geraten sind, und unserem Volk im Ganzen zu helfen. [Siehe den Anhang zu Kapitel 8; Anm. d. Red.] Dadurch wollen wir zum Beispiel die Kaution für einen Adhivasi bezahlen, der beim Jagen erwischt und festgenommen wurde. Das würde zum Beispiel das Erschießen von zehn weiteren Tieren ersparen, um das Geld [10 000 Rupien, zirka 100 Euro; Anm. v. S. P.] für die verhängte Strafe irgendwie zu bekommen. Etwa alle drei Monate kommt jemand von uns deswegen mit dem Gesetz in Konflikt.

Glaube

Frage: Was ist Ihre Religion?
Wanniyala-Aetto: Ich nenne das zwar nicht Religion, aber es gibt eine enge Verbindung zu den Geistern unserer Vorfahren, die in solchen Bäumen wie diesem Bodhi-Baum[98] da drüben leben [ungefähr 200 Meter von seiner Strohhütte; Anm. v. S. P.].[99] So eine Verbindung habe ich auch zu meinem eigenen Vater [namens Tissahamy, bereits verstorben; Anm. v. S. P.]. Wenn ich von einer Krankheit genesen will oder wenn ich bei etwas Bestimmtem erfolgreich sein will, dann nehme ich Kontakt mit ihm auf, und das funktioniert garantiert! Una Kiri Galle [wörtlich: „warmer Milch-Berg", der vom Dorf aus in einiger Entfernung zu sehen ist; dorthin haben auch unsere beiden Expeditionen geführt; Anm. v. S. P.] ist ein Ort, wo die Geister unserer Vorfahren leben, und nachts kann man manchmal ihre Geräusche hören. Das letzte Mal hatte ich so ein Erlebnis, als ich den Honig für die »Kandy-Perahera« gesammelt hatte.[100] In meiner Kindheit haben mich solche Phänomene geängstigt, aber jetzt macht mir das nichts aus.
Gunapala: Es gibt drei Berge in dieser Gegend, wo ein Yakkha und zwei Yakkhinī leben.[101] Zu bestimmten Zeiten beten wir zu ihnen und bringen ihnen Opfer dar. Während der Thoilaya, unserem religiösen Hauptfest, tanzen, chanten und beten wir zu unseren Vorfahren und Geistern, um sie dadurch das ganze Jahr bei guter Laune zu halten, damit sie uns beschützen und uns keine Krankheiten und Schwierigkeiten verursachen. Dabei kann es auch passieren, dass ein verstorbener Verwandter in den Körper eines der Anwesenden eintritt, Rat erteilt, die Zukunft vorhersagt oder einige Opfergaben verlangt. […] Wenn beispielsweise ein männlicher Geist in einen weiblichen Körper eintritt, dann wird »sie« wie ein Mann sprechen.
Gunawardana: Ich selber fühle mich nicht mehr mit den Geistern meiner Vorfahren verbunden. Der buddhistische Einfluss während meiner Ausbildung hat mein Denken stärker geprägt als unser traditioneller Glaube. So ziehe ich mich manchmal zurück, um zu meditieren. [Das ist für einen Adhivasi außergewöhnlich. Anm. v. S. P.]
Frage: Was halten Sie vom Buddhismus, und warum haben Sie eine Buddhastatue beim Bodhi-Baum?

Wanniyala-Aetto: Wir sind keine Buddhisten, aber wir haben Achtung vor dem Buddha, nicht zuletzt, weil er diese Gegend vor zweitausendfünfhundert Jahren besuchte und dabei einige Probleme unseres Volkes lösen konnte.[102] Abgesehen davon können wir mit der Buddhastatue eigentlich nicht viel anfangen. [Das ist offensichtlich, da sie dort völlig vernachlässigt herumsteht. Anm. v. S. P.] Wenn wir sie aber weggäben, würde das den Buddhisten missfallen.
Frage: Letzte Nacht habe ich von Ihnen geträumt. Was sind Ihrer Meinung nach Träume?
Wanniyala-Aetto: Wenn in einem Traum eine gute Stimmung herrscht, dann wird etwas Positives geschehen. Normalerweise träumen wir von Freunden oder Menschen, die uns nahe stehen, und von Ereignissen, die in der Zukunft geschehen werden. Wenn ich davon träume, dass mein Vater in einer glücklichen Stimmung ist, dann sehe ich das als ein gutes Zeichen.

Leben und Tradition

Frage: Gehen Sie immer noch allein in den Urwald?[103]
Wanniyala-Aetto: Ja, wenn es mir mit Dingen oder Besuchern zu viel wird oder wenn ich Heilkräuter für meine Medizin brauche, gehe ich alle paar Monate für ein paar Tage in den Urwald.
Frage: Können Sie dort problemlos überleben?
Wanniyala-Aetto: Jeder Adhivasi weiß, wie man im Urwald überlebt und wie man dort Nahrung findet. [Ich denke, dass er sich hier eher auf die ältere Generation oder jene Jugendliche bezieht, die regelmäßig jagen gehen. Anm. v. S. P.] Das letzte Mal, als ich mich vor einem Monat dorthin zurückzog, bereiteten mir Moskitos das einzige Problem. Ich habe dann einfach vertrockneten Elefantendung verbrannt, und der Rauch hat sie vertrieben.
Ein junger Adhivasi [während einer unserer Wald-Expeditionen]: Wir können für zwei oder drei Tage ohne Essen im Urwald leben, aber ohne Betel kommen wir nicht aus. [Die meisten Ureinwohner nehmen diese Naturdroge, die in ganz Sri Lanka und Indien sehr beliebt ist, den ganzen Tag über zu sich. Offensichtlich macht sie

zwar extrem süchtig, hält aber dafür den Hunger fern und gibt Kraft. Anm. v. S. P.][104]

Frage: Wie haben Sie Ihr Wissen über den Urwald erlangt?

Wanniyala-Aetto: Durch Überlieferung und Erfahrung. Ich nenne Ihnen ein Beispiel: Mein Vater sagte mir, dass man eine bestimmte Pflanze nicht essen solle, und ich habe es nie getan. Meine Kinder [er hat sieben Söhne und eine Tochter im Alter zwischen dreizehn und dreißig; Anm. v. S. P.] probierten aber eines Tages diese Pflanze, und ihnen wurde klar, dass man sie eigentlich essen kann.

Frage: Hat Ihr Vater sich in diesem Punkt also geirrt?

Wanniyala-Aetto *[lächelnd]*: Es gibt genug Dinge, die ich von meinen Kindern lernen kann.[105] [Dabei fällt auf, dass er nicht das Negative, sondern das Positive dieser Situation heraushebt. Anm. v. S. P.]

Frage: Ich habe gehört, dass es bei Ihrem Volk nicht üblich war, die Lebensjahre zu zählen. Woher weiß man dann, dass Ihr Vater hundertvier Jahre alt geworden ist?[106]

Wanniyala-Aetto: Man hat das durch eine Analyse seiner Wirbelsäule herausgefunden. Ich persönlich sehe keinen Nutzen darin, wenn man sein Alter kennt, denn man wird durch das Wissen vom Älterwerden nur trauriger. Ich zum Beispiel denke immer noch wie ein Jugendlicher. Da gibt es auch eine Geschichte von einem Adhivasi, der eine viel ältere Frau geheiratet hatte. Als bei ihr Anzeichen des Alters erkennbar wurden, dachte auch er, dass er schon alt sein müsse, und von diesem Moment an alterte er tatsächlich.

Frage: Warum, glauben Sie, wurde Ihr Vater so alt?

Wanniyala-Aetto: Weil er sein Leben in einer gesunden Umwelt harmonisch verbracht hatte.[107]

Frage: Glauben Sie, dass Ihr Leben heute schwieriger ist als das Ihrer Vorfahren?

Wanniyala-Aetto: In der heutigen Zeit ist es ganz sicher schwieriger, aber trotzdem fühle ich mich glücklich.

Frage: Sehen Sie sich selbst als einen Medizinmann?

Wanniyala-Aetto: Jeder Adhivasi kennt den »Erste Hilfe«-Teil unserer Naturmedizin, aber das tiefere Wissen lernte ausschließlich ich von meinem Vater; und das gebe ich ebenfalls meinem ältesten Sohn weiter. [Dieser wird als sein Nachfolger angesehen. Anm. v. S. P.]

Frage: Wenn Sie selber krank sind, nehmen Sie dann Ihre eigene Medizin oder gehen Sie zu einem Arzt?

Wanniyala-Aetto: Manchmal braucht ein Arzt einen anderen Arzt, wenn er krank ist. Wenn ich mich selbst nicht heilen kann, gehe ich einfach zu einem anderen. [Nach einer unserer Waldexpeditionen hatte sich eine tiefe Schnittverletzung infiziert, die er sich selber zugefügt hatte, als er mit der Axt abgerutscht war. Er behandelte sie mit einem seiner Öle, und am nächsten Tag war die Wunde merklich besser. Gegenüber modernen Behandlungsmethoden ist er nicht unbedingt ablehnend. Anm. v. S. P.]
Frage: Wie ernähren Sie sich?
Wanniyala Etho: Essen ist kein großes Thema bei uns. Wir essen, um zu leben, und leben nicht, um zu essen. Als ich in der Schweiz [bei einer Naturvölker-Konferenz; Anm. v. S. P.] zu Besuch war, hatte ich auch dort mit dem Essen keinerlei Probleme. Hier kochen wir hauptsächlich auf singhalesische Art: Reis mit Zutaten; aber ohne scharfe Gewürze, weil mein Magen das seit zwanzig Jahren nicht mehr verträgt. [Ist seine Gastritis vielleicht psychosomatisch bedingt? Manchmal beobachtete ich, wie er mit dem Fuß unruhig hin und her wippte. Anm. v. S. P.]
Frage: Gehen Ihre Kinder zur Schule?
Wanniyala Etho: Ja, die jüngeren gehen noch. Aber wenn sie nach Hause kommen, dann werfen sie ihre Bücher einfach in die Ecke und sind an anderen Sachen interessiert. [Immer wieder habe ich gesehen, wie seine Kinder Sachen schnitzen, bei der Herstellung von Medizin helfen oder mit viel Eifer als »Jäger und Sammler« in die Wildnis gehen. Anm. v. S. P.]
Frage: Können Sie die singhalesische Sprache sprechen?
Wanniyala Etho: Ja, ich kann sie verstehen und könnte sie auch sprechen, aber wenn ich, der Häuptling, meine eigene Sprache nicht mehr spräche, dann würde sie bald niemand mehr verwenden. Von den über hundert Familien, die in Dambana leben, sind nur noch fünfzig übrig, die sich um ihre Sprache und ihre Überlieferung kümmern.[108]

Gespräche mit zwei anderen Adhivasi

[„Gunapala“, singhalesischer Name, bedeutet „edler Herrscher“. Sein Vater war Singhalese, seine Mutter, die noch lebt, ist eng (vielleicht eine Kusine?) mit Wanniyala-Aetto verwandt, weswegen er auch als Stammesnamen „Uru Warige“ trägt, was eher unüblich ist, da normalerweise der Name des Vaters oder Ehemannes übernommen wird.[109] Ebenso ist seine Schwiegermutter Adhivasi und sein Schwiegervater Singhalese.[110] Zu Hause spricht die ganze Familie Singhalesisch. Ich habe übrigens seine Kinder noch nie in der Vedda-Sprache kommunizieren hören. Anm. v. S. P.]

Frage: Wo lebten die Adhivasi, bevor sie sich in Dambana ansiedelten, und wie lebten sie?

Gunapala: Sie lebten gewöhnlich im Walde, etwas entfernt von hier. Ihre Lebensart beruhte darauf, Rehe, Wildschweine, Stachelschweine, Leguane und Gürteltiere zu jagen.[111] Mein Vater [auch wenn er kein Vedda war; Anm. v. S. P.] ging noch jagen, aber ich habe das nie gemacht. Ich wurde 1954 im Urwald geboren. Das Jahr weiß ich, weil es damals in der Schule registriert wurde [auch wenn er später nie die Schule besuchte; Anm. v. S. P.]. Als Schutz gegen Sonne und Regen pflegten die Adhivasi sehr einfache kleine Hütten aus Rinde zu bauen, oder sie lebten in Höhlen [in einer davon hatte ich mich einmal einige Tage aufgehalten; Anm. v. S. P.], in kleinen Gemeinschaften von drei oder vier Familien zusammen. Ich hatte zwölf Brüder und Schwestern, zwei von ihnen starben, als sie noch klein waren. Die Adhivasi heirateten, als sie ungefähr fünfzehn oder sechzehn Jahre alt waren. [Das hat sich auch mittlerweile geändert; Anm. v. S. P.] Bei Jungen gibt es keine Initiationsrituale, wenn sie in die Pubertät kommen. Aber es wird ein kleines Fest gefeiert, wenn ein Mädchen zur Frau wird. Ältere Frauen bereiten dann für das Mädchen ein besonderes Bad, wofür sie einen neuen Topf und ausgewählte Kräuter und Blumen benutzen. Die Nachbarn und Verwandten werden eingeladen, und besondere Speisen werden angeboten.

Frage: Benutzten die Veddas früher irgendwelche Drogen, ähnlich wie Kaffee, Nikotin oder Haschisch?

Gunapala: Nichts dergleichen, aber anstelle der Betelnuss verwendeten sie gewöhnlich eine bestimmte Rinde, eine Nussart und Schneckenhäuser [anstelle von Kalk; Anm. v. S. P.].

Frage: Warum lässt du Haar und Bart (nach alter Adhivasi-Tradition) nicht wachsen?
Gunapala: Während der Arbeit vermischt sich Schweiß und Schmutz im Haar und verursacht Hautwunden. [Vor einiger Zeit sagte er mir stolz, dass er sich das Haar ab jetzt wieder wachsen lassen möchte. Als ich ihn aber dann das nächste Mal wieder traf, hatte er es wiederum geschnitten, weil es ihm einfach zu unangenehm war. Anm. v. S. P.] Mann und Frau trugen das Haar in der gleichen Art, und sie knoteten es sich auch gegenseitig.
Frage: Was ist dein nächstes Ziel im Leben?
Gunapala: Ich habe ein Stück Land, wo es das ganze Jahr über Wasser gibt. Ich würde dort gerne Gemüse zum Eigenkonsum und zum Verkauf anbauen. [Wir kauften ihm daraufhin die dafür notwendigen Werkzeuge, und mittlerweile gedeihen dort zur Saison verschiedene Gemüsesorten. Anm. v. S. P.] Dort habe ich auch einige Reisfelder, die mich das ganze Jahr mit genügend Reis für meine Familie versorgen würden, aber die Hälfte davon muss ich für die Lohnarbeiter und für Dünger abgeben.
Frage: Welchen Beruf üben deine Kinder aus, oder was wollen sie einmal machen?
Gunapala: Meine beiden ältesten Töchter haben schon eine Familie [eine davon hat eine Ausbildung als Kindergärtnerin absolviert, die andere würde gerne eine kleine Schneiderei aufmachen; Anm. v. S. P.]. Die beiden mittleren Töchter [Vasana, 12 Jahre alt, und Priyadarshani, was auf Singhalesisch »wunderschöne Aussicht« bedeutet, 15 Jahre alt; Anm. v. S. P.], wollen Lehrerin und Krankenschwester werden. [Priyadarshani hat dann auch einmal einen Computerkurs in Mahiyangana belegt, den ich durch mein Sozialprojekt »Simple Wisdom« gesponsert hatte.[112] Das sind sehr unkonventionelle Pläne, denn die meisten Frauen in Dambana sehen ihre Aufgabe traditionsgemäß darin, für die Familie zu sorgen und im Hause und auf dem Feld zu arbeiten. Obwohl es heißt, dass die Adhivasi ein matriarchalisch ausgerichtetes Volk seien, ist mir bis jetzt nicht aufgefallen, dass Frauen bei Entscheidungen viel zu sagen hätten. Anm. v. S. P.]
Frage: Vor kurzem warst du zum ersten Mal in Kandy.[113] [Colombo hat er noch nie besucht. Anm. v. S. P.] Gefällt dir diese Stadt?
Gunapala: Sie gefiel mir überhaupt nicht, da ist zu viel Lärm.

[„Gunawardana“ ist ebenfalls ein singhalesischer Name und bedeutet „edles Wachstum“. Auch seine Mutter war (oder ist?) Singhalesin.]
Frage: Wie alt bist du, und ist es üblich, als Adhivasi nicht verheiratet zu sein?
Gunawardana: Ich bin fünfunddreißig, und es ist in der Tat für uns ungewöhnlich, nicht verheiratet zu sein. Ich finde, wenn man eine Familie hat, verliert man seine Freiheit und gerät in Schwierigkeiten, die niemals enden. Sobald die Kinder groß sind, kommt die nächste Generation nach. [Veddas leben in Großfamilien, wo es selbstverständlich ist, dass die Großeltern sich um die Enkel und Urenkel kümmern. Anm. v. S. P.]
Frage: Du hast Singhalesisch auf der Universität in Colombo studiert. Gibt es da eine Verbindung zu der Vedda-Sprache?
Gunawardana: Teile unserer Sprache müssen in der Vergangenheit verloren gegangen sein, denn man kann sie nicht sprechen, ohne singhalesische Wörter zu gebrauchen. [Übrigens leben Stämme im Norden, die auf ähnliche Art ihre Sprache mit Tamil vermischen. Eine Vedda-Schrift gibt es nicht.[114] Anm. v. S. P.]
Frage: Als Student lebtest du in der Hauptstadt. Wie gefiel dir das Leben dort, und war es dein Wunsch, wieder nach Hause nach Dambana zu kommen?
Gunawardana: Mir hat die Stadt nicht gefallen. Da sind viele Menschen, aber keine Freunde. Deshalb habe ich mich entschlossen, zu meinem Volk zurückzukehren.

****

Gunawardana kommt mir wie ein Ausländer in seiner eigenen Heimat vor. Weder passt seine intellektuelle, scharfsinnige und manchmal auch etwas zynische Art zur Tradition seiner Vorfahren (obwohl ich ähnliche Charakterzüge auch in Wanniyala-Aetto bemerke), noch zu dem degenerierten Lebens- oder Überlebens-Stil der neuen Vedda-Generation. Er erzählte mir auch von der Enttäuschung, die ihm sein Volk bereitet hatte, als er nach dem Abschluss seines Studiums zurückgekommen war. Anfänglich hatte er enthusiastisch versucht, sie in vielerlei Hinsicht aufzuklären und sie auf ihre traditionellen Werte und die Konsequenzen von Umweltzerstörung hinzuweisen. Abgesehen von Publikationsplänen hat er großartige Visionen aufgegeben, die Lage seines Volkes zu verbessern. Er verbringt als Lehrer ein stilles Leben, ohne sich viel in das Schicksal seines Volkes einzumischen, das zu jenen zahlreichen Naturvölkern gehört, die weder zurück in die Vergangenheit können noch eine klare Zukunft vor sich sehen.

Obwohl mir durch diese intensiven Begegnungen und Gespräche mit den Veddas die traurigen Facetten eines unaufhaltsamen Wandels klar vor Augen geführt werden, kommt in mir kein Gefühl von Frustration auf. Ich empfinde eher Freude, Dankbarkeit und auch etwas Stolz, dass ich die Möglichkeit hatte, ein so eigenartiges Volk, seine Kultur und seinen Umgang mit der Natur noch so ungeschminkt und buchstäblich »hautnah« kennen zu lernen. Die Erfahrung, dass meine Art und Weise zu helfen, nicht nur verbal, sondern effektiv etwas verändert hat – auch wenn das im Endeffekt nicht mehr als ein Tropfen auf den heißen Stein ist –, gibt mir die Ermutigung, mich auch weiterhin für das Wohl dieser Menschen einzusetzen.

Kapitel 8

Unterwegs mit Jägern und Sammlern

Die Lösung unseres Problems und das anderer Naturvölker in ähnlichen Situationen ist sehr einfach: Lasst uns auf unser traditionelles Land zurückgehen [...]. Zumindest sollte das denjenigen von uns ermöglicht werden, denen klar ist, dass auf die Frage, wie wir als Wanniyala-Aetto überleben können, Rückkehr die einzig mögliche Antwort ist. Wir gehören nicht der Bevölkerungsmehrheit an; wir sind weder Singhalesen noch Tamilen, und Kriminelle sind wir auch nicht. Wir sind nur ein bescheidenes Volk, das versucht, sich selber treu zu bleiben.

Wanniyala-Aetto[115]

Während eines unser anregenden Gespräche fragte ich einmal spontan Nayika Tumā[116], ob ich ihn eines Tages in die Wildnis begleiten dürfe, und ebenso spontan kam seine freudige Zustimmung zurück. Dass ich »wald- und höhlentauglich« sei, wusste er von meinen früheren Aufenthalten in der freien Natur um Dambana. Mit dem Essen war er sich allerdings nicht so sicher, und so fügte er hinzu, dass ich auch dabei etwas flexibel sein müsse. Einige Wochen später kam ich wieder ins Dorf der Adhivasi, begleitet von Súnil und einem deutschen Yogi, dem sie den Namen „Sudu-Vedda" gaben, da er ebenfalls langes Haar und einen Bart trug. Wir übernachteten in dem Gebäude, wo der Kindergarten untergebracht ist. Ganz in der Nähe dieser aus Lehm erbauten und mit einem Blechdach bedeckten Halle wohnte mein engster Adhivasi-Freund Gunapala, der ein Neffe von Wanniyala-Aetto ist. Ihm ist es vor allem zu verdanken, dass sich ein so enger Kontakt zu seinem Volk und seinem Häuptling herstellen ließ.

Am nächsten Morgen gingen wir durch die weit zerstreute Besiedlung, in deren Umgebung durch Brandrodung, Trockenheit und herumziehende Rinder kaum ein grüner Flecken zu sehen war.[117] Einen angenehmen Kontrast stellte dagegen der schattige Weg durch einen kleinen Wald dar, der Wanniyala-Aettos Familienwohnsitz vom Rest seines Volkes abgrenzt. Absichtlich wurde dieser Weg seit Jahren nicht mehr repariert, um zumindest einigen der mit ihren überfüllten Kleinbussen von überall her kommenden Besuchern die Hinfahrt unmöglich zu machen und sie entweder zu einigen Schritten oder zum Umkehren zu bewegen.[118] Auch diese Handvoll Hütten hebt sich durch ihre natürliche Bauweise aus Lehm und Stroh positiv von vielen der anderen etwa hundert Gebäuden im Dorf ab.[119] Einige davon gleichen mit ihren unverputzten Ziegelwänden und Blechdächern sogar Slumbehausungen, und immer häufiger hört man daraus laut ein Radio oder einen Fernseher, die mit Autobatterie betrieben werden.
Wann immer ich untertags zur Hütte von Wanniyala-Aetto kam, spürte ich, dass er sich gerne hie und da in die Wildnis zurückzieht, um den Touristenmassen und Schulklassen, die meist bloß mit oberflächlicher Neugierde, Kameras und Müll kommen, zu entfliehen. Ich kenne eigentlich keinen Menschen, der mit seiner überzeugenden Einfachheit so berühmt ist, und kein Dorf, das so klein, aber dennoch so bekannt ist wie Wanniyala-Aetto und Dambana. Auch diesmal konnte man schon aus der Ferne die Besucher kommen und gehen sehen. Ich blieb in Sichtweite seiner Hütte stehen, doch er winkte mich sogleich zu sich und begrüßte mich auf traditionelle Art, die ich sonst noch nirgendwo gesehen habe: Man hält sich dabei an beiden Armen und schüttelt sie. Dann verwies er mich auf den Ehrenplatz: eine Lehmbank, die zugleich sein »Chefsessel« ist. Andere Besucher hatten sich auf Strohmatten unter der kleinen überdachten Terrasse niedergelassen oder standen herum. Die Lehmwand war mit verschiedenen Bildern dekoriert. Einige Aufnahmen zeigten seinen Vater Tissahamy, andere Nayika Tumā und ein paar Adhivasi auf internationalen Naturvölker-Kongressen in Genf und Nepal. Ein Foto stach auf sehr amüsante Weise hervor. Es zeigt, wie Menschen ihr Ego aufpolieren und damit ihr Selbst bloßstellen: Höchstrangige Polizeibeamte mit ihren übergewichtigen und untrainierten Körpern posieren in eindrucksvollen

Uniformen mit Abzeichen. Dieses Machtgehabe wird aber durch die Anwesenheit des Stammesoberhauptes auf peinlichste Weise in Frage gestellt. Wie immer ist er auch dabei nur mit seinem kniehohen Sarong bekleidet, der den traditionellen Schurz überdeckt (da Leute mit »zivilisierten« Ansichten sonst wahrscheinlich überfordert wären), und über einer Schulter hängt seine handliche Axt, das traditionelle Wahrzeichen jedes männlichen Vedda. Was ihn als Autorität dabei auszeichnet, sind nicht konventionelle Äußerlichkeiten, sondern sein Charisma und sein natürliches, aber unübersehbares »Hara«.[120] Ich will meine Freude darüber nicht leugnen, dass auch von mir ein Foto über der schlichten Holztür hing. Es zeigte mich und seinen Bruder, der einige Monate nach dieser Aufnahme verstarb. Auch eines meiner populärsten singhalesischen Flugblätter war auf die Tür geklebt: Auf sehr amüsante Weise wird darin auf die Gefahren von Alkohol hingewiesen. Das soll für die vielen Besucher eine klare Warnung sein. Mir wurde gesagt, dass er einige von ihnen, die betrunken gekommen waren, eigenhändig hinausgeworfen hatte. Aber auch für seine eigenen Leute soll dieser Hinweis eine Ermahnung sein, denn diese Art von Flucht wird auch hier immer populärer. In seiner Rede an die UN-Delegation 1996 gab Wanniyala-Aetto diesbezüglich ein drastisches Beispiel:

„Alkoholismus ist allmählich auch in unsere Gesellschaft vorgedrungen. Diejenigen von Ihnen, die während des Vorbereitungstreffens beim Weltkirchenrat in diesem Jahr mit uns anwesend waren, haben vielleicht bemerkt, dass drei von uns hier waren. Heute sind wir nur zwei. Mit der Erlaubnis meines Schwagers, Una Pana Warige Sudu Bandiya, lasse ich Sie Anteil an der Ursache haben, warum er bei dieser Präsentation nicht anwesend ist. Er wurde durch skrupellose Außenseiter mit Alkohol bekannt gemacht. Sie haben ihm die Möglichkeit geboten, seine Hilflosigkeit und seine trostlose Zukunft durch die zeitweilige Erleichterung des Alkohols zu vergessen. Mir war nicht klar, wie schwer seine Krankheit ihn mitgenommen hat, als ich ihn gebeten habe, mich zu diesem WGIP[121]-Treffen zu begleiten. Mein Schwager leidet gerade unter heftigen Entzugserscheinungen."[122]

Der Abmarsch für unseren dreitägigen Ausflug in die Wildnis wurde für den nächsten Tag um neun Uhr festgelegt. Als wir vor Wochen diese Expedition geplant hatten, wusste er gar nicht, ob und wann wir wiederkommen würden. Dennoch brauchte er nur einen Tag, um sich von seinen offiziellen und inoffiziellen Rollenspielen loszusagen und sich in der Wildnis zu verwirklichen: Zwar haben Elefanten, Blitze und Waldgeister kaum Respekt vor Konventionen, doch beinhaltet ja sein Name das »Leben in den Wäldern«. Dass sich ein Mensch in solch einer Position und mit einer zehnköpfigen Familie diese Freiheit schaffen kann, ist für die meisten zivilisierten Oberhäupter wahrscheinlich unvorstellbar. Nicht einmal die meisten Mönche, die ich kenne, haben so eine Ungebundenheit oder so einen Willen, sich ihren meditativen Beschäftigungen für so lange hinzugeben, obwohl sie weder durch Familie noch Beruf eingeschränkt wären.

Auch seine kleine Naturapotheke hat Nayika Tumā dort aufgestellt: Verschiedene abgefüllte Öle (paradoxerweise in Alkoholflaschen, was aber verständlich ist, weil es in Sri Lanka keine anderen Glasflaschen in dieser Größe gibt) und andere getrocknete Kräuter in Plastikbehältern. Seine Art und Weise, Leute zu heilen, hat sicherlich auch mit Schamanismus zu tun, denn er nimmt dabei anscheinend auch Kontakt mit Geistern auf und bietet ihnen Opfergaben an, um sie dazu zu bringen, ihre negative Energie von der kranken Person abzuziehen.[123] Zwar haben alle Adhivasi die »Erste-Hilfe-Apotheke« der Natur im Kopf, aber nur wenige verstehen es heutzutage, sie praktisch anzuwenden. Außerdem wird von den Dorfbewohnern der Besuch im öffentlichen Krankenhaus von Dambana (das übrigens auf Anregung von Wanniyala-Aetto eingerichtet wurde) eher bevorzugt und exotischen Pillen eher vertraut als der Heilkunst von bekannten Pflanzen der Umgebung und des eigenen Oberhauptes. Mein Freund Gunapala ist ein typisches Beispiel: Von fast jeder Pflanze, die man ihm zeigt, weiß er, wofür sie als Medizin geeignet ist. Haben aber er, seine Frau oder eines seiner Kinder Kopfschmerzen oder eine Erkältung, was auffällig häufig vorkommt, wird »Panadol«[124] geschluckt oder der Arzt aufgesucht. Von auswärts kommende Besucher sind die häufigsten Patienten des Häuptlings. Ich schätze, dass der Verkauf seiner Naturmedizin sein Haupteinkommen bildet. Sowohl als Familienvater als auch als

Häuptling hat er sicherlich einige Ausgaben. Daneben werden auch Waldhonig, von ihm und seinen Kindern geschnitzte Gegenstände wie Löffel aus Kokosnusschalen, traditionelle Bögen, aus Ebenholz geschnitzte Fische oder kunstvolle kleine Speere zum Verkauf angeboten.

Am selben Tag überreichte der Häuptling Gunapala eine längere Einkaufsliste – Vorbereitungen für die Wanderung: Reis, Mehl, Linsen, Zwiebeln, Gewürze, Kokosnüsse, Teepulver, Zucker, Zünder, Batterien, Betelnüsse und anderes mehr. Wahrscheinlich wurde das meiste davon extra wegen uns besorgt, und dafür übernahm ich auch die Kosten. Das Wichtigste für sie waren Betelnüsse und die dazugehörigen Zutaten. Ich habe sogar gehört, dass Wanniyala-Aettos jüngerer Bruder an den Folgen des Betelnuss-Kauens verstorben sei. Als ich ihn aber darauf ansprach, stellte er diese Behauptung sehr in Frage. Vielleicht verdrängt er dieses Problem, denn selten bin ich jemanden begegnet, der von diesen Betelnüssen so viel konsumiert wie Nayika Tumā. Und weil er diese Naturdroge, die er immer in einem Stoffbeutel bei sich trägt, großzügig an seine Leute weitergibt, ist der wöchentliche Verbrauch auch dementsprechend hoch. Als ich einmal mit ihm in Mahiyangana Besorgungen machte (was ein köstliches Bild abgegeben haben muss: „Der wilde Schwarze und der glatzköpfige Weiße!"), besorgte er sich seine wöchentliche Ration für 300 Rupien, was etwa ein Drittel eines Lohnarbeitereinkommens ist.

Am nächsten Tag kamen wir zum ausgemachten Zeitpunkt wieder zur Häuptlingshütte, merkten aber nach Stunden des Wartens, dass Zeit hier kein Thema ist. Er kontrollierte nochmals alle Güter und gab Anweisungen, wo und wie sie in Säcken verpackt werden sollten. In der Zwischenzeit kamen und gingen Besucher. Dabei konnte ich das übliche und langweilige Rollenspiel beobachten, das er als Repräsentant und lebendes Ausstellungsstück der Ureinwohner zu spielen hat. Als endlich am späteren Vormittag ein weiterer Adhivasi mit einem Fahrrad daherkam, ein junger dynamischer Typ in modernen Boxershorts, kam Leben in den Häuptling, und innerhalb von wenigen Augenblicken packte er seine wenigen Sachen zusammen: den Beutel mit Betelnüssen rollte er in ein Tuch, das er über eine Schulter schwang, seine Axt platzierte er auf der anderen. Ohne großartige Abschiedsgesten machte er sich dann barfuß auf den Weg in ein ganz anderes Leben, das er offensichtlich mehr liebte als seine Rolle als Familien- und Stammesoberhaupt. Ich musste mich bemühen, das Tempo in der Hitze des Tages mitzuhalten. Der Junge, der einen Teil der Expeditionsausrüstung auf seinen Schultern trug, ging als Wegkundiger voraus. Er und Nayika Tumā, der immerhin schon in seinen Fünfzigern war, harmonierten wunderbar in ihrem Laufschritt, und ich blieb ihnen dicht auf den Fersen, da mich ihre Energie leicht mitzog. Ich war immer etwas stolz darauf, dass ich, verglichen mit anderen Erdenbewohnern, mit relativ wenig auf meinen Reisen auskomme. Aber erst damals wurde mir klar, wie viel und schwer dieses Wenig eigentlich war![125] Einige Faktoren hielten das Marschtempo in erträglichen Grenzen: Der Häuptling hatte sich an der Fußsohle beim Schnitzen einen tiefen Schnitt zugezogen, Gunapala hatte auch ein Leiden (ein Hühnerauge, das bei Barfüßigen nicht selten vorkommt und das ihm seit Jahren zu schaffen machte), und außerdem war er verkühlt (und schluckte deswegen *natürlich* Panadol!), mein singhalesischer Freund Súnil schließlich tendiert sowieso dazu, alles etwas gelassener zu nehmen und hing als Schlusslicht meistens hinten nach. Nach kurzem Marsch kamen wir an den Grabstätten von Wanniyala-Aettos Vater und Bruder vorbei, die mit unbearbeiteten Grabsteinen geschmückt sind. Die Präsidentin ordnete damals für Tissahamy-Aetto ein Staatsbegräbnis an, was den alten weisen Mann wahrscheinlich auch nicht sonderlich beeindruckt hätte. Ich bemerkte beim Vorbeigehen bei seinem Nachfolger keinerlei Geste von Andacht. Vielleicht liegt das daran, dass er auch nach seinen Tod mit ihm in Kontakt steht, wie das gegenwärtige Oberhaupt mir gegenüber einmal erwähnt hatte. In der Nähe waren einige für diese Insel so typischen rechteckigen Reisfelder angelegt, die bis zur nächsten Regenzeit dem Unkraut und den Rindern überlassen bleiben. Viele Adhivasi-Familien bauen mittlerweile ihren eigenen Reis an, da er neben Mais das Fleisch als Hauptnahrungsmittel ersetzt hat. Damit unterscheiden sich ihre Essensgewohnheiten eigentlich nicht mehr von denen anderer Inselbewohner. Wir kamen an einem verrosteten, verbogenen und nicht mehr funktionstüchtigen Schranken vorbei, der die Grenze darstellen sollte, wo das Gebiet des von der Regierung 1983 erklärten Maduru-Oya-Nationalparks beginnt.[126]

Der Weg, auf dem wir schweigend im Gänsemarsch gingen, war auf beiden Seiten von einem dichten, jüngeren Buschwald bewachsen und vor Jahren vom Forest Department [etwa: „Staatliches Forstamt“; Anm. d. Red.] für ihre Fahrzeuge angelegt worden. Jetzt konnte er nur noch von Menschen zu Fuß begangen werden. Aber noch häufiger wurde er von Elefanten als Pfad benutzt, die ihre Spuren überall hinterlassen: Kothaufen, die durch ihre Größe beeindrucken, wie mit einem Pflug gezogene Schneisen durch Äste und Zweige und geknickte oder umgerammte Bäume, an denen sie ihre Kraft maßen oder ihre Wut ausließen. An solchen Stellen, wurde mir gesagt, findet man manchmal durch die Wucht des Aufpralls abgesplitterte Elfenbeinstücke. Was aber von einigen geschäftstüchtigen Veddas an Touristen als Elfenbeinschmuck verkauft wird, ist meist bloß aus dem Geweih von Hirschen geschnitzt. Als später so ein Geweih gefunden wurde, meinte Nayika Tumā, dass dies, wenn zu Schmuck gefertigt, an die 6 000 Rupien (Ende 2002 rund 60 Euro) bringen würde. Nach einigen Kilometern hörte der Wald auf, und wir kamen auf eine weite, unbesiedelte Steppe, die uns das traurige Resultat vom rücksichtslosen Umgang mit Feuer vor Augen führte. Hier wurde mir erst so richtig klar, wie schnell der Homo sapiens das in sich so stabile Biotop eines tropischen Urwaldes in eine nahezu leblose Wüste verwandelt kann. Dort unterbrechen nur noch wenige Baumriesen und Felsblöcke die weite Ebene. Die vorherrschenden Farben sind das Braun der ausgetrockneten Gräser und des ausgeschwemmten und ungeschützten Bodens und das Schwarz der zurückgebliebenen Asche von gewaltigen, alles Grün verzehrenden Feuern. Solche Brände lodern oft tagelang unkontrolliert dahin und überwältigen dabei jedes Mal einige weitere Baumriesen, die bis dahin als die letzten schattigen Zufluchtsorte für Tier und Mensch standgehaltenen hatten. Und dabei werden auch neue Wunden in die noch unberührten angrenzenden Urwälder gerissen. Nachts verwandelt sich so ein tödliches Schauspiel in ein gespenstiges Szenarium, da die Stille und Finsternis der Nacht nur durch das Knistern und das Auflodern der Flammen unterbrochen wird. Mit etwas Wehmut erzählte uns dann Wanniyala-Aetto, wie noch in seiner Jugend diese öde Landschaft ein durchgehender Wald war, wo sich Tiere aller Art in Rudeln aufgehalten hatten. Wie leicht war doch damals das Jagen und

Sammeln! Dann hatte vor Jahren die Regierung beschlossen, Sri Lanka von allen Nahrungsmittel-Importen unabhängig zu machen. Gewaltige Wasserprojekte wurden angelegt und naturbelassene Landstriche zum Anbau freigegeben. Das war der Anfang vom Ende. Die traditionelle Art der Brandrodung, bei der jedes Jahr nur ein kleiner Fleck für eine Anbausaison kultiviert und dann wieder der Wildnis zurückgegeben wurde, wich einer ökonomischeren (sprich: gierigeren) Methode: Meilenweit wurde alles abgeholzt, die edlen Hölzer verkauft, der Rest niedergebrannt, und für eine Regenzeit wurde die Erde bebaut und dann sich selber überlassen. Keine Dokumentation hätte mir diese ökologische Katastrophe klarer vor Augen führen können, als all das »live« zu erleben.
Am frühen Nachmittag kamen wir zu einem Stausee, der vor einer Generation von den Adhivasi mit bloßen Händen angelegt worden war. An die hundert Familien lebten hier im Umkreis, bis die Regierung im Jahr 1983 alle Bewohner zwangsweise in ein anderes Dorf umsiedelte. Auf dem überwachsenen Damm im Schatten eines riesigen Baumes machten wir endlich Rast. Sogleich wurde Brennholz gesammelt, und an einer Stelle, die von den Wanniyala-Aetto, die hier regelmäßig zum Fischen kamen, benutzt wurde, ein Feuer entfacht.[127] Mitgebrachte Kokosnüsse wurden zerschlagen und der weiße Inhalt mit einer schnell geschnitzten Holzraspel zu Flocken gerieben, mit Mehl zu einem Teig geknetet und auf einer natürlichen Herdplatte (ein flacher Stein über dem Feuer) zu Fladen gebacken. Die Kokosschalen wurden von Wanniyala-Aetto in kürzester Zeit in Teegefäße verwandelt. Inzwischen nahmen wir ein Bad im herrlich kühlen See. Aber das taten wir sehr vorsichtig, da einige hundert Meter weiter draußen sich auch ein Krokodil, als schwimmender Holzblock leicht erkennbar, ähnlichen Genuss gönnte, und das war sicherlich nicht das einzige. Während wir die einfache und einfach köstliche Mahlzeit aßen, tauchte am anderen Ufer ein Elefant zum Trinken und Baden auf, der sich aber bald, von uns Eindringlingen irritiert, wieder in den Wald verzog. Er probierte es nochmals an einer anderen Stelle, verschwand aber schließlich. Dann ging es weiter: Erst auf einem Weg in einem kühlen Wald, und anschließend wieder in der Hitze quer über die abgebrannte oder ausgetrocknete Grassteppe, deren spitze Stoppeln und scharfe Gräser das Gehen zusätzlich erschwerten. Wie sich das auf den Fußsohlen des barfüßi-

gen Häuptlings anfühlte, wollte ich mir bei den knackenden Geräuschen unter meinen Sandalen gar nicht vorstellen! Wir waren nicht lange unterwegs, als unsere Gruppe auf einer Anhöhe zu einem ungewollten, aber nicht unerwarteten Halt gezwungen wurde. In etwa 200 Meter Entfernung zeigte uns ein anderer Elefant sein gewaltiges Hinterteil und verschwand kurz darauf im Gebüsch. Immer näher kamen wir unserem Ziel, dem Fuß eines steil aufragenden, mit Felsen durchzogenen Bergkammes, dessen grüne, dichte und unversehrte Walddecke sich angenehm von der Ebene abhob. Im Norden türmten sich gewaltige Wolken zu einem Nachmittagsgewitter auf, und die ersten Donner rollten über die Landschaft. Das waren die Vorboten für den bald beginnenden Monsun. Plötzlich hörten wir ein deutliches Knacken, das von einer Baumgruppe links von uns kam. Sofort hielten der junge Mann und Nayika Tumā, vor mir hergehend, inne und schritten dann vorsichtig und deutlich zügiger weiter. Etwas verunsichert schielte auch ich immer wieder zu diesen Gebüschen, die wir im weiten Bogen umgingen. In nur fünfzig Meter entdeckte ich dann einen dieser grauen, ungezähmten Riesen, der auch uns offensichtlich gesehen hatte, und machte die anderen darauf aufmerksam. Sofort fingen wir an zu laufen, denn, wie Wanniyala-Aetto später erklärte, man kann nie wirklich wissen, ob ein Elefant gut oder schlecht gelaunt ist und sich normal oder verrückt verhalten wird. Den traurigen Beweis dafür, wie tragisch so eine Begegnung auch für naturerfahrene Adhivasi enden kann, liefert eines der ältesten Stammesmitglieder von Dambana, ein Mann, der täglich am Weg zur Häuptlingshütte, wo die Touristen vorbeikommen, sitzt und bettelt. Bei einem Zusammenstoß mit einem Elefanten wurde sein Nervensystem so geschädigt, dass seitdem eine Hand ununterbrochen heftig zittert. Um auch unsere zwei Nachzügler, Súnil und Gunapala, die einige hundert Meter hinter uns geblieben waren, vor der Gefahr zu warnen, blieb Wanniyala-Aetto zurück und ließ uns zu dritt im Laufschritt weitergehen. Als die ersten dicken Regentropfen kühlend auf uns und die heiße Erde niederprasselten, erreichten wir endlich das Ziel: ein Felsüberhang, der einzige weit und breit.

Dieser häufig von Jägern benutzte Höhlenunterschlupf erinnerte mich nicht nur wegen unserer urigen Begleiter an das Leben unserer Vorfahren: In der ganzen Umgebung lagen Knochen herum,

Überreste von Tieren, die von Jägern erlegt und auf der Stelle gegessen oder haltbar gemacht wurden. Dazu diente ein aus Ästen zusammengebundenes bettartiges Gerüst, unter dem Feuer gemacht und auf dem das Fleisch zum Trocknen ausgebreitet wurde. Die Szene hatte zusätzlich einen makabren Beiklang, weil dort auch angekohlte Schädelknochen von Affen herumlagen, die ähnlich wie die von Menschenkindern aussehen. An den Wänden waren einige Namen mit Datum verewigt. Gunapala deutete stolz auf seinen Namen, das einzige Wort, das er schreiben kann. Einige Jahre waren vergangen, seitdem er hier zuletzt Unterschlupf gesucht hatte. Auch waren einige neuzeitliche, eindeutig erotische, doch künstlerisch nicht sehr geglückte Felsmalereien mit Kalk (den sie immer als Zusatz zu Betelnüssen mit sich tragen) gefertigt worden, die nur von sich einsam fühlenden Männern stammen konnten. Als der heftige Regenschauer nachließ, gingen wir um einen Felsen weiter, zu einem haushohen, elefantensicheren Steinblock: unser Nachtlager. Von oben hatte man eine weite Aussicht über die Ebene, und sieben Erwachsene konnten darauf bequem, soweit eine Felsunterlage das sein kann, schlafen. Lachend meinte Wanniyala-Aetto, dass hier auch schon fünfzehn Leute übernachtet hätten. Heutzutage wagen sich Adhivasi-Frauen nur noch selten so weit vom Dorf weg. Er erzählte aber von einem Ausflug mit Eltern, Frau und Kindern, bei dem sie hier ganz in der Nähe von einem Elefanten an einer unübersichtlichen Stelle überrascht worden waren.
Sogleich wurde mit den Vorbereitungen für das Abendessen begonnen. Feuerholz wurde von der Umgebung auf den Felsen gebracht. Wegen des starken Windes konnte ein Feuer erst nach einigen Versuchen entfacht werden, und amüsanterweise war dabei mein Feuerzeug von elementarem Nutzen. Während des Kochens wurde uns das Naturschauspiel einer typisch tropischen Dämmerung mit ihrer schnell wechselnden Farbenpracht geboten. Bald erhellten nur noch unser Lagerfeuer, einige künstliche Lichter in der Ferne und ein funkelndes Firmament die exotische Kulisse. Ein weiterer junger Vedda-Mann, der einen alten Vorderlader bei sich trug, hatte sich uns seit dem Nachmittag angeschlossen. Er hatte ein Zwergreh erlegt, das ausgewachsen nicht größer als ein Hund ist. Höflich wurde ich vor dem Essen gefragt, ob es in Ordnung wäre, wenn das schon vorgetrocknete Fleisch mit den Linsen in einem

der mitgebrachten Töpfe vermischt würde. Um zu zeigen, dass ich mich den Umständen entsprechend anpasse, beschloss ich, für diese Tage meine vegetarischen Gewohnheiten beiseite zu lassen. Das meiste gab ich an Súnil ungesehen weiter und aß davon nur pro forma ein paar Bissen, was ich aber schon wenige Stunden später bereute. Mitten in der Nacht musste ich notgedrungen den Felsen verlassen, da mein Darm mir ausdrücklich klar machte, dass er nicht so flexibel war, wie meine innere idealistische Haltung mir vorgegaukelt hatte.

In der Dunkelheit sah man von der Ferne eine Taschenlampe aufblitzen, denn es kamen, wie erwartet, noch Adhivasi-Buben. Zwei davon waren die jüngeren Söhne von Wanniyala-Aetto. Auch sie brachten einen Vorderlader mit, sei es, um Elefanten durch einen Warnschuss zu verjagen (Elefanten gelten auch unter den Vedda-Jägern als besondere Tiere, die man nicht töten darf) oder anderes Wild zu erlegen. Sowohl der Besitz von Waffen als auch das Erlegen von Tieren ist in Sri Lanka illegal und wird mit Geldbußen um die 10 000 Rupien (Ende 2002 ungefähr 100 Euro) oder Gefängnis bestraft. Dabei macht die Regierung auch keine Ausnahme für jenes Volk, das schon gejagt hatte, lange bevor die Vorfahren der späteren anderen Bewohner überhaupt wussten, dass es diese Insel gab. Nayika Tumā argumentiert außerdem: Zum einen habe die Regierung den Ureinwohnern die traditionelle Lebensart zugebilligt, und dazu gehöre das Jagen, zum anderen hätten die Adhivasi schon immer die gleichen Waffen verwendet wie die Soldaten der Staatsarmee: früher Pfeil und Bogen, heute seien es eben Gewehre.[128] Schon vor hundert Jahren bastelten geschickte Ureinwohner ihre ersten Vorderlader für die Jagd sebst. Der Vorteil dieses neuen technischen Phänomens war natürlich die bessere Treffsicherheit auf größere Distanz, der Nachteil dabei, dass ein Schuss alle Tiere der Umgebung verscheucht, was bei Pfeil und Bogen nicht der Fall ist. Für das erlegte Tier macht es im Endeffekt wahrscheinlich kaum einen Unterschied, ob es so oder anders getötet wird.[129] Mir wurde erklärt, dass früher nur gejagt wurde, weil es eben eine Lebensnotwendigkeit war, doch heutzutage sei meist die Profitgier die Antriebskraft. Ist ein Schuss und der Handel geglückt, dann laden oft einige geschäftstüchtige »Freunde« zum Pokern oder zum Alkoholkonsum ein. Und so geht das illegal erworbene Geld

oft genauso schnell auf illegale Weise verloren, ohne dass wenigstens die eigene Familie davon profitiert hätte.
Dieser Felsen mit seinem Feuerplatz lädt dazu ein, Mythos, Traum und Wirklichkeit in Form von Geschichten von Generation zu Generation weiterzugeben. Für uns ist es eine große Ehre, als Außenstehende daran teilhaben zu dürfen. Der Häuptling begann zu erzählen, dass sich die Geister ihrer Vorfahren in dieser Gegend aufhalten, und nicht selten könne man deutlich die menschlichen Geräusche dieser unsichtbaren Wesen hören, wie zum Beispiel die Stimme einer Mutter, die ihr Kind in den Schlaf wiegt. Eine andere Erzählung stammte aus seiner Kindheit: Er kam einmal an eine Feuerstelle und achtete nicht weiter darauf, wer sich dort hingelegt hatte. Später stellte sich heraus, dass es ein Bär war, ein nicht immer friedlicher Mitbewohner des Waldes. (Sein älterer Bruder[130] wurde übrigens einmal von so einem schwarzen, zottigen Tier angegriffen, und die Narben in seinem Gesicht sind noch heute erkennbar.) Die Atmosphäre regte auch zum Austausch über andere, wesentlich alltäglichere Themen an, wie etwa über die Friedenssituation des Landes oder über die Mönchsgemeinschaft. Der Häuptling meinte, dass er dem Waffenstillstand zwischen der Regierung und den Terroristen kritisch gegenüber stehe, denn schon oft wurde so etwas in der Vergangenheit vergeblich versprochen. „Was ist sonst der Grund, dass beide Parteien weiterhin aufrüsten?", meinte er. Auch über Mönche äußerte er sich nicht sehr enthusiastisch. Sein Vater hatte zwar den in der Nähe gelegenen Hügel „Maharagala" einem Kloster geschenkt, doch der jetzige Abt, so meinte er, sei dort hauptsächlich daran interessiert, sich und seine Novizen zur Schau zu stellen.[131] Nur von einem Kloster in Colombo erzählte er beeindruckt, wie zurückhaltend und ruhig die Gemeinschaft sich dort verhielt.
Die sternenklare Nacht war schon fortgeschritten, als nochmals Holz nachgelegt wurde und sich jeder auf seinem unebenen harten Plätzchen zusammenrollte. Als ich sah, wie Nayika Tumā sich neben mir auf den nackten Felsen legte und sich bloß mit seinem zweiten Sarong zudeckte (denn mehr Stoff hatte er gar nicht mit), bot ich ihm meine Unterlage an. Lachend meinte er, dass für ihn alles in Ordnung sei. Schon bald war sein Schnarchen zu hören, denn neben dem heutigen Marsch hatte er in der vorhergehenden Nacht bis zwei Uhr morgens Medizin zubereitet. Um Mitternacht wurde

es ihm dann anscheinend doch zu kalt, denn er rückte näher zum Feuer, legte ein paar Äste nach, nahm eine Dosis Betelnüsse zu sich und rollte sich wieder zum Schlafen zusammen. Als die Vögel ihre ersten Morgenbotschaften hören ließen und am Horizont ein schmaler Lichtstreifen den Tag ankündigte, stand ich als Erster auf, um einen abgelegenen Platz für ein paar Yogaübungen zu suchen. Bald war aus der Entfernung die heitere Stimmung der Gruppe zu hören. Ich bin übrigens sehr beeindruckt, wie sanft und leise dieses Volk miteinander spricht.[132] Sogar die Jugendlichen, die seit Kindheit an das Töten von Tieren gewöhnt sind, kommunizieren untereinander auf eine so friedliche Art und Weise, dass es an die sanfte melodische Stimme einer tröstenden Mutter erinnert. Und wenn das Oberhaupt unterwegs einem anderen etwas mitzuteilen hatte, geschah dies ebenfalls so leise, dass ich manchmal zweifelte, ob seine Worte überhaupt verstanden worden waren. Der Kontrast zu den Singhalesen ist dabei extrem, die, auch wenn sie nebeneinander stehen, sich oft grundlos lautstark anbrüllen.[133] Übrigens hatte ich bei der Expedition kaum Kommunikationsschwierigkeiten, denn Gunapala und die jungen Männer sprachen sowieso meist Singhalesisch untereinander, das auch Nayika Tumā verstand. Er selbst sprach nur in der traditionellen Vedda-Sprache, bei der aber auch Wörter der singhalesischen Umgangssprache mit eingeflochten werden, die mir eine ungefähre Vorstellung geben, worum es geht.
Gunapalas Verkühlung hatte sich während der Nacht verschlechtert. Bei jedem Niesen amüsierten sich die anderen, denn es gibt hier den Glauben, dass so etwas nur passiert, wenn jemand an einen denkt. Gunapalas Lebenserwerb, muss man wissen, ist das Schnitzen so genannter »Heil-Krüge« aus einem bestimmten Holz. Das daraus genossene Wasser soll eine heilsame Wirkung haben, insbesondere bei Diabetes. Der Häuptling scherzte nun darüber, dass wahrscheinlich irgendeiner seiner Kunden gerade an ihn denke.
Gunapala verließ uns am Morgen, und sein Platz als Träger und Koch wurde von einem der Söhne Wanniyala-Aettos eingenommen. Nach einer Tasse Tee packten wir unsere Sachen und machten uns in den Urwald auf. Nach all den Meilen, die wir vom Dorf aus zurückgelegt hatten, tauchten wir erst hier in ursprüngliche Vegetation ein. Als wir auf Honigsuche leise und langsam kreuz und quer im Schatten der gewaltigen Bäume herumwanderten, war

das bei mir mit gemischten Gefühlen verbunden: Sollte ich mich freuen, dass es noch solche Flecken auf dieser Welt gibt, die von menschlicher Zerstörungswut verschont geblieben sind, oder sollte ich darüber trauern und mich entsetzen, dass noch vor wenigen Jahren diese ganze baumlose Ebene so ausgesehen hat? Die Sonne stieg immer höher, was in dieser kühlen Umgebung nicht weiter stört. Nur mein Magen (und wahrscheinlich der meiner beiden Freunde) meldete sich immer öfter, was die Adhivasi kaum merkten, denn sie kauten zufrieden ihre den Hunger stillenden Bettelnüsse. Langsam wurde ich des Herumwanderns müde, aber bei Nayika Tumā war auch nach Stunden nichts von Erschöpfung oder Ungeduld zu bemerken. Immer wieder wurde das gleiche „Ritual" wiederholt: Ein paar Schritte gehen und dann wieder lauschen und beobachten. Manchmal wurde auch mit der Axt gegen einen Baum geklopft, sei es, um Bienen aufzuscheuchen oder um die anderen wissen zu lassen, in welchem Winkel des Waldes man sich gerade aufhielt. Dann erblickte er auf einem Baum eine für Bogensehnen geeignete Liane. Ohne zu zögern machte er sich an die Arbeit, schnitt einen Stamm als Hilfsleiter zurecht, und mit Kraft und Geschick kletterte er hinauf, um die Pflanze mit der Axt herunter zu schneiden. Auf den Boden zurückkehrt, begann er auf der Stelle mit dem Abschälen der Zwischenrinde. Getrocknet und eingedreht ist sie dann stark genug, um für einige Monate als Bogensehne zu dienen – oder sogar ein ganzes Menschenleben lang, falls diese Waffe später an Touristen als Souvenir verkauft würde. Zur gleichen Zeit kam ein Ruf von den zwei anderen jungen Adhivasi, der auf einen Fund schließen ließ. Einige hundert Meter weiter sahen wir dann auch schon beide in fünf Meter Höhe einen Baumstamm mit der Axt bearbeiten, um die Bienenwaben herauszuholen. Obwohl keiner der »Sammler oder Räuber« irgendeinen speziellen Schutz hatte, hat keiner von ihnen dabei Stiche abbekommen. Sie würden sich sicherlich köstlich amüsieren, wenn sie wüssten, in was für einer »Astronautenausrüstung« bei uns Imker an ihr Werk gehen.[134] Eine Wabe nach der anderen wurde vorsichtig aus dem Baumloch herausgeholt und in einen Behälter gelegt. Dann kamen beide herunter, und als erster wurde von Wanniyala-Aetto der schönste Anteil auf Blättern beiseite gelegt. Dazu gab er die Erklärung, dass dies eine Opfergabe für die

»Yakkini« sei, die über diesen Berg und Wald wacht.[135] Unser Sudu-Vedda war etwas enttäuscht, weil so viel für dieses unsichtbare Wesen geopfert werden musste, aber nach wenigen Momenten des andachtvollen Betens oder Bittens wurde alles wieder zurückgenommen und für den allgemeinen Genuss zwischen uns sechs »materiellen Wesen« aufgeteilt. Noch nie in meinem Leben hatte ich auf so eine direkte Art Honig geschleckt, noch dazu auf leeren Magen. So eine konzentrierte Zuckerdosis kann schon einen Art Rauschzustand hervorrufen! Der emotionale Beigeschmack war jedoch etwas bitter, als mir klar wurde, was für ein katastrophaler Verlust das für das Bienenvolk bedeutete: nicht nur, dass der gesamte so mühsam gesammelte Vorrat gestohlen war, sondern auch die ganze Brut kam dabei ums Leben. Die größeren Wachsteile wurden gesammelt, um sie später wiederzuverwerten, wahrscheinlich für Medizin und Kerzen. Früher war es bei den Adhivasi üblich, Fleisch mit Honig zusammen in Baumhöhlen einzulegen, die dann luftdicht verschlossen wurden. Und zu solchen Zeiten, wenn das Jagen und Sammeln nicht so ertragreich war, wurde dieses interessante Menü dann konsumiert. Ihre Essensgewohnheiten in der Wildnis stimmen sicherlich nicht mit den modernsten Empfehlungen für ein »langes und glückliches Leben« überein: die größte Mahlzeit des Tages mit viel Fleisch (und unter Umständen sogar das von unseren nächsten Verwandten, den Affen) wird spät am Abend konsumiert. Zusätzlich kommt der Überkonsum an Honig und Betelnüssen dazu, und interessanterweise nehmen sie relativ wenig Wasser zu sich, oft nur, um ihren Mund nach dem Genuss von Betelnüssen zu spülen und es dann rot verfärbt in hohem Bogen wieder auszuspucken. Dennoch lässt sich ihre Kraft, Ausdauer, Gesundheit und besonders ihre Zufriedenheit ohne weiteres mit den Kräften zivilisierter Gesundheitsfanatiker messen. Vielleicht ist des Rätsels Lösung die, dass die Adhivasi ihre Mahlzeiten in einer gelassenen, wenn nicht sogar meditativen Stimmung einnehmen. Das Leben hat wahrscheinlich also doch *mehr* Qualität, was auch immer der Einzelne darunter versteht, wenn man ein richtiges Leben mit einer falschen Ernährungsweise lebt als umgekehrt.

Unsere »Greenhorn«-Müdigkeit, ausgelöst durch übermäßigen Honiggenuss und ungewohntes Herumwandern, ließ den Häuptling schließlich einsehen, dass es nicht viel Sinn hätte, auch noch den

Berg zu besteigen. So kehrten wir im vertrauten Zickzack-Gang zum Höhlenunterschlupf des Vortages zurück, wo wir dann endlich am Nachmittag köstliche gebackene Fladen aßen. Nach kurzer, zu kurzer Rast machten wir uns diesmal in die dritte Himmelsrichtung auf den Weg, in den Süden, wiederum über die weite, baumlose Ebene. In der Ferne sahen wir einen Elefanten stehen. Unser Ziel, der riesige Maduru Oya-Stausee (der anlässlich des aufwendigen Mahaweli-Projektes errichtet worden war[136]), kam nach einigen Kilometern in Sichtweite, und noch bevor ein mächtiges Gewitter auf uns niederging, hatten wir einen kleinen Höhlenunterschlupf am Wasser erreicht. Einer der jungen Adhivasi machte sich sofort daran, ein Fischernetz auszulegen (hatte er es bei sich oder hier versteckt gehabt?): Vorbereitung für das Abendessen. Nicht weit von unserem Rastplatz tauchten plötzlich, ohne viel Lärm zu machen, in etwa hundert Meter Entfernung zwei Elefanten aus dem Walde auf, die sich aber gleich wieder verzogen. In der einsetzenden Dämmerung tauchten jetzt auch aus den verschiedensten Winkeln Jugendliche auf, mit Gewehren ausgerüstet und die neuesten Jagdgeschichten erzählend, um ebenfalls Unterschlupf vor dem Regen zu suchen. Sogar zwei Fischer legten mit ihrem Kanu an. Mir sind solche leidenschaftlichen Gespräche – wo man welches Wild gesehen, verfehlt oder getroffen hat – von Kindesbeinen an nicht unbekannt, ist doch mein Vater ein leidenschaftlicher Hobbyjäger. Auffallend dabei war, wie deutlich einige dieser jungen Männer, die nicht alle Adhivasi waren, durch Shorts in Neonfarben, goldene Halsketten, Uhren, den Haarschnitt etc. ihre Liebe für westliche Mode zur Schau stellten: Sogar ein Taschenradio war dabei, aus dem die neuesten singhalesischen Hits in die Nacht dieser so völlig andersartigen Umgebung dröhnten. Der Kasten wurde aber wieder ausgeschaltet, als Nayika Tumā sie darauf hingewiesen hatte, dass auch ein Mönch – womit er mich meinte – anwesend sei, was darauf schließen ließ, dass er von sich aus eigentlich nichts dagegen hatte. Sofort schlichen sich bei mir einige Vorurteile gegenüber diese »Möchtegern-coolen-Typen« ein, die sich aber schon bald durch ihre sehr freundliche Haltung auflösten. In dieser Gruppe war Wanniyala-Aetto weitaus der Älteste und auch der einzige, der als Ureinwohner erkennbar war. Den Respekt zwischen ihm und den anderen konnte man nur spüren, denn im äußer-

lichen Verhalten war davon kaum etwas erkennbar; zumindest für mich nicht. Das brachte eine sehr lockere und harmonische Stimmung mit sich.
Plötzlich konnte man in der Nähe einen Hirsch über die Ebene springen sehen und wenige Augenblicke später einen Vedda, der mit seinem Gewehr hinterherlief, aber zum Glück für den Hirsch ohne Erfolg. Die Szene wirkte auf mich so unglaublich echt oder unecht, als wäre sie für eine Fernsehdokumentation über Naturvölker gefilmt worden. Als in der Dämmerung nochmals ein Tier, vielleicht ein Wildschwein, gesichtet wurde, sprang spontan der Sohn des Häuptlings mit seiner Büchse auf und schlich sich im Laufschritt an, bis schließlich beide hinter den Büschen verschwunden waren. Nach einigen Minuten fiel ein Schuss ... und dann noch einer. „Das war's", dachte ich etwas besorgt. Aber als er mit leeren Händen zurückkam, stellte sich heraus, dass es bloß Warnschüsse gewesen waren, die einem Elefanten in der Nähe gegolten hatten. Als die Dunkelheit gänzlich hereingebrochen war, ließ der Regen wieder nach. Die meisten der abenteuerlustigen und illegalen Jäger machten sich für ihre nächtliche Pirsch bereit: die selbst zusammengebastelten, extra starken Taschenlampen wurden noch einmal kontrolliert, eine Handvoll Betelnüsse in den Mund gesteckt, und dann verschwanden sie fröhlich und enthusiastisch in der Dunkelheit. Wir durften zum Glück zurückbleiben. Während ich mich erschöpft auf einen Felsen hinlegte und dabei einschlief, bereiteten die anderen das späte Abendessen zu. Diesmal gab es Reis mit frisch gefangenem Fisch, den ich besser verdauen konnte, und dazu auch das Fleisch eines Stachelschweins, das einer der jungen Männern erlegt hatte, aber das ich diesmal lieber nicht anrührte. (Bei Tageslicht sah ich dann den über dem Feuer getrockneten, schwarz verfärbten Rest, der auf mich in keiner Weise einen appetitanregenden Eindruck machte.) Wanniyala-Aetto meinte, ich solle wegen möglicher Elefantenbesuche besser nicht draußen schlafen, und so verkroch ich mich in einer relativ angenehmen, aber sehr engen Felsspalte, wo ich erst bei Morgengrauen wieder aufwachte. Einige Yogaübungen machte ich etwas abseits in wunderschön ruhiger Morgenstimmung am Ufer des Sees: ein Elefant stillte in einiger Entfernung seinen Durst, ein Adler überblickte majestätisch von einem Baum die Situation des angebrochenen Tages, und langsam

erhob sich die Sonne über den Horizont. Auch hier durchstreifte Nayika Tumā mit den Seinen den angrenzenden Wald nach Honig und Kräutern. Als der letzte Aufbruch näher rückte, erklärte ich ihm, dass ich gerne noch einige Tage so verbracht hätte. Er war derselben Meinung und lud mich ein, mit ihm ein anderes Mal eine weitere Expedition zu unternehmen, und zwar zu einer Höhle, die schwer zugänglich auf der anderen Seite des Berges lag und als Opferstätte für jene Yakkini galt, der wir am Vortag Honig dargebracht hatten.

Mit viel Hingabe, vergleichbar der eines westlichen Jugendlichen zu seinem Motorrad, putzte und lud Wanniyala-Aettos Sohn seinen Vorderlader. Das Schwarzpulver dazu stammte aus Knallkörpern, die das übliche Hilfsmittel sind, mit denen die Bauern Elefanten davon abhalten, ihre Felder zu verwüsten. In ländlichen Gegenden hört man oft nachts immer wieder solche Explosionen. Das kann in den Konfliktregionen verwirrend sein![137] Bleikugeln werden aus Teilen von alten Autobatterien zurechtgeschliffen. Einst waren Patronen noch offiziell erhältlich, aber jetzt muss man sie sich eben selber herstellen. Nach einem angenehmen Bad im See und einem Schluck frischen, flüssigen Honigs, diesmal von einer anderen Bienenart, ging es am späteren Vormittag wieder zurück zu unserem Ausgangsort Dambana. Unterwegs bedeutete mir einmal der Häuptling, dass ich die Blätter eines Baumes probieren solle ... Tasächlich, sie waren essbar! Das erinnerte mich an einen alten, kleinwüchsigen Mönch, dem ich vor Jahren in einem Krankenhaus begegnet war und von dem es hieß, dass er die meiste Zeit im Walde sich nur von Blättern ernährt habe. Mithin gehörte er also zum vegetarisch lebenden Typus des Waldmenschen, eine Lebensweise, die mir persönlich etwas näher liegt. Wir waren schon einige Zeit durch das Buschland unterwegs, als unserem Sudu-Vedda und mir zu verstehen gegeben wurde, im Schatten eines Baumes zu warten. Ihr scharfer Gehörsinn hatte die Veddas ein weiteres Bienennest entdeckt lassen. Nach einiger Zeit kamen sie zurück, und das Gebraubte wurde aufgeteilt. Indessen überwog recht bald die Abscheu meine Gier, den Honig zu schlecken, da es dieses Mal unvermeidbar war, die weißen Bienenlarven mitzuessen. Resultierte der bittere Nebengeschmack vielleicht davon, oder kam er von den mit Blütenpollen gefüllten Waben? Der Häuptling bemerkte meine

Zurückhaltung und meinte nur lachend, dass sie diese Kombination »Milch und Honig« nennen, die sicherlich sehr nahrhaft sei.
Der Kreis unserer Rundwanderungen schloss sich, und wir marschierten denselben verwachsenen Weg zurück. Nach einer weiteren Rast trennten sich von uns einige der jungen Adhivasi, die sich uns am Morgen angeschlossen hatten. Dann bogen wir von dem angelegten, breiten Weg auf einen kleinen Schleichpfad ab, der durch den dichten Wald führte. Das war offensichtlich keine Abkürzung, sondern zwei von unserer Reisegesellschaft wollten vermeiden, dass sie mit ihren verbotenen Waffen von neugierigen Besuchern gesehen werden konnten. Erschöpft kamen wir am frühen Nachmittag bei Wanniyala-Aettos Hütte an. Bis zum Mittagessen, zu dem wir noch eingeladen wurden, saßen wir herum und scherzten, denn zum Glück waren keine Schaulustigen von auswärts gekommen. Ein Verwandter des Häuptlings, der geistig etwas zurückgeblieben war[138] und nur wenige Worte von sich geben konnte, war zu Besuch, um Honig, den er alleine gesammelt hatte, zu bringen. Es war faszinierend zu sehen, wie unkompliziert die Unterhaltung vor sich ging, auch wenn er dazu hauptsächlich seine Hände verwendete. Nayika Tumā und einer der jungen Adhivasi übersetzten uns seine Erzählungen aus der »guten alten Zeit«, als noch der alte Häuptling Tissahamy am Leben war.[139] Auch vom Nachbarort war jemand gekommen, um ein Gewehr zu kaufen, denn der älteste Sohn ist in der Umgebung als ausgezeichneter Büchsenmacher bekannt. Als wir zum Essen in die fensterlose Hütte gingen, wo wir uns auf Strohmatten am Boden niederließen, sah ich zum ersten Mal, wie die Hütte von innen aussah. Einige Gefäße mit Kräutern sowie ein Reisekoffer standen herum, Pfauenfedern und handgefertigter Schmuck hingen an der Wand, und noch einige andere undefinierbare verstaubte Sachen waren zu sehen. Während der Mahlzeit schlichen sich einige seiner vielen Hunde erwartungsvoll heran, die zwar mit einem Stock, aber ohne böse Gesinnung vertrieben wurden. Das Verhältnis der Veddas zu Hunden und Katzen kommt mir wesentlich herzlicher und intimer vor als bei den anderen Inselbewohnern.
Zum Abschied reichte ich einem Menschen die Hände, den ich jetzt in einem noch strahlenderen Lichte sah. Jetzt glaubte ich zu verstehen, dass der Ort, an dem er lebte und sich, den Seinen und ande-

ren zur Verfügung stellte, bloß seine Behausung war; sein wirkliches *Zuhause* war ganz woanders. Dorthin können ihm nur wenige folgen, aber keiner wird ihn wirklich verstehen. Denn seine Verbindung mit den übrig gebliebenen Wäldern und den Geistern seiner Ahnen ist für uns Zivilisationsgeschädigte zu fremdartig.

Anhang: Rundschreiben des Oberhauptes der Veddas

Dambana-Mahiyanganaya, im Dezember 2002

Bitte um Ihre Kooperation für eine Verbesserung der Lebensbedingungen der Ureinwohner von Dambana

Hochwürdige Mönche, ehrwürdiger Vater, sehr geehrte Damen und Herren, liebe Freunde,

gerade jetzt in diesem Augenblick sind es nur wir, die Gemeinschaft der Veddas, die von den Ureinwohnern Sri Lankas übriggeblieben sind. Ungeachtet unserer viele Jahrtausende alten Geschichte haben wir unsere Jagdgebiete verloren und sind damit der Möglichkeit, Tiere zu jagen, beraubt worden. Unsere Chena-Anbauweise [eine Art der Brandrodung; Anm. von B.P.] ist vollkommen verloren gegangen, und somit haben wir einen Zustand bitterster Verelendung erreicht. Es ist eine bedauerliche Tatsache, dass rund 350 Familien, das heißt ungefähr 1.750 Veddas, in zunehmendem Maße äußerster Armut verfallen und in den Augen von Touristen wie ein Haufen Bettler aussehen etc.

Nach 1947 wurde nichts Systematisches mehr unternommen, um unserer Kultur zu helfen, sich zu erheben. Falls etwas unternommen wurde, dann war es nur, unsere Jagdgründe zu reduzieren, uns unserer Jagdtradition völlig zu berauben oder uns für irgendwelche anderen Zwecke zu benutzen.
Es ist überlebenswichtig für die Zukunft unserer Kultur, dass wir, auch wenn es schwierig sein sollte, unsere Stütze in uns selbst finden. Mit der Unterstützung von Menschen wie Ihnen, die uns ihre Verbundenheit zeigen, hoffen wir, dass wir innerhalb der nächsten ein bis zwei Jahre ein systematisches Arbeitsprogramm beginnen können. Untenstehend haben wir Einzelheiten eines solchen Programms aufgeführt. Nach längeren Diskussionen mit uns wohlgesonnenen Menschen von akademischer Bildung haben wir dieses Programm erstellt.

1. Verbesserung der ökonomischen Situation

a) Die Kultivierung der Chenas bildete für lange Zeit unsere ökonomische Grundlage. Uns dieser Kultur zu berauben, führte zu unserer ökonomischen Misere. Es ist sehr wichtig, die Agrarkultur erneut zu fördern. Wenn uns das Saatgut für die Bestellung von drei Acres [zirka 1,2 Hektar; Anm. von B.P.] Land bereitgestellt wird, können wir unser Volk ermutigen, es anzubauen. Die Anbauzeit liegt in unserem Gebiet zwischen August und Dezember. Wenn ein System entwickelt werden könnte, um jeder Familie das nötige Saatgut zu geben, können wir die Menschen innerhalb der nächsten zwei Jahre zum Anbau motivieren. Dafür wäre es wichtig, Saatgut wie Mais, Kurrakan [Hirse; Anm. von B.P.], Kuhbohne, Mungbohne, Spargelbohne, Kürbis und Paddy [eine Reissorte; Anm. von B.P.] zur Verfügung zu stellen.
b) Versorgung mit anderen Kulturpflanzen: Für einige Zeit pflegten wir den Anbau von einjährigen Pflanzen. Mehrjährige Pflanzen wurden auf dem Land, auf dem die Veddas leben, bisher noch nicht angebaut. Falls diejenigen Pflanzen, die hier angebaut werden können, den Veddas zur Verfügung gestellt würden, so könnte das einen Anreiz bieten, die ökonomische Zukunft der Veddas zu verbessern. Zu diesem Zweck wäre es ausreichend, wenn eine Familie jeweils zirka fünf Exemplare von jeder der folgenden Pflanzenarten erhalten würde: Jackfrucht [Artocarpus heterophyllus; Anm. von B.P.], Mango, Kokosnuss, Orange, Limone, Guave.
Anbau von Heilpflanzen: Schon jetzt verdienen einige Familien etwas Geld mit dem Sammeln wilder Heilkräuter im Dschungel. Es ist sehr wichtig, eine Technik zu finden, wie Heilpflanzen gezogen werden können, die unter diesen klimatischen Bedingungen wachsen, um zugleich die Lebensqualität der Menschen hier zu verbessern. Pflanzen wie: Nil Averiya [Indigofera tinctoria / Indigostrauch; Anm. von B.P.], Katuvelbatu [Solanum xanthocarpum / Kantakari; Anm. von B.P.], Velthibbatu [Solanum trilobatum, Anm. von I.B.] und Suduvela [botanische und deutsche Bezeichnung konnte nicht ermittelt werden, ebenso weiter unten; Anm. von B.P.] können hier leicht gezogen werden. Es wäre großartig, wenn etwas unternommen würde, um diese Samen zu erstehen.

2. Aufforstung der Wälder

Alles, was von den ursprünglichen Wäldern um Dambana noch übrig ist, sind kleine Dschungelgebiete und Parzellen. Durch die Streifen von Grasland zwischen diesen Parzellen brechen dort jedes Jahr Feuer aus. Durch eine Bepflanzung dieses Brachlandes kann aus den Setzlingen in ein paar Jahren ein neuer Teil des Waldes entstehen. Es würde somit ein neuer Lebensraum für Wildtiere geschaffen und den Waldbränden ein Ende bereitet.
Es ist sehr aufwendig, direkt zu Beginn eine große Fläche aufzuforsten, und so soll nicht das ganze Grasland auf einmal bearbeitet, sondern mit einem kleinen Gebiet begonnen werden. Auf einem etwa zwei Meter breiten Streifen rund um die Dschungelparzellen kann das Gras gemäht werden, können Löcher gegraben und Setzlinge gezogen werden. Jährlich würde dies in verschiedenen Stufen fortgeführt. Zu Beginn könnte als erster Schritt eine Fläche von 100 Acres [zirka 40 Hektar] bepflanzt werden.
Diese Arbeit könnte durch unser eigenes Volk geleistet werden, und dies würde nicht nur ihre ökonomischen Probleme lösen, sondern auch ihre Verbundenheit mit dem Wald fördern. So wird unseren Söhnen und Töchtern ein fruchtbarer Wald erhalten bleiben. Die Kosten für dieses Vorhaben betragen 15 000 Sri-Lanka-Rupien [Ende 2002 zirka 150 Euro; Anm. von B.P.] pro Acre. Zusätzlich benötigen wir pro Acre etwa 350 Pflanzen, die die Dürreperiode überstehen können, wie zum Beispiel Tamarinde, Kumbk, Margosa [Neem; Anm. von B.P.], Ebenholz, Westindisches Satinholz, Hallmilla [Berrya Cordifolia; Anm. von B.P.], Aralu, Bulu, Nelli, Gammalu [Pterocarpui Marsupiun; Anm. von B.P.], Mee und Maila. In diesem Zusammenhang könnte ein noch bedeutenderes Programm erarbeitet werden, wenn einige Menschenfreunde uns »ihre Hände leihen« würden.

3. Bau von Häusern

Durch ihr hohes Durchschnittsalter befinden sich einige der Vedda-Stämme in einem sehr hilflosen Zustand. Für sie ist der Hausbau eine sehr schwere Aufgabe. Es wäre daher sehr willkommen, wenn sich freiwillige Helfer fänden, um für diese Menschen ein Heim zu schaffen. In Übereinstimmung mit der Vedda-Kultur sollte solch ein Haus aus lehmverputztem Flechtwerk bestehen und mit Iluk-Gras gedeckt sein. So ein Haus misst ungefähr 46 1/2 Quadratmeter. Um ein solches Haus zu bauen, würde vielleicht eine Summe von ungefähr 25 000 Sri-Lanka-Rupien [Ende 2002 rund 250 Euro; Anm. von B.P.] benötigt.

4. Einen Ernährungsstandard schaffen

Die Körper der Veddas waren daran gewöhnt, von Fleisch, Honig und natürlichem Getreide ernährt zu werden. Nachdem die Veddas auf ihre Jagdgründe und die Chena-Kulturen verzichten mussten, änderten sich ihre Nahrungsgewohnheiten. Aufgrund ihrer Armut aßen sie alles, was ihre hungrigen Mägen füllen konnte, nicht etwa sorgfältig zusammengestellte nahrhafte Mahlzeiten. Das hat sie körperlich geschwächt. Sie wurden anfällig für chronische Krankheiten. Im Gegensatz zur Vergangenheit sind sie nicht mehr stark genug, um schwer für ihren Lebensunterhalt zu arbeiten. Diese Umstände haben dazu geführt, dass unsere Ahnenlinie zu Ende geht. Während etwas unternommen wird, um die ökonomischen Verhältnisse der Veddas zu verbessern, ist es ebenso unerlässlich, dass etwas unternommen wird, um ihre Ernährung zu verbessern.
In den nächsten zwei Jahren – während das Programm weiterläuft, die Veddas in ihrem selbstständigen Aufstieg zu unterstützen –, wäre es wichtig, auch ein Programm für eine bessere Ernährung zu verwirklichen.
Falls einige gütige Menschen uns mit Thriposha-Trockenrationen versorgen könnten, einer mit Eiweiß angereicherten Getreidenahrung, die einige Zeit lagerfähig ist, wäre uns das eine große Hilfe.

5. Versorgung von denen, deren Leiden schon diagnostiziert worden ist, mit Brillen, Hörhilfen und Heilmitteln

[Dieser Abschnitt erklärt sich möglicherweise entweder von selbst, ist verloren gegangen oder ist noch nicht zufriedenstellend ausgearbeitet. Zumindest lagen zum Zeitpunkt der Übersetzung keine näheren Ausführungen hierzu vor; Anm. von B.P.]

6. Einschränkung der Jagd

Weitere Unterstützung könnte darin bestehen, es der Fauna durch eine Jagdbeschränkung zu erlauben, sich zu vermehren, denn in den Wäldern schwindet die Tierwelt auf alarmierende Weise. In diesem Zusammenhang wäre es angeraten, ein Kooperationsprogramm mit der Forstverwaltung aufzubauen.

Wie betrüblich ist es, unser Volk, das seine Arbeit selbständig im Einklang mit der Umwelt getan hat, in einem Zustand der Hilflosigkeit und Bettelei zu sehen!
Wollen wir zulassen, dass dieser Teil der Bevölkerung weiter degeneriert und schließlich ganz verschwindet?
Können wir denn nicht, auch wenn es schwierig ist, diesem Teil der Menschen helfen, sich wieder zu erheben, diesem Volk seinen Stolz zurückgeben? Dies ist eine gute Gelegenheit für Sie, uns zu helfen. Ihre Unterstützung für eine Menschengruppe, die bei allem Respekt heruntergekommen ist, wäre sehr wichtig für uns.

Falls Sie so freundlich sein und uns in diesem Zusammenhang helfen können, informieren Sie uns bitte. Wenn wir schon im Voraus erfahren würden, welche Art der Hilfe Sie uns geben können, wäre es uns möglich, mit diesem Programm im Januar nächsten Jahres [2003] zu beginnen.

Wir ersuchen Sie höflichst, uns Ihre gütige Aufmerksamkeit widmen zu wollen und uns wissen zu lassen, auf welche Weise Sie uns unterstützen können.

Hochachtungsvoll
Ihr

[Unterschrift]

Oberhaupt der Veddas, Uruwarige Wanniya

Verfasst von Uruwarige Muthu Banda. Übersetzt vom singhalesischen Originalschriftstück ins Englische von A. B. Rathnayaka, Kandy. Aus dem Englischen von Boris Pietsch, redaktionell überarbeitet von BSD.]

Kapitel 9

Eine Stadt zwischen Verzweiflung und Hoffnung

„Es wäre sehr hilfreich, wenn die Menschen versuchen würden, ihre vermeintlichen Feinde zu verstehen. Vergeben zu lernen ist viel nützlicher, [...] um so mehr, wenn die Provokation extrem ist, denn in der größten Not hat man die größte Kraft, sowohl für sich selbst wie auch für andere Gutes zu tun.“

Der Dalai Lama[140]

Vorbemerkung

Dies ist ein Bericht meiner ersten Reise nach Jaffna, einem der am meisten leidgeprüften Orte während dieses bereits über zwei Jahrzehnte andauernden Krieges auf Sri Lanka. Was ich gesehen, gehört und gelesen habe, beschrieb ich in subjektiver Weise. Wenn einige dieser Darlegungen nicht mit den eigentlichen Fakten übereinstimmen sollten, so geschah das ohne die Absicht, die Wahrheit zu verzerren! Wenn ich über Krieg und Frieden, über Verzweiflung und Hoffnung, über tötende und getötete Menschen schreibe, werden sich manche fragen, welche Seite ich eigentlich verteidige und welche ich verurteile und dergleichen Wertungen mehr. Dazu kann und will ich mich nicht äußern, denn die Welt voreingenommen zu betrachten und Menschen zwischen links und rechts, schwarz und weiß, gut und böse zu unterteilen, ist eine der Hauptursachen, dass Leben zum Überleben wird und dass sich ein Miteinander zu einem Gegeneinander verwandelt. Marshall M. Rosenberg meint dazu treffend: „Urteile, Kritik, Diagnose und Interpretation des Verhaltens anderer Menschen sind alles entfremdete Äußerungen unserer eigenen Bedürfnisse und Werte. [...] Sobald ich die Überzeugung nähre, in welchem Ausmaß auch immer, daß es so was *gibt* wie »rücksichtsloses Verhalten« oder »pflichtbewußtes Handeln«, oder einen »gierigen Menschen« oder einen »anständigen Menschen«, dann trage ich zur Gewalt auf diesem Planeten bei."[141] Solche Konflikte sind wahrscheinlich so alt wie die menschliche »Zivilisation«. Schon Laotse erwähnte im Tao Te King, wie es zu einem Ende eines solchen Konfliktes kommen könnte:

> Indem ein großes Reich sich stromabwärts hält
> wird es die Vereinigung der Welt.
> Es ist das Weibliche der Welt.
> Das Weibliche siegt immer
> durch seine Stille über das Männliche.
> Durch seine Stille hält es sich unten.
> Wenn so das große Reich sich unter das kleine stellt,
> so gewinnt es dadurch das kleine Reich.
> Wenn das kleine Reich sich unter das große stellt,
> so wird es dadurch von dem großen Reich gewonnen.
> So wird das eine dadurch, das es sich unten hält, gewinnen,
> und das andere dadurch, dass es sich unten hält, gewonnen.
> Das große Reich will nichts anderes
> als die Menschen vereinigen und nähren.
> Das kleine Reich will nichts anderes
> als sich beteiligen am Dienst der Menschen.
> So erreicht jedes, was es will;
> aber das große muss unten bleiben.[142]

Aber wer der beiden Parteien wird sich um solch einen – oder überhaupt einen philosophischen Ansatz kümmern?

***

Als das Flugzeug abhob, füllten sich meine Augen mit Tränen, und die Erinnerung an eine Melodie aus meinen Kindertagen stieg in mir auf: „Über den Wolken / muss die Freiheit wohl grenzenlos sein ...."[143] Es war der letzte Tag einer Reise in den mir damals noch unbekannten Norden. Aber ich war mir sicher, dass es nicht bei dieser einen Expedition bleiben würde. Stiegen deswegen solche Emotionen in mir auf, weil ich miterleben durfte, wie Menschen, nach all den Jahren voller Zerstörung und Terror, ihr Leben wieder

in eigene Hände nahmen und es genießen konnten? Ähnlich einer Pflanze, die aus einer Spalte einer Betonwand so zart, aber doch so wunderbar kräftig aufsprießt. Oder war ich davon erschüttert, so deutlich erfahren zu haben, wie Krieg das Leben und die Liebe in allen Bereichen entstellt, vergewaltigt und beraubt? Ähnlich einer Pflanze, die nicht mit Wasser und Humus versorgt wird? Obwohl seit Jahren in Sri Lanka lebend, erfuhr ich bisher die Konflikte meist nur aus der Sicht von Singhalesen. Aber während dieser Reise war es mir möglich, mein Bild über Geschichte und Gegenwart zu vervollständigen. Dank des engen Kontaktes und der Freundschaft zu Menschen aus Jaffna und zu Ausländern, die während der konfliktreichsten Jahre in Jaffna lebten und arbeiteten, hatte ich die Möglichkeit, an unmenschlichem Schrecken und menschlichen Hoffnungen teilzuhaben.
Die erste Überraschung nach der Landung bestand in der Feststellung, was dort mit »Flughafen« bezeichnet wurde, der inmitten einer Hochsicherheitszone mehrere Kilometer nördlich von Jaffna-Stadt gelegen war.[144] Dort gab es nicht einmal ein richtiges Gebäude. Dafür liefen einige Hunde herum und begrüßten das eben angekommene Flugzeug. Weder der Lärm noch die schwer bewaffneten Soldaten störten sie in irgendeiner Weise. Jetzt war es für uns Passagiere so selbstverständlich, dieses Stück Land zu betreten, das viele Jahre hindurch vom Rest der Welt völlig abgeschnitten war. Unser Gepäck wurde auf einen Lastwagen der Luftwaffe verladen, und wir fuhren mit einem Kleinbus auf einem schmalen, holprigen Feldweg zu einem Schuppen, der »Warteraum« genannt wurde. Von da ging es weiter in Richtung Stadt und damit in eine für mich völlig neue Welt. Wir durchquerten ungeräumtes und unbewohntes Gebiet. Die wenigen Gebäude, die nicht zerstört und von Pflanzen zugewachsen waren, wurden von Soldaten als Quartiere benutzt. Manchmal waren große Gebäude zu sehen, die einmal als Schulen oder Tempel gedient hatten, nunmehr ohne Dach, ohne Fenster, ohne menschliches Leben. Ein Tamile, der neben mir saß und gutes Englisch sprach, erklärte mir, wie dieses Land einmal ausgesehen hatte: Überall habe es Tempel, Schulen und Palmen gegeben, die Grundlage für Religion, Kultur und Natur, die Voraussetzung für Harmonie in der Gesellschaft und im Individuum.

Hier überrascht es noch immer, wenn Dinge *wirklich* funktionieren; denn das Gegenteil ist hier noch immer eher die Norm. Deshalb war es für niemanden eine große Enttäuschung, als unser Flughafen–Transport wegen einer Panne zum Stehen kam. Während wir auf der Straße warteten, zeigte jemand grinsend auf einen Aufkleber am Bus: »Feel the Difference!« (Spüre den Unterschied!). Und genau das habe ich die folgenden Tage dann auch getan. Man sieht nicht viele Gebäude, die *keine* Kriegsschäden, sei es durch Einschüsse von Gewehrkugeln oder Bomben, zeigen. Unzählige Schilder warnen vor Landminen innerhalb und außerhalb der Stadt. Endlos ziehen sich rostige Stacheldrahtzäune durch die Landschaft, umfrieden Kasernen und Kontrollstellen. Waffen, die von Polizisten- und Soldatenschultern hängen, zeigen, dass ein furchtbares Kapitel noch nicht zu Ende ist. Den gleichen Eindruck erweckt ebenso die leuchtend rote Farbe, die auf die wenigen weiß gestrichenen Wände gesprayt worden war: Ein Heldengrab in Form eines in der Erde steckenden Maschinengewehres, auf dem ein Helm aufgehängt ist, weist auf den Tag der Kriegshelden hin.[145] Daneben der erschreckende Tigerkopf gekrönt mit vier Buchstaben, die von keinen Menschen mehr in Sri Lanka gleichgültig betrachtet werden: für die einen das Symbol unmenschlichsten Terrors, für andere die große Hoffnung auf ein menschlicheres Leben: LTTE Liberation Tigers of Tamil Eelam, die für die Schaffung eines unabhängigen tamilischen Staates namens Eelam kämpft, auch unter Anwendung brachialer Gewalt.

Trotz alledem spürte ich, dass neues Leben in den Ruinen der Gebäude und in den Seelen der Menschen erwacht war. Weltliche, lautstarke Aufregungen übertönen die noch kürzlich so gegenwärtigen Stimmungen von Terror, Angst und Überlebenskampf. Technische Errungenschaften, moderne Lebensgewohnheiten und schlechtes Benehmen ersetzen nun alte Auffassungen von Religion und Tradition. Der einstige Alltagslärm von Gewehrschüssen und Bombenexplosionen auf den Straßen wird jetzt durch die Geräusche von Gewalt verherrlichenden Video- und Fernsehfilmen abgelöst, die aus den Häusern dringen. Die früheren ungeschriebenen Gesetze und Tabus bezüglich Beziehung, Heirat und Familienleben werden gegenwärtig öffentlich durch romantische Hindi-Filme oder heimlich durch Pornovideos und Web-Seiten in neu eröffneten Internet-Cafés in Frage gestellt. Vor kurzem verhaftete die Polizei vier Frauen wegen Prostitution, die in Sri Lanka gesetzeswidrig ist. Die LTTE hat öffentlich einen großen Berg von Schundfilmen verbrannt. Vino, meine tamilische Bekannte,[146] beschwerte sich bei mir einmal über das schlechte Benehmen von Männern gegenüber Mädchen und Frauen: „Als die LTTE noch die Kontrolle hatte, hat sich das niemand getraut!“ Ich antwortete mit einer Gegenfrage: „Können solche so genannten modernen Phänomene wirklich durch Terror und Angst gelöst werden? Werden sie dann nicht bloß unterdrückt?“

Tagsüber ist der Markt ebenso geschäftig wie in jeder anderen Stadt Sri Lankas. Aber die große Nähe zu Indien ist hier stärker zu spüren als irgendwo sonst. Der Lärm der Autos, Busse und Motorräder mischt sich mit der Musik aus den vielen aufgehängten Lautsprechern. Die meisten Aufschriften und Werbungen sind in Tamil, manchmal in Englisch, rein singhalesische Schriftzüge finden sich eher selten. Die vielen Fahrräder und Fußgänger auf den staubigen und mit Schlaglöchern überzogenen Straßen verlangsamen den Verkehr auf ein menschliches Maß und erinnern ebenfalls an Großstädte Indiens. Dennoch beschleunigt sich dieses entspannte Bummeln durch die Stadt täglich und nimmt an einst unbekannten Gefahren zu. Auch ohne die einst regelmäßigen Stromausfälle fühlt man nach Einbruch der Dunkelheit eine gewisse Unsicherheit und empfindet eine gespenstische Stimmung. Zusätzlich zu den wenigen funktionierenden Straßenbeleuchtungen sind die meisten Verkehrsteilnehmer, die ohnehin kaum die Verkehrsregeln beachten, ohne Licht zu Fuß oder auf Rädern unterwegs. In der Finsternis kann man manchmal nur vermuten, wohin die Straße führt und darauf hoffen, dass die Schlaglöcher nicht zu tief sind. Trotzdem ist für diese Menschen das abendliche Straßenleben mit einem großartigen und ungewohnten Gefühl von Freiheit verbunden. Denn vor noch nicht langer Zeit hätte es niemand gewagt, auch nur einen Schritt vor die Haustür zu gehen. Ich war außerdem positiv überrascht, wie viele Frauen auf Fahrrädern unterwegs waren, denn ansonsten wagen sich Asiatinnen eher selten allein auf die Straße. Die meisten von ihnen tragen amerikanische Baseball-Mützen, was ich bei ihren singhalesischen Schwestern im Süden niemals sah. Im Gegensatz dazu ist ihre Kleidung typisch

indisch. So sind hier beispielsweise Blue Jeans noch ein unbekanntes Phänomen, doch in anderen Teilen der Insel bei Städterinnen nunmehr in großer Mode. Ich kann nicht beurteilen, ob das auf Traditionsbewusstsein oder auf den Druck der konservativen LTTE zurückzuführen ist, die gegen moderne Trends ist. Dennoch kommt es mir merkwürdig vor, dass deren berüchtigte weibliche Einheit andere Frisuren und Hosen mit breitem Gürtel trägt.[147]
Eines Tages suchten wir nach einer Möglichkeit, um die schönen und jetzt noch touristenfreien Strände auf einer der Nachbarinseln zu besuchen. Ein alter Taxifahrer bot uns eine Fahrt in einem alten, kleinen und gebrechlichen Morris an. Diese englische Marke aus den fünfziger Jahren erschien mir in einer Art symbolhaft für das Leben in Jaffna. Auf unserem Weg mussten wir an einer der Kontrollstellen halten, um unsere Ausweise vorzuzeigen. Mit Verwunderung und einem Lächeln wurden wir gefragt, wie es sich denn in diesem viel zu kleinen, überfüllten und gebrechlichen Auto fährt. „Sehr gut!", gaben wir zur Antwort. „Dann werde ich auch noch mitkommen", witzelte eine Soldatin, während sie unsere Ausweise kontrollierte. Ein anderes Mal fuhren wir mit unseren geliehenen Fahrrädern entlang der flachen Küste gegen Norden. Endloser Stacheldraht und unzählige leere Armeeunterstände trübten das Bild einer wunderschönen Landschaft, einst bekannt für ihren Vogelreichtum. Unzählige Palmen wurden hier gefällt, um Teil des Tod bringenden Krieges zu werden. Jüngst aufgestellte Tafeln zeigen einen gefällten Baum, der einem geköpften Menschen gleicht. Dieser Hinweis solle dazu ermutigen, die restlichen Bäume zu schützen und neue anzupflanzen. In den weitflächigen Landschaftsgebieten, die nicht besetzt sind und wo keine Landminen vermutet werden, werden nun Reis, Gemüse und Bananen mit Hilfe von Traktoren, Chemikalien und anderen modernen Errungenschaften der Landwirtschaft angebaut. Vertriebene Familien hoffen – bis jetzt noch immer vergeblich –, dass die Hochsicherheitszonen aufgelöst werden und sie zu ihren früheren Häusern zurückkehren können, denn schon viel zu lange ist das Land vom sinnlosen Krieg verheert und die Erde dem unproduktiven Kreislauf der Natur überlassen. Solche Szenen erinnern mich an den Bibelspruch: „Lasst uns Schwerter zu Pflugscharen umschmieden!", und mit einer zeitgerechteren Formulierung könnte

man ergänzen: „ … und Panzer zu Traktoren umbauen!" Nur einmal sah ich nachts einen dieser großen Armeepanzer, der durch die engen Straßen von Jaffna auf einem Anhänger transportiert wurde. Tagsüber begegnet man dafür oftmals Soldaten auf Traktoren. Sogar die LTTE verwendete Traktoren bei militärischen Operationen.

Zum ersten Mal konnte ich mir in etwa vorstellen, wie wohl das Leben in Europa nach dem Ende des Zweiten Weltkriegs gewesen sein muss. Jedoch scheint die Situation während eines Bürgerkriegs noch viel verwirrender zu sein, in der Menschen sehr schwer entscheiden können, welche der kämpfenden Parteien auf ihrer Seite ist. „Die Gewalt während dieser Jahre in Sri Lanka hat nicht immer die Intensität einer kriegerischen Schlacht erreicht. Viel eher hatte der Krieg den Charakter eines lang andauernden Konflikts, unterbrochen durch Guerilla-Angriffe, gefolgt von Vergeltungsmaßnahmen gegen die Zivilbevölkerung."[148] Zum Beispiel wurden manchmal Tamilen von der LTTE zur Unterstützung gezwungen. Hinterher wurden sie dann von der Regierungsarmee bestraft – sogar gefoltert und getötet – für etwas, mit dem sie nie übereingestimmt hatten.[149]

Ein alter Mann lud mich ein, die übrig gebliebenen Reste seines Hauses zu besichtigen. Weder konnte er Englisch, noch kann ich Tamil sprechen. Aber es brauchte keinerlei erklärende Worte, als er mir die Zimmer ohne Dach, Türen und Fenster zeigte, umgeben von beschädigten Wänden. Hühner und Ziegen streunten auf der Suche nach Essbarem herum. Insgesamt leben nur noch wenige Familien in ihren ehemaligen Häusern, denn die meisten mussten ihre Unterkünfte wegen Zwangsräumungen verlassen, oder weil sie die Kämpfe und den Terror nicht mehr ertragen konnten. Es gab Zeiten, in denen ein Großteil der Bevölkerung der Halbinsel aus Flüchtlingen bestand. Bevor die Armee die Stadt Mitte der neunziger Jahre besetzte, zwang die LTTE die Bevölkerung, diese zu verlassen, damit niemand kapitulieren konnte. Eine Geisterstadt mit wenigen Hundert Einwohnern blieb zurück. Einer meiner tamilischen Freunde war unter ihnen; er blieb in einer leeren Schule, wo ihn die Armee mit Essen versorgte.

In der Vergangenheit durchquerten Menschen, denen das Betreten und Verlassen der Stadt verboten war, illegal die seichte Meeresenge zum anderen in Sichtweite liegenden Ufer. Einige von ihnen – sie wollten bloß ihre Familie wiedersehen oder waren auf der Suche nach einem sichereren Ort –, ertranken auf der gefährlichen Reise, die sie aus nackter Verzweiflung unternommen hatten. Bis zum heutigen Tag leben noch immer zahlreiche Flüchtlinge in Jaffna und anderen Teilen des Landes in Lagern. Zusätzlich zu der hoffnungslosen Lage, die sie dabei in Kauf nehmen müssen, kommt der Verlust von gefallenen oder vermissten Familienmitgliedern hinzu sowie ihre Sehnsucht nach einem wirklichen Zuhause. Das Kapitel, ein sicheres Heim zu finden, ist für viele Tamilen im Norden und Singhalesen im Osten noch lange nicht beendet.

Eines Tages fuhren wir in die Slums im Küstengebiet der Stadt mit ihren engen Straßen und überfüllten Häusern. Der größte Teil der dortigen Bevölkerung besteht aus christlichen Fischerfamilien, die hart um ihren Lebensunterhalt zu kämpfen haben. Stellen, wo sie früher ans Meer konnten, sind nun durch Barrikaden einer Armeekaserne unzugänglich. Wenn auf solche Weise die Lebensgrundlage abgeschnitten wird, erschafft dies einen idealen Nährboden für gewaltsame Reformbewegungen. Solange beide Seiten die wirklichen Ursachen des Problems ignorieren – welche naturgemäß (oder besser: historisch bedingt) vielfältig und komplex, aber nie und nimmer monokausal sind –, wird der Teufelskreis von Gewalt und Gegengewalt nicht durchbrochen werden.

Auch wenn die LTTE nun sogar einige offizielle Büros in Jaffna bezogen hat, so ist deren Anwesenheit für einen Fremden wie mich kaum ersichtlich. Trotzdem wurde mir berichtet, dass der Druck, unter den sie die Bevölkerung stellt, groß und an und für sich ständig gegenwärtig ist: Steuern müssen gezahlt werden, besonders importierte Waren werden hoch besteuert, und zum Kriegsheldentag muss jeder Regierungsbeamte einen hohen finanziellen Beitrag leisten. Ich fragte einige Tamilen, ob sie sich jemals öffentlich über solch ungerechte Untergrundpolitik beschwert hätten. Niemand werde es wagen, in der Öffentlichkeit dagegen zu reden, war die einhellige Replik der Befragten, denn dann stehe ihr Leben auf dem Spiel.[150] „Wenn die Armee aus dieser Gegend Männer rekrutiert, wird die LTTE nur noch mächtiger", äußerte ich gegenüber einer früheren INGO-Mitarbeiterin, die früher in Jaffna gearbeitet hatte.[151] Sie meinte aber dazu, dass es schlimmer sei, von zwei Mächten statt nur von einer unterdrückt zu werden. Außerdem benutze die LTTE die Einschränkungsmaßnahmen der Armee als Argument, mehr Macht zu gewinnen, und sie könne dadurch leichter Tamilen überzeugen, der Bewegung beizutreten. In all den Tagen hatte ich in Jaffna niemanden getroffen, der die gewaltsamen illegalen Methoden der LTTE oder die »offiziellen« der Armee befürwortet hätte. In der Vergangenheit wagten einige Professoren der Universität von Jaffna, die unmenschliche Behandlung der Zivilbevölkerung durch die Armee zu kritisieren. Ebenso brachten sie den von der LTTE verursachten Terror an die Öffentlichkeit. Sie versuchten, die Universität auch weiterhin als unabhängigen Ort für Wissenschaft, Kunst und Erziehung zu führen, aber „die LTTE toleriert keine andere Meinung. Ihr Ziel ist die Schaffung einer homogenen Gesellschaft von Tamilen, ein Land, in dem alles Denken nach den Richtlinien der Tiger ausgerichtet ist".[152] Diesen mutigen Widerspruch ohne jede Gewaltanwendung mussten einige mit ihrem Leben bezahlen; anderen war es noch rechtzeitig gelungen, in den Untergrund zu gehen. Solche Menschen sind meiner Meinung nach die wirklichen Helden dieses Krieges. Es sind ihre kompromisslosen Taten und ihr Tod, die wir in Erinnerung behalten sollen, um uns und die nächsten Generationen zu ermutigen, sich jederzeit gegen jede Art von Unterdrückung zu erheben.[153] Ich habe auch von einem Intellektuellen- und Künstler-Kreis gehört, dessen Mitglieder in ständiger Angst leben, von der einen oder der anderen Militärmacht verdächtigt zu werden oder in Gefangenschaft zu geraten. Einer von ihnen lebte zwei Jahre lang im Untergrund, ohne dabei jemals Tageslicht gesehen zu haben. Er nutzte diese unsichere Zeit dafür, viele religiöse Bücher zu lesen. Es ist schon erstaunlich, auf welch schwierige, aber wirkungsvolle Weise manchmal unser Schicksal uns zu den tieferen spirituellen Geheimnissen des Lebens führt!

Relativ häufig habe ich Fotos von Armeegeneralen in Häusern von Singhalesen oder in buddhistischen Tempeln gesehen. Ich war aber überrascht, in Jaffna nicht ein einziges Foto des LTTE-Führers Prabhakaran[154] gesehen zu haben. Vino erzählte mir, dass sie von ihrer Mutter gebeten worden war, alle Bilder von ihm zu verbrennen, bevor die Armee in die Stadt einmarschierte. Die einzigen Poster, auf denen ich »Tiger« in Uniform auf der Halbinsel sah, waren Todesankündigungen von jungen Tamilen, die dadurch „zu Helden gemacht“ wurden. In ähnlicher Weise verklärt man getötete Armeesoldaten in anderen Teilen der Insel.[155] Einer der Unterschiede zwischen der Armee und der LTTE besteht darin, dass sich viele junge Singhalesen nur aufgrund ihrer Armut dafür entscheiden, Soldaten zu werden. Für die meisten ist das ein Job, den sie aus der Notwendigkeit heraus ergreifen, um irgendwie den Lebensunterhalt für sich und ihre Familie zu verdienen. Auf der anderen Seite traten Tamilen entweder aus politischer Überzeugung der LTTE bei oder wurden dazu gezwungen. Bis zum heutigen Tag obwohl Friedensverhandlungen, wenn auch sehr zögernd, stattfinden –, hört man immer wieder davon, dass in den Schulen Propaganda-Programme für Kinder ablaufen, die sie dazu ermutigen, eine „Helden-Karriere“ als „Freiheitskämpfer“ für eine neue „Heimat“ namens Eelam zu beginnen.

„Pirabhakaran[156] selbst legt Disziplin als den Schlüssel zum Erfolg fest. Während eines Interviews sagte er zu mir: »Engagement entsteht aus mit Strenge aufgezwungener Disziplin.« Feste Entschlossenheit wird während des intensiven Trainings eingeimpft, was die entscheidendste Phase während der Formung eines Tiger-Guerilla ist“, schrieb Anita Pratap, die als erste Journalistin den LTTE-Führer interviewen durfte und wahrscheinlich als einzige je die Gelegenheit hatte, einige »Schwarze Tiger« zu befragen, Mitglieder der Eliteeinheit unter den Guerillakämpfern. Jeder, der das Training, freiwillig oder unfreiwillig, beginnt, wird derart »umerzogen«, dass durch eine systematische Gehirnwäsche jeder noch vorhandene freie Wille gebrochen wird. Schließlich wird der einzige Sinn des Lebens nur noch darin gesehen, für die Bewegung und ihren Führer zu kämpfen und zu sterben. „Einmal eingezogen, müssen die Soldaten alles aufgeben: ihre Freunde, ihre Familie, ihre Häuser. Es ist ihnen nicht gestattet zu rauchen, zu trinken oder Sex zu haben. Ihr einziger Besitz ist ihre Waffe, und sie werden gelehrt, diese zu vergöttern.“[157] Eine Zyanid-Kapsel, die sie um ihren Hals tragen, zeigt ihren bis zum Selbstmord gehenden Fanatismus. „Mehr als eintausend Tiger haben bei ihrer Verhaftung die Ampulle geschluckt – um der Folter zu entgehen und, was noch viel wichtiger ist, um die Geheimnisse der Organisation mit ins Grab zu nehmen.“[158]

> Nach Jahren der Überzeugungsarbeit erlaubte mir Pirabhakaran endlich, im Jahr 1991 einige der Schwarzen Tiger zu treffen. Sie sind all das, was die gewöhnlichen Tiger sind, aber zu einem viel höheren Grad. Diese sind noch verschwiegener, disziplinierter, motivierter und ohne alle Emotionen. Ich versuchte, zumindest einen Funken Gefühl in ihnen zu erwecken – Heimweh, Trauer. Ich sprach über die Erinnerungen der Kindheit, ob sie ihre Mutter vermissen, wie sie damit umgehen, den Freuden des Lebens entsagen zu müssen, Angst vor dem unmittelbar drohenden Tod. Aber da war gar nichts. Überhaupt keine Reaktion. [...] Wie konnten sie sich denn nicht vor dem Tode fürchten, besonders vor einem gewaltsamen Tod? Aber all die Schwarzen Tiger, die ich interviewte, sagten mehr oder weniger dasselbe: »Ich fühle mich geehrt, dass mein Tod unseren Kampf einen Schritt weiter hin zu Eelam [...] bringen wird.« Das einzige Mal, zu dem sie Gefühle zeigten, war, als sie über Pirabhakaran, ihren »Annai«, [...] sprachen. Ein Schwarzer Tiger namens Sunil äußerte fast so etwas wie Ehrfurcht: »Für uns ist er Mutter, Vater und Gott, alles in einem.« Doch bei ihnen allen entdeckte ich eine Furcht: die Furcht, sie könnten Pirabhakaran im Stich lassen. Sie würden glücklich sterben; ihre einzige Hoffnung war, dass ihr Tod den Feind auf eine Art schädigen würde, die Pirabhakaran zufriedenstellt.[159]

Die Zitate stammen, wie in den Anmerkungen angeführt, aus dem Buch »Island of Blood« (Insel aus Blut) von Anita Pratap. Diesen Bestseller hatte mir Vino gleich an meinem ersten Tag in Jaffna mit den Worten in die Hand gedrückt: „Das *musst* du lesen!" Was Literatur betrifft, bin ich an sich sehr wählerisch, aber dieses Buch konnte ich kaum noch beiseite legen. Die tragischen Erlebnisse, die sie als Kriegs- und Katastrophen-Journalistin mit so viel Einfühlungsvermögen, aber auch Humor beschreibt, ließen mich immer wieder zum Taschentuch greifen. Ich war von ihr schließlich so angetan, dass ich es wagte, ihr das englische Original dieses Artikels, den ich »The Top of a Teardrop« nannte, per E-Mail zu senden. Ihre erste Reaktion war eine gewisse, aber berechtigte Entrüstung, weil ich sie darin ohne Quellenangabe zitiert hatte.[160]

Als dieses Problem aber geklärt war, entpuppte sich eine wunderbar dynamische Inderin, die nicht ohne Grund zu den renommiertesten Journalistinnen weltweit zählt. Als ich einige Monate später im Sommer 2003 nach Wien kam, wo sie derzeit lebt und arbeitet, hatte ich die besondere Gelegenheit, sie persönlich kennen zu lernen. Ich ließ es mir nicht entgehen, sie ins Haus meiner Eltern einzuladen, um ihr ein paar Urlaubstage mit ihrer Familie zu verschaffen, aber auch, um in der Öffentlichkeit das Thema Krieg und Frieden anzusprechen und sie zu bitten, die Eröffnungsrede zu meiner Fotoausstellung zu dem Thema »Impressionen und Reflexionen eines buddhistischen Mönches« zu halten. Viele interessante Gespräche ergaben sich damals, und dabei lernte ich auch eine Seite von Anita kennen, die wenig mit der tapferen und international preisgekrönten Konfliktberichterstatterin zu tun hatte. Als wir beispielsweise einmal in den Alpen spazieren waren, hörte ich sie plötzlich laut aufschreien, denn eine der seltenen und friedfertigen Kreuzottern war ihr über den Weg gelaufen. Ich musste herzhaft lachen und fragte sie im Scherz, wie es ihr denn in Indien früher ergangen sei, wo man überall Schlangen antreffe, noch dazu tödlich giftige. Aber Mut muss diese so jugendlich wirkende Frau[161] dennoch haben, sonst hätte sie es nie gewagt, als erste Journalistin mit dem LTTE-Führer Prabhakaran ein Interview zu führen oder die erste Filmdokumentation in Kaschmir zu drehen, vom höchsten Kriegsschauplatz der Welt, wo Inder und Pakistani sich in 6 600 Meter Höhe gegenseitig bedrohen und beschießen. Natürlich war ich brennend daran interessiert, wie Anita die gegenwärtige politische Situation von Sri Lanka einschätzt, da sie diesbezüglich, meiner Meinung nach, eine der vorzüglichsten Kennerinnen ist. Und das nicht nur, weil sie seit den Massakern 1983 einige Male in Sri Lanka recherchiert hatte, sondern weil sie auch die meisten der führenden Persönlichkeiten auf beiden Seiten seit Jahren persönlich kennt. Tatsächlich hat sie ihre Bedenken, dass der Friedensprozess, der im Dezember 2001 eingeleitet worden ist, wirklich von den LTTE eingehalten werden wird. Sie kennt sehr gut den fanatischen Charakter des diktatorischen Führers, der für seine Eelam-Vision schwerlich einen Kompromiss eingehen werde und wisse, dass die Leute, die für ihn verhandeln, im Grund alle nur Marionetten in seiner Hand seien. Auch dass er ihr in letzter

Zeit kein weiteres Interview gewährt habe,[162] interpretiert die Journalistin dahin, dass er weder positiver noch optimistischer geworden sei. Falls aber der Waffenstillstand tatsächlich lange genug eingehalten werde, dann lasse sich die Bevölkerung auf beiden Seiten kaum mehr zu weiterem Blutvergießen aufhetzen. Auch wenn die brutalsten Erinnerungen ihrer lebensgefährlichen Karriere aus Sri Lanka stammten, gehört diese Insel dennoch für sie zu den schönsten Plätzen auf Erden.[163]

Diese Bewegung, wie Anita Pratap so mutig recherchierte, als einstiges Mitglied wieder jemals lebendig zu verlassen, ist eine schwierige, lebensgefährliche oder sogar völlig unmögliche Aufgabe.[164] Über Jahre hinweg wird jemand mit härtester Arbeit bestraft, bevor er oder sie vielleicht entlassen wird, und auch dann werden seelische Narben für immer zurückbleiben. Während der Zeit, als ich oft Sri Lankas größtes Frauengefängnis besuchte, hatte ich einige Begegnungen mit Tamilinnen, die unter Verdacht standen, Teil der weiblichen LTTE-Truppe zu sein oder sogar als potenzielle Selbstmordattentäterinnen galten. Einige dieser Begegnungen waren sehr lebendig und berührend. Es befanden sich dort auch junge Mütter, deren Kinder im Gefängnis geboren waren und deren Männer in einem anderen LTTE-Gefängnis im Süden gefangen gehalten wurden. Jemand anderes berichtete von ähnlich bewegenden Treffen mit inhaftierten jungen LTTE-Männern. Sie sind nur deswegen lebendig erwischt worden, weil sie nicht schnell genug waren, die Ampulle zu schlucken oder weil das darin enthaltene Gift keine tödliche Wirkung entfaltete. Obwohl sie alle ein brutales Training und einen blutigen Krieg erlebt hatten, haben sich doch einige Gefangene ihre menschlichen Gefühle bewahren können. „Manchmal braucht es aber etwas Zeit, sie wieder zu einem Lächeln zu bewegen", meinte ein Freund von mir mitfühlend.

Die Geschichte hat weltweit gezeigt, dass die gegenseitige Entfremdung von Menschengruppen eine der ausschlaggebenden Voraussetzungen für Rassismus ist. Aber wir Menschen lassen uns oft viel zu leicht dazu verleiten, Feindbilder aufzubauen oder kritiklos zu übernehmen. Dazu werden wir sowohl durch falsche Gerüchte und geschickte Propaganda als auch durch unsere eigenen Ideen und Interessen, an denen wir gerne festhalten, inspiriert. Dem »Feind« als Menschen und nicht als imaginiertem »Monster« zu begegnen und ihn als Menschen zu akzeptieren, wird es machtgierigen Führern schwieriger machen, Menschen weiterhin auf Kosten von anderen zu missbrauchen. Die Erzählungen eines Tamilen über die Ereignisse, die er im Juli 1983 in Colombo erlebt hatte, klangen für mich wie ein unfassbarer Alptraum. Damals ereignete sich wohl eines der gewalttätigsten und traurigsten Kapitel in der jüngsten Geschichte Sri Lankas. Nur um Haaresbreite war es ihm damals geglückt, dem Tod zu entkommen und nach Jaffna zu flüchten. Die Ermordung von 13 Soldaten durch die LTTE „[...] löste bei der singhalesischen Bevölkerung in weiten Landesteilen einen unvorstellbaren grausamen Rachefeldzug gegen die tamilische Minderheit aus. Singhalesen verbrannten Tamilen bei lebendigem Leibe, erschossen, erhängten oder zerhackten sie. Tausende kamen ums Leben, 100 000 Tamilen waren in den Tagen des 24. und 25. Juli 1983 auf der Flucht nach Norden. Ihre Häuser wurden in Brand gesteckt. Ebenso liefen in Jaffna beheimatete Singhalesen um ihr Leben."[165]

„Es war diese Verbindung von Gewalt und die Mittäterschaft der Staatsgewalt mit der Menge, ausgedacht durch singhalesische Mörder, welche die Tamilen von der Rechtmäßigkeit der militanten Vorgehensweise überzeugte."[166] Es scheint so paradox zu sein, dass oftmals religiöse Argumente dazu herhalten müssen, militärische Aktionen zu rechtfertigen. Für jene, die den Buddhismus in Sri Lanka als das »Markenzeichen« der Singhalesen ansehen, mag es wohl erstaunlich und verwirrend klingen, dass einer der ältesten tamilischen Texte namens Manimekalai von einer Frau berichtet, die zugleich buddhistische Nonne *und* Tamilin war und obendrein in Jaffna lebte.[167]

Eines Nachmittags wurde uns erlaubt, die nach vier Jahren fast gänzlich wieder fertig gestellte Bibliothek am Stadtrand von Jaffna zu besichtigen. Im Jahre 1981 fiel sie einer Brandstiftung zum Opfer. Dadurch wurde eine der großartigsten Bibliotheken der Welt, und die älteste Asiens, im 17. Jahrhundert von den holländischen Kolonialisten gegründet, völlig zerstört.[168] Bis heute wurden der oder die Verantwortlichen nicht zur Rechenschaft gezogen. Dies war einer der Auslöser, dass für lange Zeit ein friedliches Leben in der Stadt und auf dem Land nur noch aus der Vergangenheit und im Traum bekannt war. Eine der Wurzeln des gegenwärtigen Konflikts reicht aber bis in die fünfziger Jahre des 20. Jahrhunderts zurück und andere sicherlich noch weiter. Damals beschloss Premierminister S.W.R.D. Bandaranaike, Englisch durch Singhalesisch als offizielle Amtssprache zu ersetzen, was zahllose Tamilen und Burgher über Nacht auf die Straße stellte.[169] Das Ganze erscheint wie ein gewaltiges »Geschichts-Pingpong« von aggressiven Aktionen und noch brutaleren Gegen-Aggressionen.[170] Von den oberen Stockwerken der palastartigen neuen Bibliothek kann man die Ruine eines holländischen Forts erkennen.[171] Obwohl es ein Kriegsrelikt aus dem 17. Jahrhundert ist, sollte man auch dort der durch dichten Pflanzenwuchs suggerierten friedlichen Stimmung besser nicht trauen. Sowohl hier wie auch in den angrenzenden modernen Kriegsruinen, die wie große Skelettknochen in den blauen Himmel ragen, lauert überall tödlicher Sprengstoff in Tretminen auf ahnungslose, unschuldige Opfer. Ganz in der Nähe dieser merkwürdigen, von Leben und Tod gezeichneten Areale befindet sich ein Gymnasium, an dem sich die junge Generation darum bemüht, für sich einmal bessere Lebensbedingungen als die ihrer Eltern zu schaffen. Es ist kaum vorstellbar, wie viel ihrer Kindheit durch sinnlose »Kriegsspiele« von geistig so unreifen Erwachsenen zerstört worden ist. Nicht nur hängt ihre Zukunft vom Erfolg oder Misserfolg des gegenwärtig andauernden Friedensprozesses ab, sondern das Schicksal der Insel wird unwillkürlich auch von den künftigen Fähigkeiten dieser Kinder mitbestimmt werden. Werden sie die außerordentliche Begabung entwickeln können, mit der vergangenen Gewalt richtig umzugehen und mit der Unzufriedenheit und den Hoffnungen der Gegenwart? Die Spannung der gegenwärtigen Situation hält sie noch immer von einer Freiheit zurück, die sie bis jetzt noch nie erleben durften. Während meines Rückfluges las ich auf der Titelseite einer sri-lankischen Tageszeitung, dass die LTTE tausend Schülern und ihren Lehrern verboten hatte, in Colombo an Feierlichkeiten zur Unabhängigkeit teilzunehmen, zu denen sie von der Regierung eingeladen worden waren.[172] Ein tamilischer Freund hatte mir bereits am Vortag seine Enttäuschung darüber ausgedrückt.

Wenige hundert Meter von der Bibliothek entfernt befindet sich Jaffnas Kricket-Stadion, in dem Kinder zufällig menschliche Überreste gefunden hatten. Die Erde kann viel Leid ertragen und im wahrsten Sinne des Wortes schlucken, aber dann kommt einmal der Zeitpunkt, an dem die barbarischen Hinterlassenschaften eines grausam-blutigen Konflikts zutage kommen. Zahllose Massengräber werden auf der Jaffna-Halbinsel vermutet, doch nur wenige werden wohl je entdeckt werden. Und selbst wenn, dann werden Nachforschungen sehr langsam verlaufen, durch bestochene Beamte verzögert oder aus unerklärlichen Gründen einfach ganz eingestellt werden. Dass wirklich die Schuldigen gefunden und auch bestraft werden, wird hier, wie in ähnlichen Konflikt-Orten der Welt, die Ausnahme bleiben.

Einige internationale Organisationen beschäftigen junge Tamilen mit der gefährlichen Aufgabe, große Landstriche von Landminen zu säubern. Minen gehören zu den unmenschlichsten und den am längsten nachwirkenden Waffen des modernen Krieges. Minenkarten, die darüber Aufschluss geben könnten, an welchen Orten die tödlichen Objekte einmal positioniert worden waren, sind weder bei LTTE noch bei der Regierungsarmee vorhanden und vielleicht nie angelegt worden. Die billigen, von den Guerillas selbst gebastelten Minen werden wohl nach einiger Zeit zu funktionslosem Schrott verrotten. Jedoch die mit Steuergeldern teuer erkauften Minen haben irgendwo die Worte »Made in Soundso« eingraviert. Und das bedeutet, dass wieder irgendein Land mit einem lange Zeit funktionierenden, tödlich wirkenden Qualitätsprodukt *todsicher* sehr viel Geld verdient hat. Ich habe keine Ahnung, auf wessen Schuldkonto die meisten dieser Opfer, meist Kinder, gehen. Denn es ist der Produzent, der den Erwerb von Waffen und damit solche Schicksale möglich macht. Wie muss es sich anfühlen, wenn man nicht einmal im eigenen Garten unbekümmert spazieren oder die Kinder sorglos in die Nachbarschaft zum Spielen schicken kann, ohne dabei das unangenehme Gefühl zu haben, dass ein falscher Schritt eine lebenslange Verstümmelung oder den Tod bedeuten könnte?!

Oft sieht man die eleganten Geländefahrzeuge zahlloser INGOs[173] schnell durch die engen Straßen fahren. Ihre großen Antennen und international anerkannten Fahnen vermitteln den Anschein, es sei soeben zu einem Wendepunkt in der Geschichte dieser Stadt gekommen, und Jaffna stehe im Rampenlicht der Weltöffentlichkeit. Man könnte fast glauben, dass darüber in den Abendnachrichten berichtet wird, die in die sicheren Wohnungen draußen weltweit ausgestrahlt werden. Am Eingang einiger internationaler Büros warnt ein von mir sonst noch nirgendwo gesehenes Schild mit einem rot durchgestrichenen Maschinengewehr: „Zutritt nur ohne Waffen gestattet!"[174] Die schlimmsten Vorfälle scheinen vorbei zu sein, und deswegen sprießen jetzt auch überall internationale Hilfsorganisationen aus dem Boden wie Pilze nach dem Regen. Diese »internationalen Besetzer« erhöhen die Sicherheit der Einheimischen um einiges, denn dadurch wagt niemand mehr so leicht, ihr Leben mit legaler oder illegaler Gewalt zu erschweren. Durch einige Insider-Informationen habe ich aber auch erfahren, dass die meisten dieser INGO-Mitarbeiter bei weitem nicht so ernsthaft »ihren *Job* machen« sollen, wie es von außen den Anschein haben mag. Einige wollen sich einfach nur wichtig machen, andere sind vor den eigenen ungelösten Problemen zu Hause auf der Flucht, und nur wenige sind mit ganzem Herzen dabei und um die Verwirklichung eines humanitären Zieles bemüht.[175] Doch trotz der sinnlos verschwendeten ausländischen Gelder, trotz aller Missverständnisse, die aufgrund der kulturellen und sprachlichen Unterschiede unvermeidbar sind, gibt es dennoch merkliche Verbesserungen, für die die Bevölkerung sehr dankbar ist.[176] Je mehr von diesen ausländischen »Friedenskämpfern« zu sehen sind und je länger es zu keinen weiteren Kämpfen mehr kommt, desto weniger passen die bewaffneten Soldaten ins Alltagsbild dieser wieder erwachten und aufstrebenden Stadt. Bereits jetzt stehen viele der Kontrollstellen leer, die einst an Straßenkreuzungen oder anderen strategischen Punkten errichtet worden waren. Andere wiederum sind immer noch von jungen, unterbeschäftigten Soldaten besetzt, die gelangweilt den Passanten nachsehen. Daneben sind oft Tafeln aufgestellt, die auf Tamil, Singhalesisch und Englisch verkünden: „Wer unerlaubt weitergeht, hat mit minimaler Gewaltanwendung zu rechnen!" In der gegenwärtigen Friedensstimmung klingt das wie eine harmlose, ja fast lächerliche Behauptung. Aber vor nicht allzu langer Zeit waren diese Stellen von allen Tamilen gefürchtet, und einige von ihnen verschwanden von dort für immer. Zu Zeiten, als noch Ausgangssperren verhängt worden waren (bis zu 23 Stunden am Tag!), wurden Menschen manchmal bloß deswegen erschossen, weil sie

betrunken oder einfach zu alt waren, um zu verstehen, dass es ihnen nicht gestattet war, sich frei in ihrer Heimatstadt zu bewegen. Trotz solcher blutigen und zu Herzen gehenden Tragödien der Vergangenheit sind im gegenwärtigen Alltagsleben oft menschliche, ja rührende Szenen zu beobachten. Heutzutage steht endlich wieder Geschäftigkeit und Vergnügen im Vordergrund und nicht mehr die Angst ums nackte Überleben. Einmal sah ich, wie ein Motorrad vor einer dieser Kontrollstellen zu Fall kam. Die erste Person, die angelaufen kam, um den gestürzten Tamilen zu helfen, war ein singhalesischer Soldat. Auf dem Weg zurück zum Flughafen mussten wir einige Zeit warten, bevor wir mit dem Bus die Sicherheitszone befahren durften. Dabei sah ich zu meinem Erstaunen, wie der einheimische Busfahrer mit einem Soldaten Witze austauschte und beide sich spielerisch an den Händen hielten. Warum auch nicht? Denn schließlich sitzen beide in demselben etwas mitgenommenen und so zerbrechlichen Boot, oder mit anderen Worten: Beide leben auf derselben, eigentlich so wunderschönen Insel und wollen sich hier einfach in Frieden zu Hause fühlen.
Mein eigentlicher Grund, den Norden zu besuchen, bestand weder darin, einen Bericht darüber zu schreiben noch mir persönlich ein Bild darüber zu machen, wie sicher oder unsicher die Lage dort wirklich ist. Sondern mein Beweggrund war einfach, mit einer Gruppe Gleichgesinnter aus den verschiedensten Ländern der Welt und Gegenden von Sri Lanka eine Woche lang gemeinsam Yoga zu praktizieren, Ausflüge zu machen und Lebenserfahrungen zu sammeln und auszutauschen. Was ich während dieser Tage außerdem genossen habe, war, nicht in orangefarbener Mönchsrobe auffallen zu müssen, was unter den gegebenen politischen Umständen nicht ratsam gewesen wäre.[177] Das Einzige, worauf sich konservative singhalesische Mönche und rebellierende tamilische Milizionäre anscheinend einigen können, ist, dass beide die halbstündige Zeitverschiebung nicht akzeptieren, die einst aus Gründen des Stromsparens eingeführt wurde.
In Jaffna habe ich einen weiteren Ort gefunden, den ich liebe und den ich gerne eines Tages wieder besuchen möchte. Nicht zuletzt deswegen, weil ich »den Unterschied spüren« konnte, wie es der Aufkleber am kaputten Bus zu Beginn der Reise versprochen hatte!

Kapitel 10

Hauslos nach Hause finden[178]

Werden wir nicht nachlassen in unserm Kundschaften
Und das Ende unseres Kundschaftens
Wird es sein, am Ausgangspunkt anzukommen
Und den Ort zum erstenmal zu erkennen.
T. S. Eliot, Vier Quartette[179]

Ungewohnte Pfade lasse ich meine Füße beschreiten; weder dem Verstand noch anderen Menschen gebe ich Gelegenheit, sich auf die übliche Weise einzumischen. Meine Intuition lasse ich frei fließen und so entscheiden, wo ich den Weg verlasse und mich durch das Dickicht schlage. Ich lasse nicht zu, dass Hoffnungen und Erwartungen meine Zeit verschwenden, indem sie Traumorte und Wunschziele erschaffen. Ich lasse die Sinne im Augenblick zur Ruhe kommen und vertraue mir selbst, dass ich ankommen werde. Aber wo? Noch weiß ich es nicht, aber ich weiß, dass es dort sein wird, wo ich mich einfach zuhause[180] fühle. An diesem Zeitpunkt, an diesem Ort wird das einfache Sein lohnender sein als das Denken mit seinem phantastischen, aber irrealen Beigeschmack. Hier fühlt es sich wie zuhause an, aber dennoch erfahre ich mich als ein Gast, um den sich die Natur kümmert, ohne im geringsten ein unerwünschter Fremder zu sein. Es fühlt sich nach zuhause an, ohne die Last von Bindungen, Verpflichtungen und ungewollten Konflikten. Es fühlt sich wie zuhause an, und doch bin ich gleichzeitig frei, diesen Ort zu verlassen und weiterzugehen, wann immer ich möchte. Dieser Ort hier wird sich auch noch wie zuhause anfühlen, wenn ich nicht mehr da bin, ohne dass ich etwas zurücklasse mit Ausnahme der Momente, die mein Leben und meine Wahrnehmung bereichert haben. Und ich weiß, wenn ich zurückkomme – wer weiß, wann –, werde ich die gleiche Stimmung vorfinden, voll vertrauten Trostes und voller Sicherheit.

Je länger ich ungewöhnliche Wege gehe und mich durch dichtes Dickicht schlage, desto besser kann ich begreifen, wie viele

Heimaten ich auf diesem Planeten habe. Wenn ich auf dieser Welt eine Aufgabe habe, die speziell mir zukommen könnte, dann ist es vielleicht die, »Heimaten« zu sammeln – nicht auf dem Papier, sondern in meinem Herzen, ohne offizielle Registrierung, ohne Wände ringsum und ohne die üblichen Anhaftungen, ohne Gier und die Angst vor Verlust, einfach nur mit einem Gefühl von Heiterkeit und großer Befriedigung. Bis heute habe ich in meinem Herzen unzählige Heimstätten gefunden, geschaffen und gesammelt. Zahllos werden auch die sein, die ich in der Zukunft zu meiner Sammlung hinzufüge. Nur wenige dieser kostbaren »Besitztümer«, die nirgendwo einen Marktwert haben, zeige ich einigen Freunden – denen, die den Mut haben, mich auf manchen meiner Wege und Abenteuer zu begleiten. Mittlerweile ist mir auch klar geworden, dass solche wichtigen Orte ideal dafür geeignet sind, Schätze und Müllhalden in mir selbst zu finden, die Wurzeln von Freude und Trauer, die Grundlagen für Erfolg, aber auch die Risse, die Zusammenbrüche ankündigen. Und doch mögen diese Orte dem rationalen Menschen mit seinen beschränkten Zielen, fixiert auf Vergnügen und abhängig von Unterhaltung, zu langweilig erscheinen. Viele von uns haben die Fähigkeit verloren, das Hier und Jetzt in seiner reinen Form zu genießen, ohne sich kontinuierlich mit »Grundbedürfnissen«, Künsten und Luxusgütern wie mit Drogen eindecken und dahinter verstecken zu müssen. Jeder soll, finde ich, seinen eigenen Weg gehen. Aber wie viele werden wirklich die von ihnen ersehnten Ziele erreichen und für all ihre Mühen, die Anspannung und für die Langeweile, die durch das gehorsame Erfüllen ihrer Pflichten im Beruf entstehen, entschädigt werden? In meinem eigenen Leben gab es Phasen – und es gibt noch immer solche Momente –, in denen ich Illusionen nachlief wie jemand, dem nichts anderes übrig bleibt als eine Wüste zu durchqueren: Durch Hitze, Erschöpfung und eine Fata Morgana in der Ferne wurde die Grenze zwischen unerwünschter Realität und erwünschter Phantasie verschwommen und verschwand schließlich ganz. Was hatte mich denn eigentlich misstrauisch gemacht? Warum hatte ich einen genaueren Blick auf das geworfen, was sich im vorherrschenden Trend der Gesellschaft abspielt? Woher kam die deutliche Warnung, was verursachte die klare Entscheidung, nicht den üblichen gut ausgetretenen Wegen zu folgen? Ich weiß es nicht. Ich weiß noch nicht einmal, wieweit sich die Wendepunkte in meinem Leben zufällig ergaben oder ob ich sie bewusst wählte. Vielleicht kam es so, weil ich *nicht* sehr viel über all das nachdachte, sondern einfach so handelte, wie es mir zu diesem Zeitpunkt als richtig erschien. Irgendwie fühle ich, dass mein Leben den richtigen Weg genommen hat, aber trotzdem hat es keinen einzigen Tag, keinen Ort und keine Tätigkeit für mich gegeben, durch die ich so glücklich und zufrieden gewesen wäre, dass ich mich danach gesehnt hätte, dies mitzunehmen und es für die Ewigkeit einzufrieren. Denn erst der Fluss der Zeit, der Wechsel der Orte, die Bewegung der Handlungen machen die Gegenwart zu einem Geschenk und nicht zu einer Last, die wir wie ein Missgeschick mit uns herumschleppen müssen.

Ich bin oft Gast oder ein Fremder in vier Wänden mit einem Dach darüber, von dem andere ganz stolz sagen, das sei »ihr Zuhause«. Wenn ich mich umschaue, kann ich erkennen, wie sich das innere Wesen des Besitzers in seinen Besitztümern offenbart und spiegelt. Wenn andere Menschen wirklich wissen, was es bedeutet, sich zuhause zu fühlen, dann frage ich mich und manchmal auch andere: „Warum müssen die meisten Menschen ihr Zuhause mit so vielen Dingen voll stopfen?“ Vielleicht erlöst erst der Tod einige von uns von all dem Ballast. Und selbst dann hat die nächste Generation mit all den unnötigen Dingen zu kämpfen, die oft so unklug verwendet werden. Die Erde lächelt wahrscheinlich darüber, dass wir Teile von ihr »unser« nennen. Ist das nicht fast wie bei einem Kind, das eine Sandburg am Strand baut? Wenn ein anderes Kind kommt und das Kunstwerk zerstört oder in Besitz nimmt, dann wird das Kind, das es gebaut hat, zornig und fängt an zu weinen; und wenn die Eltern sagen, dass es Zeit ist, nach Hause zu gehen, wird es sich ihnen widersetzen und noch bleiben wollen; und wenn eine Welle die Sandburg wegspült und auslöscht, was mit so viel Liebe und Anstrengung gebaut wurde, dann ist das Kind verwirrt und empört. Aber was macht uns eigentlich so sicher, dass nicht schon heute Nacht Diebe kommen und all unsere Sachen wegnehmen, dass der Tod nicht schon morgen an unsere verschlossene Tür klopfen und uns auffordern könnte, mit ihm zu kommen, und dass eines Tages nicht die Natur mit ihrer Kraft und Gewalt das zerstören wird, was wir mit so viel Liebe und Mühe aufgebaut haben?

Und trotzdem belächeln wir als Erwachsene die Kinder, die ihre Spiele mit so viel Leidenschaft spielen. Gleichzeitig bemerken wir nicht, dass wir uns selbst in kindischen Spielereien verlieren, die wir nur mit kultivierten Etiketten versehen.

Manche Menschen fühlen sich nie zuhause, sind nie entspannt und machen es sich niemals gemütlich, selbst dann nicht, wenn sie das, wonach sie sich sehnten, in der einen oder anderen Hinsicht erreicht haben. Sie können die Erfüllung ihrer »Träume« nicht einmal genießen, weil sie dann schon wieder nach etwas Neuem verlangen. Für ihr Unbehagen klagen sie dann andere, die Welt oder sonst etwas an, was für ihre Misere verantwortlich sein soll. Für andere – und das sind nur wenige – klappt das Leben einfach, ohne dass sie überlegen und planen müssten, was richtig ist. Das Universum scheint ihnen alles zur Verfügung zu stellen, was sie brauchen und lieben, ohne dass sie auch nur darum bitten müssten. Während sie ihr Glück genießen, vergeuden sie nicht Stunden, Tage oder gar Jahre damit, theoretisch zu verstehen, welche Mechanismen dahinter stecken könnten. Tief im Inneren wissen sie aber, dass ihnen ihr Glück nicht zufällig zuteil wird. Ihre glücklichen Tage sind von einem Gefühl tiefer Dankbarkeit begleitet. Dennoch haben sie nicht das Bedürfnis, das auszudrücken und der ganzen Welt mitzuteilen. »Ist das Leben selbst nicht die schönste Belohnung im Leben?« Das klingt zwar so einfach, und dennoch steckt darin eine tiefe Weisheit, die vielleicht sogar in all ihren Facetten wahr ist. Je mehr wir verstehen, warum wir hier sind, umso mehr können wir jede Herausforderung und jede Möglichkeit richtig nutzen, indem wir einfach im Fluss sind mit dem, was wir im Hier und Jetzt erleben. Je mehr wir unser Ego, das wir durch ungesunde Gewohnheiten geformt haben, beiseite lassen können, desto mehr können wir uns auf die Wahrnehmung einlassen, die uns auf natürliche Weise mit Ausdauer, Mut und Intuition versorgt. Dadurch fällt es uns leicht, die Wege zu meiden, die nicht für uns gedacht sind, jene zu gehen, die für uns stimmig sind, und dort anzukommen, wo wir mit Zeit, Ort und den Wesen um uns harmonieren. Dann hören wir damit auf, dauernd etwas außerhalb von uns zu suchen und zu erwarten. Und dennoch finden wir überall, wo wir uns umschauen, Dinge, Augenblicke und Stimmungen, die uns entsprechen, mit denen wir uns wohl fühlen oder die wir

akzeptieren können. Die Realität kommt dem Ideal näher, und die Ideale werden realer, bis sie schließlich miteinander verschmelzen.
Warum ist das Gefühl, lebendig zu sein, ohne daran denken zu müssen, wer ich bin, was ich mache und was ich habe, eigentlich stärker, wenn ich in der Einsamkeit bin? Und warum ist das Gefühl, zu diesem Planeten zu gehören, weniger intensiv, wenn ich mit Menschen zusammen bin? Auch Pflanzen, Felsen, Tiere und Wasser sehe ich dann nicht im gleichen Licht, wie wenn ich allein bin; sogar das Essen schmeckt weniger köstlich und wird selbstverständlicher eingenommen. Der mündliche Austausch von Erfahrungen, das Reden darüber, all die Fragen und Antworten und die Illusion, dass Worte echte sinnliche Erfahrungen ersetzen könnten, decken die Tatsache zu, wie wenig und wie ungenau wir dieses wundervolle Universum zu beschreiben imstande sind. All das entzieht dem direkten Erleben die Tiefe, lässt es zu zwei Dimensionen verflachen, die sich schwarz auf weiß in Gedrucktes zusammenpressen lassen. Wenn wir das dann in einer Schublade oder einer Ecke aufbewahren, nähren wir damit die Illusion, Lebensmomente aufbewahren und jederzeit wiederholen zu können, sooft wir nur wollen. Dies spottet der Tatsache, dass zu jedem beliebigen Zeitpunkt nur ein einziger Augenblick erlebt werden kann und dass Erinnerungen an Vergangenes ebenso wie Zukunftsträume nur Phantasien sind, die uns nur zu leicht die Gegenwart direkt vor unseren Augen vergessen lassen. Es stimmt, dass der Schatten einer Person ebenso real ist wie diese selbst. Aber wären wir denn nicht Narren, wenn wir den Schatten anstelle des Körpers füttern wollten? Sind wir denn sicher, dass wir nicht gerade so mit unserem Leben umgehen?
Vielleicht kommt die Frage auf, ob ich Gesellschaft hasse. Meistens stört es mich nicht, wenn es dazu kommt. Zeitweilig liebe ich sie, und manchmal brauche ich sie sogar. Und doch weiß ich gleichzeitig, dass Gesellschaft niemals ein Ersatz für jene besonderen und wertvollen Momente ist – und das auch nicht sein kann –, wenn ich allein meiner Wege gehe. Mit jeder neuen Heimat, die ich in der Welt finde, wo auch immer das sein mag, wird mir klarer, dass es eigentlich nirgendwo anders eine wirkliche Heimat geben kann als im eigenen Herzen. Und wenn wir dort angekommen sind, dann sind wir überall und immer zuhause, wohin wir auch gehen mögen, wo immer wir bleiben und was auch immer wir verlassen – selbst dann, wenn wir gar kein »richtiges« Zuhause auf diesem Planeten besitzen.

Kapitel 11

Täuschung und Ent-Täuschung

Über Zölibat, Liebe und Sexualität

Beziehung ist der Spiegel, in dem wir uns sehen, so wie wir sind. Das ganze Leben ist eine Bewegung in Beziehungen: Es gibt nichts Lebendes auf der Welt, das nicht zu dem einen oder anderen in Beziehung steht. Sogar der Einsiedler, ein Mensch, der sich an einen abgelegenen Ort zurückzieht, hat eine Beziehung zur Vergangenheit, steht zu seiner Umgebung in Beziehung. Man kann der Beziehung nicht entfliehen.
Jiddu Krishnamurti[181]

Viele Jahre hatte ich gewaltige geistige und physische Energien dafür aufgewendet, Frauen, Sexualität und andere weltliche Begehrlichkeiten und Freuden zu meiden und darin eine »große Gefahr« für meinen spirituellen Fortschritt befürchtet. Mein blinder Glaube an die absolute Richtigkeit und Wichtigkeit des im Theravada[182] dargelegten Vinaya[183], der Mönchsregeln, war dabei eine große »Inspiration«, mich für lange Zeit von 52 Prozent der Menschheit konsequent abzuwenden. Das schwerste Vergehen für einen Mönch darin lautet: „Sollte ein buddhistischer Mönch [...] sich dem Geschlechtsverkehr hingeben [...], ist er zu Fall gekommen [...].“[184] Aber auch andere Regeln bekräftigten meine Ansicht, auf der Hut vor diesen »unberechenbaren Wesen« sein zu müssen, wie beispielsweise: „Eine Frau mehr als sechs Sätze des Dhamma zu lehren, es sei denn als Antwort auf eine Frage, ist ein Pācittiya-Vergehen, außer wenn ein verständiger Mann anwesend ist.“[185] Abgesehen davon schlugen viele jener Ratschläge, die Buddha seinen Mönchen einst für ihr »Reinheitsleben«[186] mitgegeben hatte, in dieselbe Kerbe und vertieften meine Vorurteile und Verwirrung. Als vor seinem Hinscheiden der Buddha von seinem treuen Diener, dem Mönch Ananda, gefragt wurde, „wie sich die Mönche Frauen gegenüber verhalten" sollten, entgegnete ihm der Meister:

> - Sie nicht ansehen, Ananda.
> - *Aber wenn wir sie sehen, was sollen wir tun?*
> - Nicht mit ihnen sprechen, Ananda.
> - *Wenn sie uns aber ansprechen, Herr, was sollen wir dann tun?*
> - Auf der Hut bleiben, Ananda. (D 16, 5, 9)[187]

Dahinter steht natürlich die altbekannte These der meisten religiösen Anschauungen im Westen wie im Osten, dass das heilige Ziel – sei es Nirwana oder Gott – nur erreicht werden kann, wenn man sich diszipliniert und konsequent von allen »Lustobjekten«, inklusive Frauen, fernhält: „Der weit verbreitete Irrtum des religiösen Zölibats besteht in der Annahme, dass das spirituelle Leben der höchsten Stufe die absolute Entsagung von Sexualität erfordert, als ob die Gotteserfahrung eine Alternative zu der Erfahrung mit Frauen oder zu jeglicher anderen Art von Erfahrung wäre [...] Die grundlegende Annahme ist, dass Gott und die Natur miteinander konkurrieren und dass der Mensch zwischen ihnen wählen muss. Dieser Standpunkt ist radikal dualistisch [...], und sein Auftauchen erscheint in den nichtdualistischen Traditionen des indischen Vedanta und des Buddhismus als besonders fremdartig."[188]
Es ist daher auch nicht weiter überraschend, dass in den meisten buddhistischen Klöstern, in denen ich mich all die Jahre aufgehalten hatte, Frauen als zweitrangig angesehen wurden und werden. Die Ursache dieser weit verbreiteten Haltung ist meiner Meinung nach ebenfalls in Stellen der Urtexte zu suchen:

> Buddha hatte Frauen gegenüber eine ambivalente Einstellung. Während er einräumte, dass sie ebenso der Erleuchtung fähig sind wie Männer, so hat er doch anscheinend zeitweilig an ihren moralischen und geistigen Fähigkeiten gezweifelt. Der Theravada[189] dagegen ist diesbezüglich ganz unzweideutig – er vertritt eine frauenfeindliche

> Perspektive. Tatsächlich ist der Ausschluss der Frauen von einer bedeutenden Rolle im spirituellen Leben des Theravada vollständiger als im Islam. Es gab wenigstens einige weibliche muslimische Heilige, Dichterinnen und Theologinnen; im Theravada gab es bis zum 20. Jahrhundert, soweit mir bekannt ist, keine. Dieser Ausschluss von Frauen ist ganz besonders paradox, wenn man erkennt, dass es zu einem großen Teil Frauen sind, welche die Religion am Leben erhalten. In Ländern des Theravada [wie Sri Lanka, Thailand und Burma; Anm. von S.P.] sind es die Frauen, die ganz offensichtlich am gläubigsten sind. Vor allem Frauen kümmern sich um die Mönche, machen Erledigungen für sie und sorgen dafür, dass sie rechtzeitig ihre Almosenspeise bekommen. Die Zuhörerschaft bei Predigten besteht oft fast nur aus Frauen.[190]

Selbst Buddha hatte angeblich ein Problem damit, Frauen gleichgestellt in seinen Orden aufzunehmen:

> Der ehrwürdige Ananda sprach: „Herr, es wäre gut, wenn es Frauen ermöglicht würde, unter der vom Vollendeten verkündeten Lehre und Ordensregel in die Hauslosigkeit zu ziehen." – „Genug, Ananda, frage nicht danach." Er fragte noch ein zweites und ein drittes Mal und wurde abgewiesen. „Ananda, wenn Mahapajapati Gotami [die Ziehmutter des Prinzen Siddhartha; Anm. v. S.P.] acht wesentliche Regeln akzeptiert, dann soll das als ihre Aufnahme in den Orden gelten: Eine Nonne, auch wenn sie vor hundert Jahren aufgenommen worden ist, muss einem Mönch, auch wenn er eben erst aufgenommen worden ist, Ehrerbietung erweisen; sie muss sich vor ihm erheben und ihn ehrerbietig grüßen. Eine Nonne darf die Regenzeit nicht an einem Ort verbringen, wo keine Mönche sind. Jeden halben Monat sollte eine Nonne sich auf einen Besuch zur Unterweisung einrichten. Wenn sie den Regenzeitaufenthalt beendet hat, soll einen Nonne beide Orden in drei Richtungen zur Kritik einladen, ob in Bezug auf ihren Wandel irgend etwas Unangemessenes gesehen, gehört oder vermutet worden ist. Eine Nonne darf einen Mönch in keiner Weise kritisieren oder

> ihn gar beschimpfen. Von heute an ist es Nonnen nicht gestattet, Mönche mit einer Weisung anzureden, Mönche aber dürfen Nonnen so anreden. Diese Regeln sollen in Ehren gehalten, respektiert, ernst genommen und hoch geachtet werden, und sie sollen zeitlebens nicht übertreten werden. Ananda, wenn es Frauen nicht ermöglicht worden wäre, in die Hauslosigkeit zu ziehen, dann würde der Höchste Wandel noch lange Bestand haben, jetzt aber, da es ihnen ermöglicht wurde, wird er nicht lange Bestand haben."[191]

Allerdings sprechen nicht alle östlichen spirituellen Traditionen der Frau eine so untergeordnete Rolle zu, wie aus den folgenden Worten einer Dākinī, einer Tantra-Meisterin, deutlich wird: „Beim Tantra verständigt man sich darauf, diese Kräfte auszuleben. Die Frauen besitzen sie auf natürliche Weise. Für sie ist es leicht, Erfahrungen zu machen. Für den Mann hingegen gibt es bloß den Traum von der Macht. Deshalb manifestiert sich männliche Kraft nicht spontan und zeigt sich oftmals durch Gewalt. Gewalt ist reine Impotenz. Um seine Kraft zu entfalten, muss ein Mann erst seine Weiblichkeit erfahren. Desgleichen wird eine Frau, die ihre natürlichen Kräfte unterdrückt, kein Gleichgewicht in sich finden und ihre eigenen lustvollen Fähigkeiten nicht akzeptieren."[192]
Sich dem Zölibat zu unterwerfen ist wahrscheinlich eine der größten – und vielleicht auch unnatürlichsten – Herausforderungen für die meisten Mönche.[193] Ein Samnyāsin, ein Mönch der Hindu-Tradition, hat seinen inneren Kampf damit so beschrieben:

> Wir, die wir das Keuschheitsgelübde abgelegt haben, haben unsere Schwierigkeiten mit der Sinnlichkeit. Das Gelübde ist nur ein Mittel, um unserem unkontrollierbaren Verlangen zu widerstehen. Ich bin jetzt ein alter Mann, und dieses Verlangen brennt nicht mehr in mir. [Aber ich; *Zusatz von S.P.*] ging durch Zeiten der Qual, des unerträglichen biologischen Dranges; ich hatte Tag und Nacht damit zu kämpfen. Es war eine sehr schwierige Zeit voller Einsamkeit, Frustration, Angst vor dem Wahnsinn und neurotischer Ausbrüche. […] Ich habe ihm [dem Geschlechtstrieb; Anm. von S.P.] widerstanden, ich habe darüber ein Gelübde abge-

> legt. Denn durch traditionelle Überlieferung und durch den Verstand habe ich erkannt, dass man Energie für das Leben religiöser Hingabe braucht. Aber nun sehe ich, dass dieser Widerstand einen großen Teil meiner Energie aufgezehrt hat. Ich habe mehr Zeit damit verbracht, dem Geschlechtsleben zu widerstehen und mehr Energie damit vergeudet, als ich jemals mit dem Geschlechtsleben selbst vergeudet habe. Durch den Konflikt und Kampf wird viel mehr abgetötet als durch das Erblicken eines Frauengesichts oder vielleicht sogar als durch das Geschlechtsleben selbst. [...] Ich habe mich jahrelang darin geübt, Frauen nicht anzusehen. Ich habe unbarmherzig den biologischen Drang kontrolliert. Der biologische Drang erzeugt keine Gedanken. Es sind so oft die Gedanken, die den Drang erzeugen. Wir tragen viel Heuchelei in uns. [...] Man betrachte alles mit offenen Augen, ohne die Erinnerung an gestern, dann wird das Leben nicht zum Problem. Im Alter wird mir das nun so langsam klar.[194]

Warum Sexualität auch bei Mönchen im Buddhismus ein solches Tabu ist, hat wahrscheinlich nicht zuletzt mit der Zeit zu tun, in welcher jene strengen Regeln festlegt wurden.[195] Die absolute Härte in Buddhas Worten gegenüber Sudinna, dem Mönch seines Ordens, der erstmals das Zölibat brach, schreckte sicherlich einerseits lustgequälte Ordensbrüder und Ordensschwestern ab (und dabei möchte ich mich nicht ausschließen) und programmierte andererseits ein schlechtes Gewissen vor, falls ihnen eine Übertretung doch einmal unterlaufen sein sollte:

> Es wäre besser für dich, törichter Mann, dass dein Glied in das Maul einer schrecklichen und giftigen Schlange eindringen würde, [...] [oder] in eine Kohlengrube, wo es brennt, lodert, die in Flammen steht, als dass es in eine Frau eindringen soll. Was ist der Grund dafür? Aus dem ersten Grund, törichter Mann, würdest du sterben oder leiden, wie man bis zum Tode leidet, aber du würdest aus diesem Grund nicht beim Zerfallen des Körpers, nach dem Tode, ins Verderben, in eine schlechte Wiedergeburt, in den Abgrund, zur Hölle fahren. Aber aus dem zweiten Grund, törichter Mann, würdest du beim Zerfallen des

Körpers, nach dem Tode, ins Verderben, zu einer schlechten Wiedergeburt, in den Abgrund, in die Hölle fahren.[196]

Erst lange Zeit, nachdem ich mir all diese schrecklichen Visionen wortwörtlich zu Herzen genommen hatte und all die detaillierten Vorschriften mit tiefstem Ernst akzeptiert und peinlichst genau eingehalten hatte, dämmerte mir, dass ich im Endeffekt damit die Essenz eines spirituellen Lebens zuschütte. Ist es daher verwunderlich, dass einige Mönche dann »regeltreu« versuchten, jenem allzu menschlichen Bedürfnis Luft zu machen:

> Es wird erzählt, dass ein gewisser Mönch, der im Wald lebte, einem weiblichen Affen Futter gab. Er wurde mit dem Tier sehr vertraut und hatte schließlich Geschlechtsverkehr mit der Äffin. Als Buddha das erfuhr, erweiterte er die erste Pārājika-Regel um den Zusatz: „Verboten ist Geschlechtsverkehr, sogar mit einem weiblichen Tier."[197]

Erst in diesem Zusammenhang wurde mir später klar, warum im ersten Waldkloster, das ich in Asien betreten hatte und welches extrem streng nach den Mönchsregeln geführt wurde, ein alter westlicher Mönch besonders hervorgehoben hatte, dass es dort keine einzige Hündin gab.

> Die typisch simple Psychologie des Theravada besagt, dass Schönheit Anhaftung erzeugt und diese geheilt wird, indem man in Abstoßendem schwelgt. Ironischerweise muss man zum Nachweis, dass das nicht stimmt, nur im Vinaya nachlesen, der unzählige Geschichten über Mönche enthält, die diese Kontemplation übten und schließlich mit Leichen kopulierten, sogar mit solchen in fortgeschrittenem Zerfallsstadium (Vin., III, 36). Im Vinaya wird behauptet, dass einmal bis zu 60 Mönche Selbstmord begingen, nachdem Buddha eine Lehrrede gehalten hatte, in der er die Kontemplation über die Widerlichkeit des Körpers gelobt hatte. (Vin, III, 67)[198]

Einmal kam zu meinem damaligen Meditationsmeister in Colombo ein westlicher Laie, der mit seinem extremen

Sexualdrang zu kämpfen hatte. Er wurde in der Meditation der Ekelhaftigkeit unterwiesen, geriet in eine außerordentliche psychosomatische Krise, hatte Alpträume und musste sich vor lauter Ekel sogar erbrechen.
Auch ich nahm mir einst in meinem blinden Vertrauen den Rat zu Herzen, das Abscheuliche zu kontemplieren. Regelmäßig besuchte ich in Bangkok, später auch noch einige Male in Colombo die Obduktionshallen von Krankenhäusern. Der makaberste Schauplatz war das Polizeikrankenhaus in Bangkok. In einer Halle befanden sich etwa acht Tische, wo innerhalb einer Stunde 15 – 20 Leichen aufgeschnitten, zersägt, auseinander genommen und wieder zusammengenäht wurden. Anfänglich wurde mir bei dem Anblick etwas übel, aber man kann sich erfahrungsgemäß wirklich an (fast) alles gewöhnen. Nach einigen Besuchen war mir diese Szenerie schon so geläufig, dass ich dabei auch gerne mal ein Getränk zu mir nahm, das mir von den »Handwerksmeistern« angeboten worden war. Aber im Endeffekt erreichte ich damit eigentlich nichts – höchstens, dass meine Gefühllosigkeit gegenüber mir und der Welt zunahm.
Ein Mönch schenkte mir einmal ein Foto einer Frauenleiche mit den Worten, dass es ihm viel Herzensfrieden gebracht habe. Angeblich nahm er sogar beim Almosengang oder wenn Frauen zu Besuch kamen, seine Brille ab, um unvermeidliche reizvolle Anblicke nicht in ihrer vollen Schärfe sehen zu müssen. Damit gehörte er sicherlich zu jenen wenigen Mönchen, die sich ganz der asketischen Lehre hingaben und die für mich einst ein großes Vorbild darstellten:

> Gezügelt sei in dieses Ordens Regel,
> Bei den fünf Sinnen auch sei du bewacht!
> Die „Achtsamkeit beim Körper“ sei dir eigen,
> Den Abscheu mache in dir stark!
> Meide Gedanken-Bild, das lieblich,
> Das mit Begierde ist verquickt!
> An dem, was unrein, reife deinen Geist,
> Damit er einig, wohl gesammelt sei![199]

Aber diese erzwungene Art von Geistesfrieden hat ihren Preis:

> [...] diese Art der Kontrolle ist ein eigenartiges Beispiel für das Sprichwort, dass gerade der Erfolg uns scheitern lässt.

> Denn je mehr das Bewusstsein durch den Erfolg des Willens individualisiert wird, desto mehr wird alles außerhalb des Individuums zu einer Bedrohung. [...] Hieraus entsteht das Verlangen, das Ego vor fremder Spontaneität zu schützen, indem man sich aus der natürlichen Welt in ein Reich des reinen Bewusstseins oder Geistes zurückzieht.[200]

> Offensichtlich ist die sexuelle Funktion eine der stärksten Manifestationen der biologischen Spontaneität und unterliegt deshalb kaum der Kontrolle unseres Willens. Die unmittelbaren Gründe für eine Kontrolle der Sexualität liegen in dem Glauben, dass durch sexuelle Aktivität die Männlichkeit geschwächt würde, über die Besitzrechte an Frauen, bis hin zu den Vorstellungen über eine monogame Liebesbeziehung, um nur einige Überlegungen zu erwähnen. Aber all das scheint zweitrangig, wenn man bedenkt, dass der Unterdrückung der Sexualität der Charakter eines prinzipiellen Tests bezüglich der Stärke des Ego zugesprochen wird [...]. Wenn man den Glauben weniger unter dem Aspekt betrachtet, was man vermeiden soll, sondern ihn vielmehr positiv betrachtet und bedenkt, dass der Glaube eine intensive Auseinandersetzung der Identität von Subjekt und Objekt darstellt und er die Stellung des Menschen im Universum beinhaltet, so gibt es keinen Grund, weshalb man die Sexualität dabei aussparen sollte.[201]

„Voll und ganz zu leben, in der Realität unserer Welt präsent zu sein, die tausend Freuden des Lebens, all das ist Teil des Weges. Zurückgezogenheit in das Selbst, spirituelle Besessenheit und die Verschlossenheit gegenüber anderen sind Zeichen einer geistigen Entwicklung, die fehlgegangen ist und eine Sackgasse erreicht hat.“ [202]
Aber es war ein langer und mühsamer Weg, bis ich mir all das eingestehen wollte und ohne schlechtes Gewissen so einen menschlicheren und relevanteren Zugang zu moralischen Verpflichtungen finden konnte.

Was mich bei all den in den Massenmedien verbreiteten Skandalen um katholische Priester in Erstaunen versetzt, ist die Tatsache, dass ich in all den Jahren, die ich in Klöstern Sri Lankas und Thailands verbrachte, wenig bis gar nichts von homosexuellen Aktivitäten oder Missbrauch von Kindern bzw. Novizen erfahren habe.[203] Von Mönchen, die heimliche Kontakte mit Frauen oder Prostituierten pflegen, hört man ebenfalls selten. Vielleicht auch deswegen, weil buddhistische Tempel oft von Laien besucht und bewohnt werden, so dass sich Nachtaktionen schwer verheimlichen lassen würden. Dass solche »Seitensprünge« aber doch passieren, erfuhr ich indirekt, als ich einmal alleine mit einer Rikscha in Colombo unterwegs war. Der Fahrer begann ohne Grund etwas umständlich von irgendeiner Frau zu sprechen, wurde dann aber immer spezifischer und sagte schließlich ungeniert, dass sie an Sex interessiert sei, nicht einmal Geld dafür wolle und gar nicht weit von hier wohne. Dann war eine gespannte Stille, bis ich etwas aufgebracht meinte, ich sei daran nicht interessiert. Hierauf erwiderte er in unschuldigem Ton, dass ich ihn missverstanden hätte und er damit nur sagen wolle, wie unmoralisch einige Menschen sich hier aufführen würden.

Ich hatte zwar meinen Kampf und Krampf mit dem Zölibat, aber nie in einem Maß, dass es mein Leben und Überleben als Mönch in Frage gestellt hätte. Vielleicht ist das auf meine Erziehung zurückzuführen, auf meinen Charakter, auf meine Kompensationsfähigkeit oder auf meine Selbstdisziplin. Beispielsweise gehörte es einst zu meinem Repertoire an natürlichen Reflexen, schnellstens wegzuschauen, sobald eine Frau, die erotische Gefühle hätte auslösen können, in mein Gesichtsfeld kam. Zu dieser scheuklappenartigen Lebensweise wurde ich nicht zuletzt durch Buddhas Worte inspiriert: „Erblickt da der Mönch mit dem Auge eine Form [...], so haftet er nicht an der Gesamterscheinung, nicht an den Einzelheiten. Und weil bei unbewachtem Auge Begehren und Mißstimmung, üble, unheilsame Einflüsse in ihn einströmen möchten, daher bemüht er sich, dem zu wehren; er bewacht das Auge und zügelt es. [...] So hält der Mönch die Sinnestore bewacht."[204] Aber wo hätte ich hinschauen sollen, wenn ich beispielsweise in einem Fahrzeug auf dicht bevölkerten Straßen Sri Lankas unterwegs war? In solch unausweichlichen Situationen spürte ich manchmal einen schmerzhaften Stich im Herzen, der ein eindeutiges Zeichen war, dass ich eine tiefe Sehnsucht in mir ignorierte. Das wenige, was ich an »unmoralischen Reizen« doch wahrnahm, brannte sich dafür um so tiefer in mein Gedächtnis ein. Als ich mich schließlich in einem Meditationszentrum in

Colombo niederließ, in dem auch Frauen willkommen waren, kehrte nicht zuletzt deswegen meine lange verdrängte Sexualenergie zurück. Die vielen Stunden, die ich damals täglich über Wochen und Monate in Meditation verbrachte, wurden immer häufiger von erotischen Tag- und Nachtträumen unterbrochen. Einen weiteren »aufklärenden Schock« verursachten einige »unzensierte« Filmszenen, die ich bei meinem ersten Aufenthalt im Westen über den Bildschirm flimmern sah. Außerdem war ich nicht wenig überrascht, wie sehr sich die Mode verändert hatte und wie extrem kurz die Miniröcke waren. Weitere »Höhepunkte« gab es dann auch, als ich in einem Appartement eines Freundes, wo ich immer wieder mal in Colombo wohnte, »zufällig« auf weitere »freizügige Aspekte« stieß, die ich lange Zeit vergeblich versucht hatte, aus meinem Gedächtnis auszuradieren.[205] Ein westlicher Mönch, der mich in seinem Übereifer wahrscheinlich vor all diesen »unheilsamen«[206] weltlichen Einflüssen retten wollte, ermahnte mich damals ernsthaft, aber vergebens, ich solle während meiner Aufenthalte in Colombo nicht bei irgendwelchen Freunden, sondern in seinem buddhistischen Zentrum wohnen. In ein »perfekt-buddhistisches« Ambiente mit seiner sterilen und einengenden Atmosphäre zurückzukehren, kam mir vor, wie wenn ein freigelassener Vogel zurück in seinen Käfig gesperrt werden sollte.

> Man muss einige Zeit in einem Theravada-Kloster verbringen, um die abtötende Wirkung des jahrhundertelangen Vinaya-Formalismus auf das spirituelle Leben zu erkennen. Nirgendwo wird dies offensichtlicher als in der alles durchdringenden Heuchelei des Mönchslebens. Während mit fast fanatischer Pedanterie auf der exakten Einhaltung einer bestimmten Mönchsregel bestanden wird, ignorieren Mönche ganz nebenbei Regeln, die ihnen nicht passen.[207]

In meinem Tempel in Kandy fühlte ich mich wohl, da auch mein dortiger singhalesischer Mitbruder sehr locker mit den Regeln umging. Ansonsten mied ich inzwischen Tempel und Waldklöster, in denen ich mich zu sehr eingeengt fühlte. Mittlerweile gibt es sogar schon einen »Führer über die Mönchsregeln« für Laien, was bei der Komplexität der Regeln nicht weiter verwunderlich ist.

Darin heißt es:

> Es mag vielleicht seltsam erscheinen, dass eine Regel es einem Mönch gänzlich verbietet, [mit einer Frau; Anm. von S.P.] ein vertrauliches Gespräch zu führen. Wenn man jedoch bedenkt, welchen Fehlverlauf derartige private Gespräche immer wieder genommen haben, so kann man leicht einsehen, dass man sich besser absichern sollte.[208]

Und genau das ist mir damals auch „passiert" – aber *ohne* dass ich es je bereut hätte! Denn allmählich gelang es mir, Frauen als wunderbare Mitmenschen zu erkennen und anzuerkennen. Nach all den Jahren meiner Entsagung genoss ich bei einigen sogar großes Vertrauen, wenn sie mir ihre persönlichen Probleme darlegten. Und eine von ihnen teilte mit mir den gewaltigen Schmerz, den sie erfahren und der sie sogar zu einem Selbstmordversuch gebracht hatte, als sie von ihrem Geliebten verlassen worden war. Unsere gemeinsamen Gespräche hatten meist am Telefon stattgefunden und wurden zunehmend länger und intimer, bis es schließlich auf beiden Seiten »funkte«. Ein Jahrzehnt nach der Trennung von meiner amerikanischen Freundin kam endlich, und leider, wieder ein Gefühl von Verliebtheit und Leidenschaft auf, was für mich in Robe Himmel und Hölle auf Erden bedeutete. Meine jahrelange Disziplin und mein fast zum Stillstand gekommenes Gefühlsleben wurden plötzlich von einem Meer der Gefühle überflutet. Solch weltliche Leidenschaften sind natürlich eher eine Ausnahme für Mönche; aber auch spirituelle und meditative Ambitionen sind bei der Geistlichkeit in Sri Lanka eher eine Seltenheit, was historisch gesehen nichts Neues ist:

> Schon von einem frühen Zeitpunkt an war auf die Praxis der Meditation in Sri Lanka weniger Wert gelegt worden. Zu Beginn christlicher Zeitrechnung hatten die führenden Mönche beschlossen, dass der Bewahrung des Dhamma der Vorzug gegenüber dessen Lehre gegeben werden sollte. Diese Herabsetzung der Meditation spiegelt sich auch in den Kommentaren wieder, wo es heißt: „Ob Verwirklichung oder Übung stattfindet, tut nichts zur Sache. Von Wichtig-

keit für die Weiterführung des Sasana ist das Lernen. Wenn der Weise den Tipitaka studiert, tut er beides ... Deshalb wird das Sasana gestärkt, wenn das Lernen fortdauert."[209]

Auf Sri Lanka ist Meditation, außer in ein paar wenigen besonderen Meditationsklöstern, praktisch nicht existent, und selbst dort wird es nicht allgemein praktiziert. Die Mönche, die eine Neigung zum Studium und zur Meditation in sich spüren, haben natürlich eine wunderbare Gelegenheit, ihre Meditationsübungen auszuführen, aber sie sind eine kleine Minderheit. Denn für die anderen ist die Motivation, irgend etwas zu tun, gering, und der Druck, sich zurückzulehnen und die Laien Verdienst anhäufen zu lassen, indem sie einem jede Laune von den Augen ablesen, ist groß. Es ist traurig, dass diesem Druck sehr viele Mönche nachgeben. [...] Die Beobachtungen von Spiro in Burma lassen sich auch auf andere Länder des Theravada übertragen. „Kein Zweifel, Langeweile ist der Grund für die übermäßig vielen Schlafenden, die man in Klöstern zu sehen bekommt – Mönche scheinen eigentlich immer zu schlafen – , und auch für die Stumpfheit und Apathie, der man oft in ihnen begegnet. Ich vermute auch, dass diejenigen, ... die sich mit Alchemie, Medizin, Exorzismus und ... Politik beschäftigen, das nicht bloß aus wirklichem Interesse an den Dingen tun, sondern um der Öde des Klosterlebens entfliehen zu können. Ebenso liegt es wahrscheinlich an der Langeweile, wenn Mönche so großes Interesse an ihren Besuchern haben."[210]

Die Situation ist nicht zuletzt deswegen so, weil es oft gar nicht die eigene oder eine religiös motivierte Entscheidung der Mönche war, in den Orden einzutreten. Häufig waren und sind es ganz andere Gründe, wie beispielsweise ein gutes ordensinternes Studienangebot. Ansonsten ist die Bandbreite für Kreativität und Enthusiasmus beschränkt, da ja weder Musik noch Sport für Mönche und Novizen erlaubt ist. Das hat Folgen:

Der Grund für die ungewöhnlich hohe Zahl von Diabetikern unter den Mönchen Sri Lankas liegt zweifellos

> in der Bewegungsarmut, gepaart mit reichhaltiger Ernährung. Eine Studie aus dem Jahr 2002 über die Todesursache von Mönchen in Thailand zeigte, dass die Hauptursache für den Tod vieler Thai-Mönche auf das Rauchen zurückzuführende Krankheiten waren [was allerdings in Sri Lanka kaum der Fall ist; Anm. v. S.P.]. Da sie ansonsten nicht viel zu tun haben, vertreiben sie sich ihre Zeit eben mit Schlafen, Schwatzen und Rauchen. Sogar Mönche, die an Meditation und Studium interessiert sind, können ihren Geist kaum mit Perioden physischer Übungen erfrischen. Sowohl der Vinaya wie auch das Interesse der gläubigen Öffentlichkeit, die Mönche zu verwöhnen und Verdienste anzuhäufen, machen das praktisch unmöglich.[211]

In zahlreichen Tempeln wird dem Fernsehen häufig eine wesentlich größere Aufmerksamkeit geschenkt als beispielsweise den religiösen Zeremonien, die oft in ihrer Eintönigkeit nur noch routinemäßig abgehalten werden. Ich bin mir nicht sicher, ob die zahlreichen Filme, die als erotischer Liebeskitsch »Made in India« ausgestrahlt werden, den mönchischen Alltagsfrust reduzieren oder vermehren. Als spirituelle Lösung sind sie allerdings schwerlich zu betrachten. Dass auch Selbstbefriedigung eine Möglichkeit ist, Frust und Sexualenergie abzubauen, hatten Mönche schon während der Zeit Buddhas herausgefunden:

> Ein Mönch namens Seyyasaka hatte mit der Zölibatsregel große Schwierigkeiten, und durch seine Frustration wurde er körperlich geschwächt. Auf den Rat eines anderen Klosterbewohners begann er so viel zu essen, zu trinken und zu schlafen wie er wollte, und er masturbierte, um sich Erleichterung von dem sexuellen Druck zu verschaffen. Innerhalb von kurzer Zeit erholte er sich von seinem physischen Problem. Nachdem der Buddha von diesem Vorfall gehört hatte, erließ er eine Regel, nach der es den Ordensmitgliedern verboten war, durch Masturbation zum Orgasmus zu gelangen.[212]

Diese Regel und zwölf weitere gehören zu „einer Klasse von sehr schweren Vergehen. Jedoch ist es für jeden Mönch, der ein Vergehen begangen hat, möglich, sich durch Bekenntnis und eine überwachte Bewährungszeit zu rehabilitieren. Schließlich muss der Mönch durch ein speziell dazu einberufenes Treffen der Gemeinde von mindestens zwanzig Mönchen wieder in seinen Stand gesetzt werden".[213] Dabei wird bei Verheimlichung solcher Vergehen die Strafperiode entsprechend verlängert, was den »Sünder«[214] unter zusätzlichen Druck setzt.[215]
Ich bin nur zweimal Mönchen begegnet – und beides waren Westler –, die sich dieser erniedrigenden Rehabilitation unterworfen hatten. Nicht, dass solche »Vergehen« wirklich so selten wären, sondern weil sich die wenigsten einheimischen Mönche mit solchen Regeln und ihren Strafverfahren belasten.[216] Im Gegensatz dazu versuchen viele ihrer eingebürgerten Ordensbrüder in ihrem Übereifer und Streben nach Perfektion »päpstlicher als der Papst«, besser gesagt: buddhistischer als Buddha zu sein – und ich zählte sicherlich einst zu ihnen!
Ist es weiter verwunderlich, dass kurze Zeit nach dem Hinscheiden Buddhas ein bestimmter Mönch folgende Meinung gegenüber seinen Mitmönchen vertrat, der ich nunmehr ebenfalls zustimme:

> Genug, ihr Brüder, seid nicht traurig, lasset die Klage: erlöst sind wir endlich von jenem großen Asketen! Heimgesucht waren wir immer von „Das geziemt euch zu tun, das geziemt euch zu lassen: jetzt aber werden wir tun [,] was uns beliebt, und was uns nicht beliebt, das werden wir nicht tun."[217]

Paradoxerweise war gerade dieser Mönch der Auslöser für die absolute Kodifizierung der Mönchsregeln.[218]
Auch wenn mein damals frisch aufgeblühtes Liebeserleben sich nur in sehr eingeschränkten platonischen Bahnen bewegen konnte, wuchs doch mein Bedürfnis nach sexueller Befriedigung. Als ich diesen inneren Vulkan nach einem Jahrzehnt der Unterdrückung eines Nachts zur Explosion brachte, geschah dies in einer weit abgelegenen Waldhütte.[219] Um aber dem »gnadenlosen und absoluten Strafsystem«, dem ich mich bis dahin verpflichtet gefühlt hatte, ein Ende zu bereiten, hatte ich mir geschworen, mich bei

nächster Gelegenheit von den Gelübden eines Bhikkhus, eines »höheren Mönches«, offiziell bei einem Brudermönch loszusagen, was ich auch einige Tage darauf tat. Zum Glück gibt es im Buddhismus – im Gegensatz zum christlichen Mönchswesen – jederzeit die Möglichkeit, das Gelöbnis zu widerrufen. Stattdessen nahm ich damals die Stellung eines Samanera ein, eines »kleinen Mönches« oder »Novizen«. Übrigens ist der Unterschied zwischen Bhikkhu und Samanera äußerlich in keiner Weise ersichtlich.
Im Dezember 2000 hatte ich also acht Jahre dieses prägenden und einengenden Kapitels meines Lebens abgeschlossen, das mir einige schlaflose Nächte und zahlreiche Alpträume beschert hatte. Damit hatten sich die Hunderte und Tausende von Verboten beziehungsweise Geboten auf, salopp gesagt, lächerliche zehn reduziert. Und sogar jene sind im eigentlichen Sinn keine Gebote, sondern, ganz im wörtlichen Sinne, als »Übungen« zu verstehen. Sie bestehen darin, nicht zu töten, nicht zu stehlen, das Zölibat einzuhalten, nicht zu lügen, keine berauschenden Mittel zu sich zu nehmen, nicht zur falschen Zeit zu essen, sich des Tanzens, Singens, der Musik und der unpassender Unterhaltungen zu enthalten, sich nicht zu schmücken oder parfümieren, breite und hohe Betten nicht zu benutzen und kein Geld zu verwenden. Davon nahm ich mir nur die ersten fünf wirklich zu Herzen, weil sie für mich als natürliche Voraussetzung für ein harmonische spirituelles Leben als Mönch einfach stimmig waren.
Dass meine keusche Affäre eigentlich von Anfang an hoffnungslos zum Scheitern verurteilt war, war nicht nur mir klar, sondern wahrscheinlich auch ihr. Und dennoch vergingen einige von heftigen Gefühlen erschütterte Monate, in denen ich von neuen Lebensimpulsen schier überflutet wurde. Ich hatte auch den Mut, meine Emotionen nicht zu bekämpfen, sondern zu akzeptieren. Buddha hatte immer wieder die große Bedeutung von »mettā«, der unpersönlichen Liebe für alle Mitwesen betont:

> Wie eine Mutter ihren eigenen Sohn,
> Ihr einziges Kind mit ihrem Leben schützt,
> So möge man zu allen Lebewesen
> Entfalten seinen Geist![220]

Andererseits waren seine Anweisungen, wie man sich gegenüber jenen Menschen und Gegenständen verhalten sollte, die man liebte und an denen man anhaftete, auch eindeutig:

An Liebes schließe dich nicht an,
An Unliebsames nimmermehr.
Die Lieben nicht zu seh'n ist Qual,
Und Qual die Unlieben zu seh'n.

Drum fasse keine Liebe je,
Denn Liebes lassen ist gar schlimm.
Für wen's nicht »lieb« noch »unlieb« gibt,
Für den gibt's keine Fesseln mehr.[221]

„Als Geheul, ihr Mönche, gilt in der Ordenszucht des Heiligen das Singen, als Wahnsinn das Tanzen, als kindisch das unpassende Lachen mit aufgerissenem Munde."[222] Ven. S. Dhammika meint diesbezüglich: „Ganz bestimmt liegt dem Theravada eine negative Betrachtungsweise zugrunde, die in der Tendenz besteht, nur die schlechte, die hässliche oder die fehlerhafte Seite der Dinge zu betrachten. Theravada-Mönche besuchen Begräbnisse, aber sind bei den fröhlichen Anlässen des Lebens nicht dabei. Sie sehen die spirituelle Bedeutung der Krankheit, des Verfalls und des Todes, aber nichts Positives in einer Hochzeit, einer Geburt oder dem Erreichen der Volljährigkeit."[223]

Lange genug hatte ich auf verschiedenste Weise versucht, Gefühlen der Liebe und der Anhaftung zu entkommen. Um ihnen keinerlei Möglichkeit zu geben, Wurzeln zu schlagen, hatte ich beispielsweise sogar einmal einen der so seltenen Briefe meiner Mutter ungelesen in einen Baumstumpf gesteckt. Nach all den Jahren hatte ich einfach die Nase voll; ich wollte den Kampf gegen Windmühlen nicht mehr fortsetzen, da ich am eigenen Leib und mit ganzem Herzen erfahren hatte, dass mich nichts davon in Richtung Heiterkeit und Ausgeglichenheit gebracht hatte. Endlich konnte ich *ohne* schlechtes Gewissen akzeptieren, dass meine ganz persönlichen wirklichen Gefühle *nicht* im Einklang mit einer Religion standen, die auf der ganzen Welt verbreitet und gepriesen wurde: „Agape heißt: Liebe deinen Nächsten wie dich selbst – geistige

Liebe. Es spielt keine Rolle, wer der Nächste ist. [...] Aber bei Amor haben wir ein rein persönliches Ideal. Die Überwältigung, die aus der Begegnung der Augen kommt, [...] ist eine Erfahrung von Mensch zu Mensch. [...]Das steht völlig im Gegensatz zu allem, wofür die Kirche eintrat. [...] Es war insofern wichtig, als im Abendland dadurch diese Betonung des Individuums aufkam: dass man seiner Erfahrung vertrauen und nicht einfach Begriffe in den Mund nehmen soll, die man von anderen übernommen hat. Betont wird die Gültigkeit der individuellen Erfahrung dessen, was Menschlichkeit ist, was Leben ist, was Werte sind, gegen das monolithische System."[224]

Dazu zu stehen brauchte einigen Mut. Als ich nach Jahren wieder mal Hermann Hesses Erzählung Siddhartha während eines meiner Höhlenaufenthalte las, wusste ich genau, wovon er schrieb:

„Zu viel Wissen hatte ihn gehindert, zu viel heilige Verse, zu viel Opferregeln, zu viel Kasteiung, zu viel Tun und Streben! [...] In dies Priestertum, in diesen Hochmut, in diese Geistigkeit hinein hatte sein Ich sich verkrochen, dort saß es fest und wuchs, während er es mit Fasten und Buße zu töten meinte. Nun sah er es, und sah, daß die heimliche Stimme recht gehabt hatte, daß kein Lehrer ihn je hätte erlösen können. Darum hatte er in die Welt gehen müssen [...]."[225]

Auch wenn man es sich im intensiven Augenblick der Verliebtheit nicht vorstellen kann, so passierte es doch: Während eines meiner Meditationsretreats beruhigten sich die Flammen des Liebesgefühls und damit auch der Schmerz. Das Schöne bei dieser abgeklungen Liebe war, dass eine freundliche Beziehung weiterhin bestehen blieb, obgleich sie mittlerweile verheiratet ist und ihr zweites Kind erwartet.

Damals hätte ich nicht gedacht, dass ich noch einige zart-bittere Lektionen vor mir hatte. Nicht zuletzt lag das auch an meinem kindlichen Übermut, der durch meine neue geistige Freiheit zum Wiedererwachen gekommen war. Aber natürlich endete nicht jeder freundschaftliche Kontakt mit einer Frau in einem unkontrollierbaren Gefühlschaos – wovor ich früher oft gewarnt worden war und was ich auch befürchtet hatte. Einmal organisierte ich eine Veranstaltung, bei der ich mich sehr gut mit einer äußerst attraktiven Singhalesin unterhielt. Am nächsten Tag fragte mich ein westlicher Mönch, der ebenfalls gekommen war, wie ich es denn fertig gebracht hätte, mich mit ihr zu unterhalten. Ich schaute ihn ahnungslos an, worauf er meinte: „Mein Herz wäre dabei zersprungen." Er hatte jahrelang versucht, durch Abgeschiedenheit und extreme Regeltreue den Sexualtrieb irgendwie unter Kontrolle zu bekommen, wie ich früher. Als er schließlich nach 15 Jahren zum ersten Mal zurück nach England ging, legte er schon bald darauf die Robe ab, was viele überraschte, da er doch so ein »perfektes Mönchsleben« geführt hatte.

Zu meinen Veranstaltungen kam regelmäßig eine westliche Frau, die mit einem Singhalesen offensichtlich nicht sehr glücklich verheiratet war und ein Kind hatte. Ihre Frustration, bloß Hausfrau und Mutter zu sein, ließ sie nach allen möglichen spirituellen und anderen Richtungen Ausschau halten. Eines Tages kam sie zu mir, um ein dringendes Problem zu besprechen. Etwas zögernd gestand sie mir, dass sie sich immer wieder in andere Männer verliebe, und fügte hinzu, dass diesmal *ich* es sei, der den Liebesfunken in ihr entzündet habe. Ich meinte gelassen, das sei alles nicht so tragisch, da ich keinerlei solche Empfindungen ihr gegenüber verspüre. Und wenn dem doch so wäre, betonte ich, hätte ich sie gar nicht erst getroffen. Wobei ich mir selber eingestehen musste, dass ich dies wahrscheinlich gerade in so einer »Notfallsituation« bestimmt nicht unterlassen hätte!

Einige Monate vor meinem zweiten Österreichbesuch im Sommer 2001, nachdem ich mich wieder für einige Zeit in ein Höhlenkloster zurückgezogen hatte, kam mir die Adresse meiner einstigen »großen Liebe« in den Sinn – die nur ein Wunschtraum geblieben war. Da sich der Geist in solcher Abgeschiedenheit mit wenig eindrucksvollen und wichtigen Dingen zu beschäftigen hat, kommen oft gerade dann irgendwelche »Schnapsideen« auf. Ich schrieb ihr auf der Stelle einen Brief, und einige Monate später trafen wir uns tatsächlich zum ersten Mal nach über 10 Jahren. Diese Begegnung inspirierte mich damals zu folgenden Zeilen:

> Aus der »Liebe« herausgewachsen: Jahre sind vergangen, seit ich in deine Augen sah – kann mich noch immer an ihr Blau erinnern. Jetzt – zum ersten Mal – kann ich sie ansehen, ohne Angst, zu verlieren und ohne Sehnsucht, zu gewinnen. Einander wieder zu sehen: Das ist schön! Ohne Verpflichtung:

> Sogar noch besser! Offen und klar über die Vergangenheit reden: Kein Bedauern, sondern Vergnügen und Freude. Über das zu sprechen, was uns einst nicht band, verbindet uns jetzt tiefer, aber ohne Spannung und Fessel. Es erinnert mich an den weisen Spruch: „Manchmal ist es ein großes Glück, das nicht zu bekommen, was man am meisten begehrt.“ Was ist aus der Vergangenheit zu lernen? Was für die Zukunft zu wünschen? Das Leben spielt seine eigene Melodie: Man sollte wissen, wann es Zeit ist, mitzutanzen, aber auch, wann die Zeit gekommen ist, zurückzutreten und eine Pause einzulegen. Aus den Enttäuschungen sollte man lernen, wie oberflächlich Liebeshoffnungen sind. Glück braucht viel Fürsorge – nehmen wir uns die Zeit dazu. Wenn wir uns eines Tages an einem anderen Ufer treffen sollten, so nimm deine Freundschaft und dein Lächeln mit, aber lass die Anhaftung hinter Dir! PS: Entschuldige all den Schmerz, den ich dir einst verursacht habe! Aber du weißt genauso gut wie ich: Es ist ein langer und verschlungener Weg, bis man mit sich selber und mit anderen in Harmonie leben kann.

Eigene einprägende Erfahrungen und oft gehörte Weisheiten von anderen sind in meinem Fall, wie auch bei den meisten meiner Mitmenschen, noch lange keine Garantie, dass dadurch praktische Lebensweisheit tiefere Wurzeln geschlagen hätte. Ein burmesischer Mönch schrieb einmal: „Ich werde immer unvollkommener. […] Man sagt, dass ein Mönch an niemanden und nichts anhaften sollte, aber das kann ich nicht. Ich bin nicht nur ein Mönch; ich bin auch ein Mensch. Ich versuche nicht, jemand zu sein. Ich versuche einfach nur mein bestes, all das zu verstehen, was in meinem Leben, in meinem Geist, in meinem Herzen geschieht.“[226]

»Zufällig« kontaktierte mich in jener Zeit auch eine junge Frau, die von mir und meinem spirituellen Leben und den sozialen Projekten gehört hatte, wegen einer Idee, für einige Zeit nach Sri Lanka zu kommen, um ähnliche Erfahrungen zu sammeln. Diese anregende Freundschaft schlug schließlich wiederum in eine aufregende Liebschaft um, mit all ihren einfachen Freuden und komplizierten Leiden, mit all ihren Treuegelöbnissen und ebenso vielen Widerlegungen, mit ihren süßen Stunden und deren bitterem

Nachgeschmack, mit ihren transzendierenden Gefühlen voller Fürsorge und Selbstaufopferung und mit ihren menschlichen Schwächen voller Neid und Egoismus.
Als unsere Liebesphase in voller Blüte stand, fehlte es uns nicht an Mut und Rücksichtslosigkeit, kulturelle und religiöse Schranken zu durchbrechen. So waren wir öfters zu zweit in einer Rikscha unterwegs, lebten im selben Haus einer Bekannten in Colombo, oder wir hatten oft bis abends erfrischende Gespräche in meinem Kandy-Tempel. Was dabei die anderen Mönche dachten, weiß ich nicht, und es kümmerte uns damals wenig. Offiziell war sie eben bloß meine »religiöse Anhängerin«.
Aber dann kam zu Weihnachten des Jahres 2001 die große Bescherung in Form eines Briefes: Sie hatte sich »ent-liebt«! Jetzt wusste ich wieder, wie es ist, vor lauter Liebeskummer mit einer jämmerlichen Fassade herumzulaufen und keinen Bissen hinunter zu bringen. Zwar hatte sie ihr heiß-kaltes Gefühlsbad hinter sich gelassen, aber ganz wollte sie mich auch nicht aufgeben. War es vielleicht für ihr nicht ganz unangekratztes Ego eine angenehme Genugtuung zu erleben, wie sehr jemand anderer an ihr hing? Was meinem Selbstwertgefühl einen weiteren Dämpfer gab, war ihr Eingeständnis, dass sie großen Gefallen an einem wesentlich attraktiver aussehenden Singhalesen gefunden hatte, der sich ebenfalls von Kopf bis Fuß in sie verliebt hatte. Ich fand mich damals in einem scheinbar unlösbaren Dilemma wieder: Weder konnte ich meinen Stolz und meine Zufriedenheit als Mönch und spiritueller Pfadfinder wieder finden, noch hatten sich meine Wunschvorstellungen der »großen Liebe« erfüllt. Ihre eindeutige Grenzziehung bewahrte mich allerdings davor, dass meine Grundpfeiler des Mönchseins nicht oder wenigstens nicht völlig zu Bruch gingen, was ich zwar dankbar akzeptierte, aber in manchen Momenten auch verfluchte. Wir hatten bereits so viel Zeit und Energie ineinander investiert und vergeudet, dass keiner von uns das Drama zu Ende bringen wollte.
Obwohl Sri Lanka so dicht bevölkert und konservativ buddhistisch ist, dass fast jede Bewegung und Begegnung eines Mönches genau beobachtet und beurteilt wird, gelang uns manchmal dennoch das Wunder heimlicher romantischer Treffen in einem Wäldchen. Dort kam es sogar zu »unschuldigen« Körperberührungen, die sich auf Händehalten und Umarmen beschränkten. Das mag für nicht zöli-

batär lebende Menschen naiv klingen, aber die wenigsten können sich vorstellen, was es heißt, fast nie Gelegenheit zu haben, positive – und nicht einmal sexuelle – Gefühle dem anderen Geschlecht gegenüber in irgendeiner Art körperlich auszudrücken. Unter solchen Umständen kann auch das Streicheln einer Katze oder eines Hundes zu einem wunderbaren Erlebnis werden:

„Wenn sie durch das Moralisieren einer pervertierten Minderheit gehemmt in ihren Intimitäten geworden und dazu gebracht worden sind, den Standpunkt zu akzeptieren, dass das Schwelgen in dem körperlichen Vergnügen des Tastsinns irgendwie sündig und schlecht ist, dann müssen wir zwangsläufig selbst inmitten unserer Lieben einen Hunger nach Berührung und das Gefühl körperlicher Einsamkeit entwickeln. [...] Wenn die Menschen, die uns am nächsten stehen, uns nicht mehr mit dem versorgen können, was wir haben wollen, und wenn es zu gefährlich ist, Intimität mit Fremden zu suchen, dann machen wir uns auf zur nächsten Zoohandlung, und für ein bisschen Geld kaufen wir uns ein Stück Intimität mit einem Tier.“[227]

Aber bei den Sri-Lankern sind Tiere fürs Verteilen von Streicheleinheiten in der Regel verpönt. Und da Körperberührung nicht nur zwischen Mönch und Frau, sondern auch zwischen Mann und Frau von den Moralisten aller Religionen ungern toleriert wird – und das ist einer der wenigen Punkte, in denen die Buddhisten, Christen und Muslime übereinstimmen –, sieht man häufig, wie sich Männer untereinander an den Armen halten oder umarmen, was von Westlern oft mit homosexuellem Verhalten verwechselt wird, und Frauen haben für den körperlichen Gefühlsaustausch sowieso meist Kinder um sich.

Es ist beeindruckend, wie Liebe zu einem bestimmten Menschen das Verhältnis zur Welt und zu den eigenen Interessen verändern kann, und das nicht immer zum Positiven. So fand ich damals beispielsweise kein großes Interesse mehr daran, Gefängnisse zu besuchen, was ich immerhin zwei Jahre lang regelmäßig gemacht hatte. So viel von meiner Phantasie und Inspiration ging auf Kosten dieser Beziehung, dass auch meine Freude am Schreiben und Fotografieren stark nachließ. Andererseits stieß ich durch meine »große Liebe« unabsichtlich auf einen neuen Lebensquell, der unerwartet neue Horizonte eröffnete und Hoffnungen mit sich brachte. Sie hatte in Sri Lanka eine große Begeisterung für Yoga entwickelt. Dabei wollte ich ihr natürlich in nichts nachstehen und begann damit selber voller Eifer, und bald war ich davon ebenso begeistert wie sie. Zufällig hatte ich keinen Yogalehrer, sondern eine Yogalehrerin, die ich schon vorher als großartige spirituelle Wegbegleiterin kennen gelernt hatte. Bei zahlreichen intensiven Workshops ergab sich die wunderbare Möglichkeit, den menschlichen Körper – ohne den von Frauen auszuschließen! – als etwas Natürliches und Wunderbares zu entdecken: ein Tempel und Instrument für physisches und spirituelles Wohlbefinden, und nicht bloß ein Lustobjekt oder das, als was er im Theravada oft angesehen wird:

> Gefügt aus Knochen und aus Sehnen, darauf geklebt dann die Gewebehaut und Fleisch,
> Den Körper durch die Außenhaut verhüllt, man sieht ihn nicht, so wie er wirklich ist.
> [...]
> Und seines Schädels Höhlung birgt die Masse des Gehirns.
> Dies alles hält für schön der Tor! Unwissenheit ist es, dem er darin folgt![228]

Das emotionale Auf und Ab meiner damals platonischen Beziehung hatte sich doch so weit stabilisiert, dass ich es wagte, ein neues Kapitel aufzuschlagen. Und damit nahm ich die Herausforderung auf mich, einen weiteren Schritt weg von mönchischen Konventionen zu machen: eine gemeinsame Reise nach Indien. Die Frau am Ticketschalter des Colombo-Flughafens hatte irgendwie mitbekommen, dass wir zusammengehörten, aber anstatt darüber empört zu sein, buchte sie unsere Sitzplätze nebeneinander. Damals genoss ich es zum ersten Mal nach einem Jahrzehnt, für sechs Wochen nicht als Mönch identifiziert und beurteilt zu werden. Natürlich war es nicht immer leicht, ein Zimmer – und oft auch ein Bett – mit jemanden zu teilen, dessen Anwesenheit nicht selten mein Herz zum Pochen brachte. Sie dagegen hatte mit meiner Präsenz nicht so sehr das Problem des Anhaftens, sondern fühlte sich während ihrer häufigen Stimmungstiefs mir gegenüber eher gleichgültig oder sogar angewidert. Trotz all dieser Unterschiede

und Konflikte waren wir mittlerweile miteinander so weit vertraut geworden, dass die physische Trennung nach unserer Rückkehr in Sri Lanka für uns beide doch etwas gewöhnungsbedürftig war.
Nach all diesen »Beziehungsabenteuern«, die in ihrer Harmlosigkeit wahrscheinlich nur einen »entwöhnten« Mönch in Aufregung versetzen konnten, musste ich ihr schließlich doch Lebewohl sagen. Und zum Abschied durfte ich sie nicht einmal umarmen, da die Wartehalle des Colombo-Flughafens nun einmal weder Indien noch ein verstecktes Wäldchen im Bergland Sri Lankas ist. Während der darauf folgenden Tage und Wochen geschah zu meinem Erstaunen und meiner Erleichterung eine innere Umwandlung, die es mir endlich ermöglichte, nach all den tiefen Eindrücken mit all den dazugehörigen seelischen Kerben und Wunden, sie von ganzem Herzen loszulassen. Erst dann fand ich wieder die Energie, mein Leben intuitiv und autonom auszurichten, ohne durch allzu menschliche Charaktereigenheiten und Stimmungen eines anderen aus dem Gleichgewicht gebracht zu werden.
Eigentlich war ich überrascht, wie wenig all diese teils öffentlichen, teils heimlich durchgeführten »verpönten Aktionen« Sri Lankas berüchtigte Gerüchteküche zum Brodeln gebracht hatten. Aber ganz blieb es doch nicht aus: So bekam ich einmal einen Brief von einem Mönchsbruder und Landsmann, der davon gehört hatte, dass ich erstens mit Frauen „Umgang pflegte", zweitens mit Geld um mich warf und drittens in Laienbekleidung herumlief. Keine dieser Feststellungen war völlig aus der Luft gegriffen. Zu Punkt eins: Um als Mönch in Verruf zu kommen, brauchte es nicht sehr viel. So erschienen einmal in einer sri-lankischen Tageszeitung auf der Titelseite drei »Skandalfotos« eines berühmten Mönchs. Sie zeigten ihn mit einer um einiges jüngeren, hübschen Frau, wobei nicht einmal ein körperlicher Kontakt zwischen ihnen festzustellen war. Allerdings wurde erwähnt, dass der Redaktion noch „intimere" Aufnahmen vorlägen, die sie aber aus Gründen der „Anständigkeit" nicht veröffentlichen wollten. Daraus konnte ich ungefähr schließen, was mir geblüht hätte, wenn etwas von meinem „Privatskandal" publik geworden wäre. Der zweite Punkt bezog sich wahrscheinlich darauf, dass größere Geldsummen durch meine Hände gingen, wobei das meiste davon für soziale Zwecke verwendet wurde. Und auch den dritten Punkt konnte ich nicht bestreiten,

da ich sowohl eine robenlose Zeit in Indien (und später auch drei Monate in Österreich) verbracht hatte und bei den von mir häufig besuchten Yoga-Workshops bloß im Yoga-Outfit herumlief. Seitdem ist mir immer wieder direkt oder indirekt zu Ohren gekommen, dass ich das Mönchsein bereits aufgegeben hätte. Zunächst war ich über solche Gerüchte aufgebracht, und sie machten mir auch ein wenig Angst, wegen meiner unkonventionellen Art unter Umständen sogar von der Insel verwiesen zu werden. Schließlich wurde mir an einem Oktobertag im Jahre 2003 klar, dass tatsächlich die Würfel für eine robenlose Zukunft gefallen waren.

Vielleicht wird sich nach meiner Verwandlung gar nicht viel verändern, vielleicht nur, dass sich mein menschliches Mönchsein zu einem spirituellen Menschsein verändern wird. Aber wer weiß, welche Beziehungsabenteuer und bereichernde Erfahrungen mich noch erwarten? Einen Funken Hoffnung für eine hellere und weniger schmerzliche Zukunft habe ich allerdings: Ein Dutzend Mönchsjahre, während denen zahlreiche Versuche fehlschlugen, ein natürliches Verlangen in mir zu vernichten, und während denen ich auch einige bittersüße (platonische) Romanzen durchlebte, waren hoffentlich genug Vorbereitung, Lernerfahrung und Warnung, um künftig nicht allzu häufig durch blinden Glauben oder Liebesrausch in das eine oder andere Loch zu fallen.

Nachwort von Theja Weeratna, »Simple Wisdom«, Sri Lanka

Samanera Pajalo hat »Simple Wisdom« ins Leben gerufen. Dafür sind ihm unzählige Menschen auf Sri Lanka dankbar, mich eingeschlossen. Auch wenn er nun als Florian Palzinsky wieder im Laienstand lebt und auf den institutionalisierten Buddhismus kritisch zurückblickt, so ist doch sein Interesse an den Menschen in Sri Lanka und seine Hilfsbereitschaft davon nicht berührt. Für engagierte Laien ist die Buddha-Lehre kein formalistisches System, sondern eine Lebensform, die, ohne dass ein Glaube notwendig wäre, den Alltag meistern hilft. Für diesen Anstoß werden wir Samanera Pajalo immer dankbar sein, und in diesem Sinne wollen wir Simple Wisdom weiterführen.

Wer das Buch gelesen hat, weiß, dass die Probleme in unserem Land vielfältig sind. Simple Wisdom soll helfen, dass aus unserer tränenförmigen Insel nicht eine Insel der Tränen wird. Wir würden uns freuen, wenn Sie durch die Lektüre dieses Buches angeregt würden, unsere Projekte zu unterstützen. Alle Mitarbeit bei Simple Wisdom erfolgt ehrenamtlich, und es gibt keinen Verwaltungsapparat, der Spenden verschlingt. Die Hilfe kommt gezielt an, weil wir die Hilfsbedürftigen persönlich kennen und mit ihnen in Kontakt bleiben.

Bisher haben wir folgende Projekte durchgeführt:

- Unterstützung von Kindergärten, Universitätsstudenten, Berufsschülern und Schulkindern, Bezahlung von Lehrkräften
- Drucken und Verteilen von Broschüren, Faltblättern usw. mit spirituellem Inhalt
- Unterstützung für Familien: a) durch Sachspenden von landwirtschaftlichem Werkzeug oder z.B. einer Wasserpumpe, einer Kuh usw., mit dem Ziel, dass sie damit selbst ihren Lebensunterhalt verdienen können, b) bei Hausbau, Dachreparatur (Tropenregen!), c) bei der Beschaffung von Gebrauchs- und Verbrauchsgütern (Kleidung, Nahrung, Medikamenten, Schulartikeln)
- Unterstützung der Familien von Häftlingen

- Gefängnisprogramme, vor allem im größten Frauengefängnis: Hilfe für einzelne Häftlinge durch Organisation und Bezahlung eines Anwalts (besonders für zum Tode Verurteilte); Beschaffung von Bürgschaften, Medikamenten, Büchern und einfachen Lebensbedarfsartikeln
- Meditationsprogramme in den Gefängnissen mit den Häftlingen
- Unterstützung der Adhivasi (Veddas), der Ureinwohner Sri Lankas
- Unterstützung eines Heimes für behinderte Kinder
- manchmal Hilfe für Tiere.

Darüber hinaus möchten wir unsere Landsleute auch seelisch unterstützen und möglicherweise einen Beitrag dazu leisten, dass es einmal Frieden auf Sri Lanka geben wird. Dieses Projekt, mit dem wir durch Spendengelder dieses Jahr in einem bescheidenen Rahmen neu beginnen konnten, habe ich „Serendipity" genannt. Serendipity hat im Englischen die Bedeutung »glückliche, jedoch unerwartete Entdeckung« (siehe Kapitel 4, Anm. 10). Und genau das ist es, was ich mir für meine Landsleute wünsche. Serendipity soll so aussehen: einige einfache, ansprechend hergerichtete Räume im Zentrum von Colombo, die für jede und jeden geöffnet sind, wo man Tee trinken, Ruhe suchen, Rat finden oder auch nur mal zum Gucken vorbeikommen kann, wo es offene Ohren für Probleme und auch Anregungen zu ihrer Lösung gibt und vor allem: viele Bücher.
Aus meiner langjährigen Arbeit mit Nichtregierungsorganisationen (NGOs) weiß ich, dass vor allem eine Bücherei gebraucht wird. Die Sri Lanker sind bildungshungrig und lesen gern und viel, haben aber oft kein Geld, um sich Bücher zu kaufen oder gegen eine Gebühr zu leihen. Außerdem vermitteln Bücher Einblicke in eine Welt, die nicht, wie Sri Lanka zur Zeit, von einem Bürgerkrieg ausgelaugt wird. Man braucht eine Abwechslung von den Alltagsschwierigkeiten, aber das muss etwas anderes sein als Fernsehprogramme mit zahllosen Gewaltszenen. Ich selbst finde so viel Trost und Freude in meiner Arbeit, dass ich sie teilen möchte, vor allem mit Kindern.
Im März 2004 habe ich angefangen, Räume für Serendipity zu suchen. Aber bisher konnte ich nichts finden, was günstig gelegen

ist und nicht zu viel Miete kostet. Daher habe ich mich an einen nahegelegenen buddhistischen Tempel gewandt und die Mönche darum gebeten, mit meinem Projekt in ihren Räumen beginnen zu dürfen. Sie haben zugestimmt. Mit dem Geld, das gespendet wurde, konnten wir viele Bücher kaufen, zumal wir bisher davon noch nichts für Miete ausgeben mussten.

Nun ist es Ende Juni. Zweiundfünfzig Kinder kommen jeden Montag, um sich Bücher zu leihen. Ich bin sehr glücklich darüber, und es ist auch schön, sich mit ihnen zu unterhalten. Ein kleiner Junge, der schon vier Bücher mitgenommen hat, gab jetzt zu, dass er gar nicht lesen kann, obwohl er schon in der fünften Klasse ist. Ich habe vor, mich um ihn zu kümmern und ihm nach und nach das Lesen beizubringen. Dieser Fall steht für viele andere. Die Kinder kommen aus Familien mit geringem Einkommen, und manche haben auch nur eine provisorische Unterkunft, aber sie sind dennoch so fröhlich.

Ich hoffe, dass ich in einem anderen Tempel in der Nähe eine weitere Gruppe gründen kann. Außerdem gibt es eine Anfrage von einer Gruppe von Leuten, die in einer Siedlung von kleinen Häusern leben und wo es eine Gemeinschaftshalle gibt.

Eine Rechtsanwältin, die unser Projekt unterstützt, arbeitet daran, Simple Wisdom als gemeinnützige Gesellschaft registrieren zu lassen. Dieser Vorgang steht nun nach monatelanger Vorbereitung kurz vor dem Abschluss. Die Insassen des Frauengefängnisses werden zur Zeit von meiner Mitstreiterin Thusitha betreut. Mein Mitstreiter Súnil, dem Sie in den Kapiteln 5, 7 und 8 begegnet sind, wohnt bei den Adhivasi (Veddas) und hilft ihnen nach Kräften.

Trotz der Inflation in unserem Land überrascht es Menschen aus der westlichen Welt immer wieder, mit welch geringen Beträgen effiziente Hilfe möglich ist. Das Pro-Kopf-Einkommen in Sri Lanka im Jahre 2003 betrug rund 750 Euro. Für jede geeignete Hilfe, nicht nur für finanzielle, sind wir jederzeit dankbar. Wenn Sie eine Möglichkeit sehen, unsere Arbeit zu unterstützen, so setzen Sie sich bitte mit uns in Verbindung. (Kontaktadressen finden Sie im Kapitel »Ein kurzer Blick des Autors hinter die literarische Fassade seines Buches«.)

Colombo, im Juni 2004 — Theja Weeratna

Glossar und Abkürzungen

Abkürzungen sprachlicher Begriffe:

P = Pāli   S = Sanskrit   m = männlich   f = weiblich   n = sächlich

--> = Verweis innerhalb des Glossars

Adhivasi	--> Vedda
Anm. d. Red.	Anmerkung(en) der Redaktion
Arrak	(arabisch) Palmschnaps; starkes alkoholisches Getränk. Siehe hier Kapitel 9.
Bhante	(P) (universelle) Anrede für einen Mönch, wörtlich: „Ehrwürdiger". Vgl. --> Bhikkhu.
Bhikkhu	(P) ordinierter buddhistischer Mönch. Die Ordination „ist keine Einweihung in eine Mysteriengenossenschaft, auch kein sakramentaler Akt wie eine Mönchsweihe der christlichen Ostkirche, sondern ein bloßer Rechtsakt. [...] Die buddhistischen Mönche legen keine »ewigen Gelübde« ab, sie können darum jederzeit aus dem Mönchsleben ins Weltleben zurückkehren" (F. Heiler, Die Religionen der Menschheit, hrsg. v. K. Goldammer, 5. Aufl., Stuttgart: Reclam, 1991, S. 183f.). Siehe hier Kapitel 5 und 11.
Bhikkhunī	(P) buddhistische Nonne. Siehe Kapitel 5 und 11.
Buddha	(P) der Erwachte; der Erleuchtete. Wenn Theravāda-Buddhisten *Buddha* verehren oder von *Buddha* reden, meinen sie im Allgemeinen den historischen Buddha, nämlich Siddhattha Gotama (P, S: Siddhārtha Gautama) Buddha, auch Sakyamuni (P, S: Sakyamuni) genannt („der Weise aus dem Geschlecht der Sakyer"). Der historische Buddha hat weder einen Anspruch auf Göttlichkeit noch auf Einzigartigkeit erhoben. Der --> Pāli-Kanon nennt sechs (mythische) Buddhas vor Gotama. „Einsichten ohne Nutzen für die Leidensbefreiung betrachtete der [historische] Buddha als wertlos: Er war ein Heilspragmatiker, kein Metaphysiker" (H. W. Schumann, Buddhismus. Stifter, Schulen und Systeme, 2. Aufl., Olten / Freiburg i. Br.: Walter, 1978, S. 59). Siehe hier Kapitel 5 – 7, 11 und Nachwort.
Buddhismus	--> Theravāda
Bürgerkrieg	Siehe Kapitel 9.

Ceylon	Alter Name für --> Sri Lanka. Die Insel war bereits in der europäischen Antike für ihre Bodenschätze bekannt. „C." ist die Verballhornung von „Sinhala" (vgl. „Singhalesisch") europäischer Kolonialisten.
„chanten"	(Lehnwort aus dem Englischen, vgl. to chant): rezitieren. Theravāda-Buddhisten beten nicht, sondern rezitieren. Es gibt keine Bittgebete (wie z.B. in den monotheistischen Weltreligionen), denn nach --> Theravāda-Auffassung ist 1. der --> Buddha kein übernatürlicher Retter (Heiland), und 2. ist, weil er bei seinem Tod ins Vollkommene --> Nirvana (S: pari-nirvāna, P: pari-nibbāna) einging, keine Kommunikation zwischen ihm und der Welt (nebst den himmlischen und höllischen Existenzbereichen) möglich, d. h., der --> Buddha kann den Lobpreis, den ihm der --> Sangha darbringt, weder hören noch an ihn gerichtete Bitten und Wünsche erhören. Vgl. --> Pūjā.
Dāna	(P) das freiwillige Geben von Materiellem (z. B. Essen und Kleidung an die Mönche), Arbeitskraft (z. B. tätige Mithilfe im Kloster) und Weisheit (z. B. Mithilfe bei der Verbreitung der buddh. Lehre). Der spirituelle Zweck des Spendens ist die Überwindung von Gier und Egoismus sowie das Erwerben religiöser Verdienste („karmisch heilsamer Taten"). Siehe Kapitel 5.
Dhamma	(P, S: dharma, m!) Hauptbedeutung: die Lehre (des --> Buddha); weitere Bedeutungen: Gesetz, Norm, kosmische Ordnung, Wahrheit, Geistesinhalt / Denkobjekt, Daseinsfaktor(en), Sachverhalt / Ding. Siehe Kapitel 6 und 11.
Hinduismus	Oberbegriff für diverse indische Religionen. Die meisten --> Tamilen sind Hinduisten.
INGO	International Non-Government-Organisation („Internationale Nichtregierungsorganisation")
Jaffna	1. Stadt und 2. Gebiet im Norden Sri Lankas. Siehe Kapitel 9.
LTTE	Abkürzung für *Liberation Tigers of Tamil Eelam* („Befreiungstiger des Tamilen-Landes"), politische und militärische Organisation zur Errichtung (auch mittels

Gewalttaten und Terroranschlägen) eines eigenen Tamilen-Staates im Norden und Nord-Osten Sri Lankas. Siehe Kapitel 9.

Meditation — (P: bhāvanā) Die Meditationstechniken des --> Theravāda sind religiös und weltanschaulich neutral. Zwei grundlegende Übungen, die Samanero Pajalo mit Inhaftierten praktizierte (siehe Kapitel 6) sind 1. Anāpāna-Sati (P), die Achtsamkeit (P: sati) beim Ein- und Ausatmen: Keine Atemübung (vgl. Yoga), sondern eine Konzentrationsübung, wobei die Atmung – anders als beim Yoga oder bei der Zen-Meditation – nicht beeinflusst wird. 2. Mettā-bhāvanā (P), die Liebende-Güte-Meditation: Liebende Güte (bedingungsloses Wohlwollen) wird dabei zunächst für sich selbst entwickelt und fortschreitend auf die Umwelt und schließlich auf alle Mitwesen ausgedehnt. – Zum Hintergrund von Kapitel 11, in dem Samanero Pajalo die klerikale Tristesse auf Sri Lanka beschreibt, muss *unter anderem* Folgendes bedacht werden: Dass buddhistische Mönche meditieren, ist keineswegs selbstverständlich. Die Wiederentdeckung und vor allem die Verbreitung der grundlegenden spirituellen Praxis des Ur- und Frühbuddhismus ist auf die Ordensreformbewegungen im 19. Jahrhundert in Thailand und Sri Lanka zurückzuführen (vgl. --> Waldtradition). Dass Laien meditieren, ist ein Novum des 20. Jahrhunderts und verdankt sich in erster Linie (von den sozio-ökonomischen Voraussetzungen abgesehen) dem Engagement buddhistischer Laienbewegungen. (Näheres dazu findet sich in den im Text genannten Büchern von Richard Gombrich.) Siehe Kapitel 6 und 11.

Mettā — (P, S: maitri) Liebende Güte, Allgüte; mettā-sutta (P): --> Sutta von der Liebenden Güte, einer der populärsten Rezitationstexte (--> Rezitation) des --> Theravāda, im --> Pāli-Kanon überliefert (Snip 1,8 = Khp 9).

NGO — Non-Governmental Organisation („Nichtregierungsorganisation“). Siehe Kapitel 7 – 9 und Nachwort.

Nirvāna — (S, Duden-Schreibweise: Nirwana; P: nibbāna) Heilsziel im Buddhismus: Erlösung aus dem Kreislauf der Wiedergeburten. Die Auffassung, mit N. sei die Vernichtung des Individuums gemeint, ist ein (unausrottbares) abendländisches Missverständnis.

Pāli — mittelindoarische Sprache, in der die „heiligen Schriften" (--> Pāli-Kanon) des --> Theravāda-Buddhismus abgefasst sind. Der historische --> Buddha sprach nicht Pāli, sondern einen Dialekt des Königreiches Magadha, aus dem er stammte, Māgadhī genannt. „Die ältesten buddh. Texte sind mithin aus dem östlicheren Dialekt von Magadha, der Heimat des Buddha, ins Pāli übertragen worden [...]. Nach der im 1. Jh. v. Chr. in Ceylon erfolgten schriftlichen Aufzeichnung des Pāli-Kanons [...] wurde Pāli zur Kirchensprache des Theravāda-Buddhismus [...] mit seiner umfangreichen Literatur; es dient bis heute als internationale religiöse Sprache der Theravāda-Buddhisten" (H. Bechert / G. Roth in: H. Bechert / G. v. Simon (Hg.) Einführung in die Indologie, 2., erg. Neuausg., Darmstadt: WBG, 1993, S. 26). Es existieren unterschiedliche Ausspracheraditionen – in den Theravāda-Ländern ebenso wie in verschiedenen Gelehrtenkreisen.

Pāli-Kanon — Die Sammlung der „heiligen" Schriften, die in --> Pāli überliefert sind, bestehend aus drei großen Teilen: 1. Sammlung (wörtlich: Korb) der Ordenszucht (Vinaya-pitaka, --> Vinaya), 2. Sammlung der Lehrreden (Sutta-pitaka, --> Sutta) und 3. Sammlung der scholastischen Erörterungen (Abhidhamma-pitaka). Die buddh. Bezeichnung für den P. lautet wörtlich „Dreikorb" (P: ti-pitaka; S: tri-pitaka). Der Theravāda-Buddhismus hat ein ganz anderes Verhältnis zu seinen hl. Schriften als die anderen (Welt-)Religionen: Ein fundamentalistisches Schriftprinzip, die klerikale Monopolisierung der Schriftauslegung und intellektuelle oder gar rituelle Schriftverehrung sind ihm gänzlich fremd. Vgl. --> Pāli. Siehe Kapitel 11.

Pātimokkha — (P, m) Sammlung von 227 Regeln für Mönche (und 311 für Nonnen). Sie enthalten die grundlegenden sittlichen

	Regeln, aber auch Übungs- und Verhaltensregeln. Vgl. --> Vinaya, --> Sīla. Siehe Kapitel 11.
Prabhakaran	Politischer Führer der --> LTTE (andere Transliteration: Pirabhakaran). Siehe Kapitel 6 und 9.
Pūjā	(P, f) Verehrung, Zeremonie; vgl. --> Uposatha.
Regenzeitaufenthalt	--> Vassa
Rezitation	--> „chanten", --> Pūjā
Sangha	(P, m!) die buddh. Gemeinde; 1. (im engeren Sinne) die Gesamtheit der Mönche und Nonnen, 2. (im weiteren Sinne) alle buddh. Gläubigen (Mönche, Nonnen, Laienanhänger/innen). Siehe Kapitel 6 und 11.
Sanskrit	altindische (indo-arische / indoeuropäische) Sprache; S. ist die klassische Literatursprache Indiens und die Sakralsprache („heilige Sprache") der Hinduisten und Mahāyāna-Buddhisten. Unterschieden wird in vedisches, klassisches und buddh. (auch: hybrides) S.
Sāsana	(P, n) Die Buddha-Lehre als historisches Phänomen, die jeweilige konkrete (und vergängliche) Ausprägung des --> Dhamma. Siehe Kapitel 11.
Sīla	(P, n) Sittlichkeit; pañca sīla (P) die fünf Selbstverpflichtungen (auch: Gebote, Tugendregeln, ethischen Regeln, Bemühungen), die für alle Buddhisten, also auch für Laien, gelten; atthanga sīla (P): die acht Selbstverpflichtungen, die mehrere Tage verweilende Klostergäste und Laien an „Buddha-Tagen" (--> Uposatha) versprechen, einzuhalten; dasa sīla (P): die zehn Selbstverpflichtungen, die für Mönche, Nonnen und Novizen gelten. Siehe Kapitel 11.
Singhalesen	Indoarischer Abstammung, der Legende nach im 6. Jh. v. Chr. aus Nordindien (gewaltsam) eingewandert. Rund 70 % der Gesamtbevölkerung sind S. Siehe Kapitel 9.
Singhalesisch	Indoeuropäische (indogermanische / indoarische) Sprache. Siehe Kapitel 7 und 8.
Sutta	(P, n. Etymologie des *Pāli*-Wortes in der Forschung umstritten. S: sūtra = Leitfaden, Schnur). 1. Lehrrede / Predigt (des --> Buddha), 2. allgemein: heilige Schrift, insbesondere bei lehrhaftem oder predigtähnlichem Inhalt; heiliger Text.

Sri Lanka	Moderner Staatsname der ehemaligen britischen Kolonie Ceylon.
SSP	Senior Superintendent, hoher Justizbeamter. Siehe Kapitel 6.
Tamil	(auch: Tamilisch) Sprache der Tamilen, dravidische Sprache, *nicht* mit dem Indoeuropäischen (Indogermanischen / Indoarischen) verwandt.
Tamilen	Dravidischer Volksstamm im Südosten Indiens und im Norden Sri Lankas, überwiegend Anhänger des Hinduismus. Rund 20 % der Gesamtbevölkerung sind T. – Der Bürgerkrieg auf Sri Lanka ist ein Konflikt zwischen --> Singhalesen und T. Siehe Kapitel 9.
»Tamil Tigers«	--> LTTE
Thera / Thero	(P, wörtlich „der Alte"), Titel (Namenszusatz) eines --> Bhikkhu, der über zehn Jahre Mönch ist. Siehe Kapitel 5 und 11.
Theravāda	(P) wörtlich: die Lehre der Alten, d.h. die Lehre des älteren (ursprünglichen) Buddhismus, auch Hīnayāna, „Kleines Fahrzeug", genannt, im Gegensatz zu den späteren Lehrentwicklungen des Mahāyāna („Großes Fahrzeug") und des Vajrayāna („Diamantfahrzeug"). Zum Mahāyāna gehört z.B. der Zen-Buddhismus, zum Vajrayāna z.B. der Tibetische Buddhismus. Die wichtigsten Lehren des Th. sind : 1. Bezugspunkt und einzige Autorität ist der --> Dhamma, wie er im --> Pāli-Kanon greifbar ist, 2. die Vier Edlen Wahrheiten, 3. die Lehre vom Bedingten Entstehen (P: paticca-samuppāda), 4. die anattā-Lehre (P, Lehre vom Nicht-Ich / Nicht-Selbst). Der Th. kennt keinerlei Geheim-Initiationen (Einweihungen), esoterische Lehren oder Geheimpraktiken. Zwei grundsätzliche Unterscheidungen sind zu machen: 1. Die »reine Lehre« des Th. ist nicht mit dem Volksbuddhismus identisch. 2. Der Th. kommt (historisch-kritisch gesehen) dem Ur-Buddhismus zwar am nächsten, ist jedoch nicht mit ihm gleichzusetzen. Dieser ist (religionswissenschaftlich gesehen) nur hypothetisch rekonstruierbar. Vgl. --> Volksbuddhismus. Siehe Kapitel 11.

Tipitaka	--> Pāli-Kanon
Ti-ratana	(P, S: triratna) die Drei Juwelen (auch: Kleinodien / Kostbarkeiten); buddh. Bezeichnung für --> Buddha, --> Dhamma, --> Sangha
Übers. v.	Übersetzung von
unpag.	unpaginiert (ohne Seitenzahl)
Upāsaka	(P, m), Upāsikā (f) wörtlich: Dabeisitzende(r); 1. buddh. Laie, der --> Zuflucht genommen hat und die fünf Selbstverpflichtungen (pañca --> sīla) einhält, 2. buddh. Laie, der zu besonderer Gelegenheit (z.B. --> Uposatha) die acht Selbstverpflichtungen (atthanga --> sīla) einhalten will.
Uposatha	(P, m) Feiertage an den Tagen des Vollmondes und des Neumondes. An diesen Tagen rezitieren die Mönche die 227 Ordensregeln (--> Pātimokkha).
Vassa, Vassā	(P, m, n) Regenzeit = Klausurzeit der buddhistischen Mönche (und Nonnen) während des Monsuns, zirka von Mitte Juli bis Mitte Oktober. Siehe Kapitel 5, 8 und 11.
Vedda	auch: Wedda, Veddha: Ureinwohner Sri Lankas, ethnische Minderheit; Eigenbezeichnung: Adhivasi („Waldbewohner"). Siehe Kapitel 7, 8 und Nachwort.
Ven.	(engl.): Venerable („Ehrwürdiger"), bei Namen von Mönchen häufig voran gestellt, vgl. --> Bhante.
Vinaya	(P, m) wörtlich: Disziplin; 1. Bezeichnung der buddh. Ordensregeln, 2. Kompendium der Ordensregeln. Ein großer Teil der Regeln (--> Pātimokkha) sind Übungs- und Verhaltensregeln, die nicht mit der eigentlichen buddh. Ethik (--> Sīla) verwechselt werden dürfen. Siehe Kapitel 11.
Volksbuddhismus	Der V. auf Sri Lanka ist sehr stark vom Hinduismus geprägt und von ihm kaum zu unterscheiden. (Den V. mit dem Ur- oder Frühbuddhismus zu vergleichen wäre etwa so, als wollte man z. B. christlich-alpenländisches Volksbrauchtum oder hochmittelalterlichen Katholizismus mit der Theologie des Urchristentums vergleichen.) Auf politischer Ebene fungiert er als Staats- und Herrschaftsideologie des von der singhalesischen Bevölkerungsmehrheit durch und durch geprägten Staatsapparates. Siehe Kapitel 11.

Waldkloster Mit „Wald" ist Dschungel, Urwald gemeint und nicht nur eine geografische Angabe, sondern zugleich Signal für eine asketisch-spirtituelle Ausrichtung (--> Waldtradition). Siehe Kapitel 5.

Waldtradition W. ist die Bezeichnung für eine Lebensform (nicht für eine Schulrichtung, einen Orden oder dergleichen!) des --> Theravāda-Mönchtums (der Gegenbegriff ist „Stadttradition"). Die W. orientiert sich so nahe wie möglich an den Ordensregeln des --> Pāli-Kanon (--> Vinaya) und hat ihre originären Schwerpunkte in Meditation, Unterweisung in buddhistischer Lehre und Lebensführung sowie in praktischer Seelsorge. Ajahn Chah (1918-1992), einer der bekanntesten Vertreter dieser Tradition, sagte: „Die Arbeit eines Mönches besteht zu 80 bis 90 Prozent darin, sich der eigenen Praxis zu widmen, die übrige Zeit kann damit verbracht werden, der Öffentlichkeit von Nutzen zu sein. Selbst dann sollten diejenigen, die die Bevölkerung belehren, solche sein, die sich selbst unter Kontrolle haben, die nicht mit eigenen Problemen beschäftigt sind und somit anderen helfen" (zit. n. J. Kornfield / P. Breitner (Hg.), Ein stiller Waldteich, Berlin: Theseus, 1996, S. 114). – „Diese Bewegung [= die Waldtradition] ist auch ein Protest gegen die immer stärker auf weltliche Angelegenheiten ausgerichtete Lebensweise vieler Dorf- und Stadtmönche" (M.B. Carrithers, in: Die Welt des Buddhismus, hrsg. v. H. Bechert u. R. Gombrich, München: C.H. Beck, 1984, S. 118; vgl. auch S. 142 – 144). Siehe hier Kapitel 5 und 11.

WGIP Working Group for Indigenous Populations („Arbeitsgruppe für indigene Völker"), eine Arbeitsgruppe der Vereinten Nationen; die Anreise von Vertretern indigener Völker wird vom Weltkirchenrat unterstützt. Siehe Kapitel 8.

Zufluchtnahme Die „Dreifache Z." (P: ti-sarana, S:tri-śarana) bezeichnet das Bekenntnis zu den „Drei Juwelen" (--> ti-ratana: „Ich nehme meine Zuflucht zu --> Buddha, . . . zum --> Dhamma, . . . zum --> Sangha"). „Z." hat zwei Bedeutungen: 1. die

Konversion zum buddhistischen Glauben, 2. das Wiederholen der Formel, z.B. bei privaten Andachten oder an „Buddha-Tagen“ (--> Uposatha). Die Z. im ersten Sinne ist kein sakramentaler (heilsmagischer) Akt, wie z. B. die christliche Taufe; Z. im zweiten Sinne ist kein Glaubensbekenntnis im engeren Sinne (wie z. B. das Apostolische Glaubensbekenntnis im Christentum), sondern drückt Verehrung, Handlungsorientierung und Selbstverpflichtung (--> Sīla) aus. Buddhist oder Buddhistin wird man nicht durch ein Ritual, sondern durch Praktizieren des Achtfachen Pfades, der vierten der --> Vier Edlen Wahrheiten. Da die Z. kein Weiheritus zur Aufnahme in eine Mysteriengemeinschaft ist, muss die Z. nicht öffentlich, also z. B. vor Mönchen in einem Kloster, sondern kann auch privat und in der Stille des Herzens erfolgen.

Zusammengestellt von Bruckner Sprachendienste, Ilse Bruckner. Etliche Artikel wurden bereits im Info-Heft des Buddhistischen Klosters Wat Puttabenjapon, Langenselbold (Internet: www.wat-p.de), zum Teil in etwas anderer Form, veröffentlicht. Die Verwendung erfolgt mit freundlicher Genehmigung von Klaus Bünnecke und sf.

Anmerkungen

1 Sprich: ßama-néra pá-dscha-lo.

2 Die Universitätsdozentin Dr. Premalatha Jayawardena-Moser bemerkt, dass „die neue Schreibung zu Unsicherheiten führt – wie sie in ähnlicher Weise im Singhalesischen auftreten", in: Klaus Matzel / Premalatha Jayawardena-Moser: Singhalesisch. Eine Einführung, 4., neubearb. Aufl., Wiesbaden: Harrassowitz, 2001, S. [XIII].

3 Diesen Text verfasste ich in einer einzigen Nacht, die ich auf einem Felsen verbrachte, in der Nähe von Dambana, einem Dorf der Ureinwohner im Herzen Sri Lankas. [Anm. d. Red.: Ursprünglich auf Englisch niedergeschrieben. Deutsche Erstübersetzung von Ilse Bruckner, deutsche Erstveröffentlichung: Buddhistische Monatsblätter, Nr. 1-2002 (48. Jg.), Seite 16-18. Die deutsche Fassung wurde für die vorliegende Buchausgabe vom Verfasser geringfügig verändert.]

4 Anmerkung der Redaktion: Im Original: „What a lovely surprise to discover how unlonely being alone can be." Die genaue Herkunft des Zitats der amerikanischen Schauspielerin konnte nicht ermittelt werden. Ihr Diktum findet sich in Internet-Florilegien, z.B. http://www. angelfire.com/md2/simianline/QuotesSolitude.html [15.Nov. 2003].

5 In der Tradition des Theravada-Buddhismus gibt es keine »ewigen Gelübde«.

6 Erstveröffentlichung in Samanera Pajalo: Like a Stranger in Paradise, Ratmalana / Sri Lanka: Savodaya Vishva Lekha Publication, 2000 (ISBN 955-599-226-6).

7 Übersetzung der Redaktion: „Die Menschen auf Sri Lanka haben das schönste Lächeln der Welt."

8 Hermann Hesse: Die Romane und die großen Erzählungen (Jubiläumsausgabe zum 100. Geburtstag von H. H., Frankfurt 1986 (Suhrkamp), Bd. 4, S. 265 bzw. 266.

9 Anm. d. Red.: Ursprünglich auf Englisch niedergeschrieben. Deutsche Erstübersetzung von Ilse Bruckner. Die deutsche Fassung wurde für die vorliegende Buchausgabe vom Verfasser geringfügig verändert.

10 Englische Erstveröffentlichung in: S. Pajalo: Like a Stranger in Paradise [siehe Anm. 6]. »Serendip« ist der arabische Versuch »Sinhaledipa«, Insel der Sinhalesen, zu sagen. »Serendipity« hat im Englischen die Bedeutung »glückliche, jedoch unerwartete Entdeckung«. – »Sinhale-dipa« ist der auf die aus der Antike herrührende Selbstbezeichnung der ethnischen Majorität zurückgehende Name und bedeutet »Insel der Löwen(gleichen)«. Der 1948 eingeführte Staatsname »Sri Lanka«, der die aus

Kolonialzeiten stammende Bezeichnung »Ceylon« ablöste, hat die Bedeutung »Strahlendes Land«.

11 Sri Lanka war das einzige Land, wo der Posten des Bundeskanzlers und des Bundespräsidenten zugleich von Frauen besetzt waren; und das übrigens von Mutter und Tochter.

12 Originaltitel: Titanic; USA 1997.

13 Auf einer Teepackung aus den USA, ohne nähere Quellenangaben; Übers. v. I. B.

14 Das ist die einzige Pagode auf Sri Lanka, die in dieser Form gebaut wurde. Es handelt sich dabei um eine Nachbildung der Pagode Isipathana in Benares (Varanasi), Indien. „Kudumbigala" ist vielleicht am besten mit „Fingerhut-Felsen" zu übersetzen.

15 Anandasiri Thero: 25 Years of Life in the Jungle, Colombo: Dayawansa Jayakody & Co, 1985.

16 Thero: siehe Glossar.

17 Ich hatte einige Leute nach dem Grund dieses Mordes gefragt, der an einem anderen Ort stattgefunden hatte; jedes Mal wurde mir dabei allerdings eine andere Geschichte erzählt: Als Schuldige wurden mir genannt: LTTE, die Armee, Christen, Bauern, Wilderer und ein (buddhistischer) Mönch. Zu LTTE siehe Glossar.

18 Hulanoge gilt als das älteste Waldkloster. Dort kann man auch noch die Überreste einer zirka 300 Meter langen Höhlenbehausung besichtigen sowie Felsenzeichnungen, die von den Ureinwohnern stammen.

19 Anm. d. Red.: Singhalesischer Ausdruck für Stupa; Teil buddhistischer Tempelanlagen.

20 Brahma- und Deva-Welten entsprechen himmlischen Sphären der Glückseligkeit in der Kosmologie des Buddhismus. Anm. d. Red.: Ein (rein) mythologisches Verständnis ist damit keineswegs vorgegeben, werden doch die unsichtbaren Welten in der buddhistischen Psychologie mit den jeweiligen Geisteszuständen in Parallele gesetzt; siehe z. B. Ulrich Schneider: Der Buddhismus, 4., unveränd. Aufl., Darmstadt: WBG, 1997, S. 92.

21 Anm. d. Red.: Vom »Selbst« zu reden (außer im empirisch-psychologischen Sinne) ist dem Buddhismus fremd. Zum Theravāda-Verständnis und gravierenden deutschen Fehlübersetzungen siehe Hans Wolfgang Schumann: Der Buddha erklärt sein System. Pāli-Buddhismus für Fortgeschrittene, Stammbach-Herrnschrot: Beyerlein und Steinschulte, 2002, S. 39 - 58. Siehe auch hier im Glossar unter Theravāda.

22 Diese Mönchstradition stammt ursprünglich vom Ramanya-Orden (Rāmañña Nikāya) ab, der sich aus disziplinären Gründen im 19. Jahrhundert von den anderen Orden abgespalten hatte. Mitte des 20. Jahrhunderts spaltete sich davon nochmals ein Orden der »Waldtradition« ab, der sich durch noch strengere Einhaltung der Mönchsregeln abhebt. Anm. d. Red.: Näheres bei Richard Gombrich: Der Theravada-Buddhismus. Vom alten Indien bis zum modernen Sri Lanka, Stuttgart [usw.]: Kohlhammer, 1997, S. 162ff.

23 Die Regel lautet auch für »kleine Mönche« (Novizen), wie mich, nicht zur »falschen Zeit essen« (Pali: vikāla-bhojana). Damit ist die Zeit nach Sonnenhöchststand und vor Morgengrauen gemeint. Ich persönlich würde aber »angemessene Essens-Zeit« nicht durch eine bestimmte Tageszeit, sondern durch das Gefühl von Hunger definieren. Anm. d. Red.: Zum geschichtlichen Hintergrund siehe Hans Wolfgang Schumann: Der historische Buddha, 7. Aufl. als Sonderausg., München: Diederichs (DG 73), S. 193 - 195.

24 Anm. d. Red.: Die singhalesische Bezeichnung »dānē« ist abgeleitet von dāna (Gabe, Geschenk) und bezeichnet im Besonderen die Essensspende an die Mönche; vgl. Richard F. Gombrich: Buddhist Precept and Practice. Traditional Buddhism in the Rural Highlands of Ceylon, Second Edition, Delhi: Motilal Banarsidass, 1991, S. 397.

25 Es gab eigentlich zwei Äbte, die Vater und Sohn sind, wobei ihre Wahl nichts mit ihrer Verwandtschaft zu tun hatte. Übrigens ist die Mutter des Sohnes (nach einmütiger Trennung von ihrem Ehemann) Äbtissin des Nonnenklosters in Panama geworden. Anm. der Red.: Nach buddhistischem Ordensrecht dürfen Verheiratete, sind bestimmte Voraussetzungen erfüllt, der Ordensgemeinschaft beitreten. Weitere Erläuterungen zum buddhistischen Ordensrecht in Kapitel 11.

26 In jenen Tagen las ich Karen Kingstons Buch über Feng Shui, welches mir das altbekannte Phänomen von »Haben oder Sein« noch wesentlich bewusster machte. Als ich einige Wochen später in meinen Tempel zurückkam, nahm ich mir vor, nicht nur einige Tage zu fasten, sondern all meine Sachen auszusortieren. Mehr als die Hälfte davon transformierte ich mit großer Erleichterung in Geschenke und Abfall. Im Kapitel »Die Angst, loszulassen« schreibt sie: „Die Menschen halten an ihrem Plunder fest, weil sie Angst vorm Loslassen haben – Angst vor den Gefühlen, die sie durchleben könnten, wenn sie den Krempel aussortieren, Angst, sie könnten einen Fehler begehen, wenn sie etwas wegwerfen, Angst, sie könnten dadurch verletzlich,

ungeschützt oder Gefahren ausgesetzt werden. Das Ausmisten kann viel an die Oberfläche bringen, mit dem man sich auseinander setzen und zurecht kommen muss, und jeder weiß das auf intuitive Weise. Die Ergebnisse beim Ausmisten sind den Aufwand allemal wert. Liebe und Angst können nicht im selben Raum existieren, also hält alles, woran wir aus Angst festhalten, uns davon ab, in unserem Leben mehr zu lieben. Wenn wir das Gerümpel aber wegschaffen, wird mehr Liebe in unser Leben strömen können. Die Angst hält einen davon ab, zu sein, wer man wirklich ist, und das zu tun, wozu man hergekommen ist. Angst unterdrückt die Lebenskraft; wenn man den Krempel hingegen freigibt, hilft das einem, zu seiner eigenen natürlichen Vitalität zurückzufinden. Es macht einen frei dafür, man selbst zu sein, und das ist das größte Geschenk, das man sich überhaupt machen kann." (Karen Kingston, Feng Shui gegen das Gerümpel des Alltags. Deutsch von Alfred Knödler, Reinbek: Rowohlt, 2000, S. 60 f.; Originalausgabe: Clear Your Clutter with Feng Shui, London 1998).

27 „Indem wir uns in eine tägliche Praxis vertiefen mit einer Routine, die sich nicht in den Höhen und Tiefen des Geistes und des Körpers gehen lässt, können wir eine Gewohnheit schaffen, aus der heraus wir Niederlagen nicht nachgeben. Wenn wir eine Verbindung zu einer in einem Punkt konzentrierten Absicht entwickeln, die stärker ist als die zu unserem wechselhaften Geist, dann haben wir eine Basis, von der aus wir furchtlos in die Selbstheit aufbrechen können" (Sharon Gannon / David Life: The Art of Yoga, New York: Steward, Tabori & Chang, 2002, Seitenzahl von S.P. nicht notiert; Übers. v. I. B.).

28 „Ich fand es interessant, festzustellen, dass die Bedürfnisse von Mönchen und Bären fast identisch sind; und gerade so, wie die frühesten Mönche mit Vorliebe Bärenhöhlen in Einsiedlerklausen umfunktionierten, so bevorzugen Bären heutzutage verfallene Klosteranlagen; in dieser Weise würdigen sie rückwirkend die Menschen, die sich dazu bekannt hatten, die Versuchungen einer von Luxus überfließenden Welt für ein Leben in körperlicher Schlichtheit und strenger Kontemplation einzutauschen, auf sehr ernsthafte Art" (John Still, Jungle Tide, Colombo: Tisara Prakaskayo, 1993; Übersetzung v. S. P., Seitenzahl nicht notiert). [Anm. d. Red.: Die Quelle konnten wir nicht einsehen.]

29 Anandasiri Thero: 25 Years of Life in the Jungle [siehe Anm. 15]; Übersetzung v. S. P., Seitenzahl nicht notiert.

30 „Die giftigste Schlange in Sri Lanka ist die Krait [Anm. v. S. P.: auf Singhalesisch „Karawala"], die hauptsächlich nachts zuschlägt, ganz

besonders in ihrer Paarungszeit im September / Oktober“ (Rainer Krack: Sri Lanka – inklusive Tamilenprovinzen, 7., komplett aktual. u. erw. Aufl., Bielefeld: Reise Know-How-Verlag Peter Rump, 2004, S. 36). Anm. d. Red.: Der mit Abstand informativste uns bekannte Reiseführer in deutscher Sprache.

31 Im Gegensatz dazu warten in feuchten Gegenden in nicht geringeren Mengen Blutegel auf ihre Opfer, die oft erst dann entdecken, dass ihr Blut als Nahrungsquelle diente, wenn von der Attacke nur noch Blutspuren sichtbar sind.

32 Vgl. dazu Joseph Campbell: The Hero with a Thousand Faces, Fontana Press, 1993 (ISBN: 0-286-08571-8), S. 258 f. Anm. d. Red.: deutsche Ausgabe: Der Heros in tausend Gestalten, Frankfurt/M.: Insel (it 2556), 1999.

33 J. Campbell, The Hero [siehe Anm. 32]; Übers. v. S. P. Seitenzahl nicht notiert, die Textstelle in der deutschen Ausgabe konnte nicht ermittelt werden.

34 „Bambara ist der Name einer großen Bienenart, die in etwa dreißig Metern Höhe riesige Nester bauen. Die Singhalesen sagen, dass sieben Hornissenstiche so viel Gift wie der Biss einer Kobra haben, aber ich habe nie davon gehört, dass jemand von ihnen durch Hornissen zu Tode kam, während es nicht sehr ungewöhnlich ist, dass Leute an Stichen der Bambara-Bienen sterben“ (John Still, Jungle Tide [siehe Anm. 28], Übersetzung v. S.P., Seitenzahl nicht notiert).

35 Anandasiri Thero: 25 Years of Life in the Jungle [siehe Anm. 15]; Übersetzung v. S. P., Seitenzahl nicht notiert.

36 Gedächtniszitat, unbekannte Quelle.

37 „Der Schlüssel zu modernen Systemen psychologischer Interpretation mag da zu finden sein: Das Reich der Metaphysik = das Unbewußte“ (Joseph Campbell: The Hero [siehe Anm. 32], S 259; Übers. v. S. P. Seitenzahl der dt. Ausgabe nicht ermittelt).

38 Vergleiche dazu, was einmal die vorbildliche Laienanhängerin Visākhā? zum Buddha gesagt hatte: „Herr, die Bhikkhunis [buddhistische Nonnen; Anm. d. Red.] baden nackt an demselben Badeplatz im Aciravati-Fluss, den die Huren [bei Nanamoli: harlots; Anm. d. Red.] benutzen. Die Huren machen sich über die Bhikkhunis lustig und sagen: »Warum, ihr Damen, übt ihr euch so jung im heiligen Wandel? Gibt es keine Sinnenfreuden zu genießen? Ihr könnt euch im heiligen Wandel üben, wenn ihr alt seid. Dann habt ihr von beidem etwas.«

Wenn die Huren sich auf diese Weise über sie lustig machen, sind die Bhikkhunis entrüstet. Nacktheit schickt sich nicht für Frauen, Herr, es ist ekelhaft und abstoßend" (Bhikkhu Nanomoli: The Life of the Buddha: According to the Pali Canon, 3. Auflage, Kandy: Buddhist Publication Society, 1992, S. 154; Übers. v. I. B., Anm. d. Red.: Originalquelle siehe Vin. I, 293, vgl. Vin. IV, 278).

39 Tom Brown Jr.: Grandfather, New York: Berkley Publishing Group, 1993; S. 20 f.; Übers. v. S. P. [Anm. d. Red.: Dt. Ausgabe: Großvater. Ein Leben für die Wildnis. Übers. von Thomas Lindquist, Interlaken: Ansata, 1994. Beide Ausgaben waren uns nicht zugänglich.] Vergleiche dazu auch: „Der gesamte Bereich möglicher Bewegungen des menschlichen Körpers ist normalerweise auf eine kleine Anzahl akzeptabler Bewegungen begrenzt. Die Angemessenheit jeglicher Bewegung wird durch viele Normen, einschließlich Mode, Kultur, Geschlecht oder Alter, auf ein Normalmaß festgelegt. Diese äußerlichen Beschränkungen der Bewegung haben tiefgehende Auswirkungen auf die innere Geisteshaltung" (Sh. Gannon / D. Life: The Art of Yoga [siehe Anm. 27]; Seitenzahl nicht notiert, Übersetzung v. I. B.).

40 Weil innerhalb dieser wenigen Monate der Vegetationszuwachs den Urwald noch um einiges undurchdringlicher gemacht hatte, musste ich seither den Plan aufschieben, mich nochmals nach Bambaragasdalawa zurückzuziehen.

41 Diesen Essay hatte ich Ende 2001 verfasst und im November 2003 nochmals überarbeitet. Daher sind einige Fakten und Zahlen nicht mehr auf dem neuesten Stand. Das dürfte aber kaum auf Kosten der Aktualität dieser weltweit relevanten Problematik gehen.

42 Anm. d. Red. Die genaue Quelle konnte nicht ermittelt werden.

43 Später, als die Programme in einem anderen Gebäude stattfanden, erfuhr ich von Mithäftlingen, dass einer von ihnen ins Colombo-Gefängnis überstellt und zu lebenslänglicher Haftstrafe begnadigt worden sei, der andere sei noch immer in seinem Loch eingesperrt und erhalte kaum die notwendige medizinische Versorgung. Dies teilte ich dem Gefängnisdirektor in einem Brief mit.

44 Im Vergleich zu den USA steht Sri Lanka diesbezüglich noch relativ gut da: „Seit 1976 fanden in den Vereinigten Staaten fast 800 Hinrichtungen statt. [...] Wir sind eines der wenigen Länder der Welt, die sowohl geistig behinderte als auch minderjährige Straftäter hinrichten lassen. Wir gehören zu den sechs Staaten, die auch Jugendliche zum

Tode verurteilen. Nur noch der Iran, Nigeria, Pakistan, Saudiarabien und der Jemen exekutieren Jugendliche. Die Vereinigten Staaten sind auch das einzige Land neben Somalia, das die Kinderrechtserklärung der Vereinten Nationen nicht unterschrieben hat. Warum? Weil sie eine Bestimmung enthält, die die Hinrichtung von Jugendlichen unter achtzehn Jahren verbietet. Und wir möchten natürlich die Freiheit behalten, unsere Kinder umbringen zu dürfen, wenn wir das wollen. - Keine andere Industrienation richtet ihre Kinder hin. - Selbst China verbietet die Todesstrafe für Delinquenten unter 18 Jahren – und das ist immerhin ein Land, das einen erschreckenden Mangel an Achtung vor den Menschenrechten gezeigt hat. […] Zur Zeit sitzen in den Vereinigten Staaten über 3700 Verurteilte in Todeszellen, davon sind 84 minderjährig (oder sie waren es, als sie ihr Verbrechen begingen)" (Michael Moore, Stupid White Men. Eine Abrechnung mit dem Amerika unter George W. Bush. Übers. v. M. Bayer, H. Dierlamm, N. Juraschitz u. H. Schlatterer, 15. Aufl., München 2003, S. 245, 247f.;).

45 Anm. d. Red.: Zu diesen von Samanera Pajalo initiierten Sozial-Projekten siehe in der Einleitung (Ein kurzer Blick des Autors …) und das Nachwort von Theja Weeratna.

46 „Aus einer zu Anfang des [zwanzigsten; Anm. d. Red.] Jahrhunderts in England aufgestellten Statistik geht hervor, dass von den 250 Gehängten 170 zuvor selber ein oder zwei Hinrichtungen beigewohnt hatten. Noch im Jahre 1886 waren von 167 zum Tode Verurteilten, die im Gefängnis von Bristol gesessen hatten, 164 Zeugen mindestens einer Hinrichtung gewesen. […] Die Abschreckung wirkt nur auf die Schreckhaften, die nicht zum Verbrechen bestimmt sind, und versagt gegenüber den Unbeirrbaren, die es gerade zu beirren galt" (Albert Camus: Fragen der Zeit. Übers. v. Guido G. Meister; Reinbek, 1960; Auszüge in: Die Zeit vom 23. Mai 2001 (Nr. 22), Seite 13: „Tötet öffentlich oder gar nicht"; hier zitiert nach der „Zeit").

47 „Pānātipātā veramanī sikkhāpatam samādiyāmi" lautet auf Pali die erste der fünf Anweisungen für einen Buddhisten. Im Buddhismus und Hinduismus beinhaltet dies eigentlich auch das Nicht-Töten von Tieren, was aber die wenigsten konsequent einhalten.

48 „»Wenn ihr das Grässliche des Schauspiels abschafft, wenn ihr innerhalb der Gefängnismauern hinrichtet, erstickt ihr den seit Jahren in der Öffentlichkeit wahrnehmbaren Ansatz zur Auflehnung, und verstärkt die Stellung der Todesstrafe.«. Es ist in der Tat notwendig, entweder in aller Öffent-

lichkeit zu töten oder zuzugeben, dass man sich nicht berechtigt fühlt zu töten. Wenn die Gesellschaft die Todesstrafe durch die Notwendigkeit des Exempels rechtfertigt, muss sie sich selbst rechtfertigen, indem sie die Werbetrommel rührt. Sie muss die Hände des Scharfrichters vorzeigen und nicht nur die zu zart besaiteten Bürger zwingen, sie anzusehen, sondern auch alle Leute, die von nahe oder von ferne diesen Scharfrichter berufen haben. Andernfalls gesteht sie, dass sie tötet, ohne zu wissen, was sie sagt und tut, oder aber mit dem Wissen, dass diese widerlichen Zeremonien nicht abzuschrecken vermögen, sondern höchstens dazu angetan sind, Verbrechen zu wecken, oder das Publikum in hilflose Verwirrung zu stürzen" (A. Camus, zit. n. „Die Zeit" [siehe Anm. 46]; Zitat im Zitat: Léon Gambetta).

49 Zwei Jahre später, am 26. November 2002, schrieb mir A. einmal folgende Zeilen: „Jede Situation und jedes Ereignis, gleich, ob gut oder schlecht, ist eine perfekte Gelegenheit, daraus zu lernen, und man sollte sie am besten nicht verpassen. Wenn wir uns immer daran erinnern, dass wir uns an dem Angenehmen dieser Situation hier und jetzt erfreuen können [...]. Denn es wäre so einfach, das zu versäumen, und obwohl wir vielleicht etwas daraus gelernt haben, haben wir doch die Gelegenheit verpasst, uns im Jetzt daran zu erfreuen. [...] Mein Leben wird immer spiritueller, und ich übe immer mehr Yoga und Meditation."

50 Vgl. dazu „Die Zeit" [siehe Anm. 46], S. 13: „Tötet öffentlich oder gar nicht: Der amerikanische Terrorist Timothy McVeigh wartet auf seine Hinrichtung. Die Nation diskutiert: Darf oder soll die Exekution per Internet und TV übertragen werden? [...] Albert Camus forderte schon 1957: Bringt's im Fernsehen! Wo der Staat im Geheimen tötet, offenbart er sein schlechtes Gewissen. Die öffentliche Vollstreckung von Todesurteilen könnte hingegen das Ende dieser unmenschlichen Strafpraxis mit sich bringen. Todesstrafe ist Mord, schreibt Camus. Mit ihr verwandelt der Staat einen Menschen in ein Ding – angeblich höheren Zwecken zuliebe. Doch wenn der Staat diesen Mord rechtfertigen will, muss er ihn auch coram publico begehen."

51 Diese Aussage ist zweifelhaft, da der SSP mir gegenüber einmal erwähnt hatte, dass das Seil einmal bei Gefängnisunruhen vor Jahren verbrannt worden war und seitdem nicht ersetzt worden sei. Die Häftlinge im Hochsicherheitstrakt hatten mir damals erzählt, dass andere Insassen gekommen waren, um den Galgen wieder funktionstüchtig zu machen.

„Wir haben nichts gegen euch persönlich, aber es wurde uns aufgetragen", soll dabei ihr Kommentar gewesen sein.

52 Auch diese Angaben waren offensichtlich falsch; allerdings wurden die Sicherheitsvorkehrungen damals schon verschärft.

53 Später hatte mir einmal der SSP anvertraut, er habe erfahren, dass die Präsidentin nie die Todesstrafe unterschreiben werde.

54 Hier zitiert nach der deutschen Übers. v. Nyanatiloka, Uttenbühl: Jhana, 1995.

55 Quelle: www.amnesty.org; Übers. v. S. P. Anm. d. Red.: Keine näheren Angaben.

56 „Es brauchte nur eine Collegeklasse von jungen Studenten der Northwestern University in Evanston, Illinois, um aufzudecken und zu beweisen, daß fünf Leute, die in diesem Staat in Todeszellen saßen, in Wirklichkeit unschuldig waren. Diese Studenten und ihr Professor haben also das Leben von fünf Menschen gerettet. Wenn das eine einzige Collegeklasse geschafft hat, wieviele andere unschuldige Todeskandidaten warten dann noch im ganzen Land auf ihre sozialhygienische Exekution? [...] Vor kurzem erschien eine schockierende Studie: 4578 Todesurteile aus dem Zeitraum von 23 Jahren (1973 – 1995) wurden überprüft. Die Untersuchung ergab, daß bei Revisionsverfahren in 70 Prozent der Fälle, die in dieser Zeit wiederaufgerollt wurden, gravierende Verfahrensfehler festgestellt wurden. In zwei von drei Wiederaufnahmeverfahren wurde das Todesurteil sogar aufgehoben. Die aufgedeckte Gesamtfehlerrate betrug am Ende stolze 68 Prozent" (M. Moore, Stupid White Men [siehe Anm. 44], S. 245 bzw. 246).

57 Drei Jahre später, am 19. Jänner 2003, schrieb A. folgende Zeilen in einem Brief an mich:
"I read a poem written by Richard Lovelace in 1649, [that] I found very touching and how so very true:
Nor Iron Bars: »Stonewall do not prison make, / Nor ironbars a cage. / Minds innocent and quiet, take / That for a hermitage. / If I have freedom in my love, / And in my soul am free, / Angels that soar above / Enjoy such Liberty.«" [Anm. d. Red.: Strophe aus dem berühmten Gedicht „To Althea. From Prison". Übers. v. I. B.: „Ich habe ein Gedicht gelesen, das Richard Lovelace 1649 verfasste und das ich sehr berührend finde; wie wahr es doch ist: »Mauern aus Stein bilden kein Gefängnis, /und eiserne Gitterstäbe keinen Käfig./ Für einen unschuldigen und ruhigen Geist/ ist es die Klause eines Einsiedlers. / Wenn ich in meiner Liebe

Freiheit habe / und meine Seele ungebunden ist, / dann erfreuen sich über mir schwebende Engel / der Freiheit eben dieser Art.«"]

58 Übersetzung v. S. P. Vergleiche dazu die Ausführungen von Anthony Storr: „[…] es wird gelegentlich berichtet, dass selbst von Feinden auferlegte Einzelhaft psychische Erfahrungen von bleibendem Wert auslösen kann. Anthony Grey, der Einzelhaft in China erleiden musste, und Arthur Koestler, der auf ähnliche Weise in Spanien gefangengehalten wurde, [...] waren dankbar dafür, dass sie ihre Zelle nicht mit einem anderen Gefangenen teilen mussten. Beide empfanden, dass die Einsamkeit ihre Wertschätzung für ihre Mitmenschen und ihr Mitgefühl mit ihnen erhöhte. Beide hatten die intensive Erfahrung des Gefühls, dass irgend eine Art höherer Ordnung der Wirklichkeit existierte, mit der die Einsamkeit sie in Kontakt brachte. [...] So kann gelegentlich aus Bösem Gutes entstehen. [...] Der Geist des Menschen ist nicht unzerstörbar; aber ein paar Mutige entdecken, dass ihnen, wenn sie in der Hölle sitzen, ein Blick in den Himmel gewährt wird" (Anthony Storr: Solitude. A Return to the Self, New York: Ballantine Books, 1988, S. 60f.; Übers. v. I. B.).

59 So werden manchmal Mönche in Sri Lanka angesprochen; Anm. v. S. P.

60 Anmerkung von S. P.: Er bezieht sich dabei auf folgende Stelle, die ich ihm in einem Brief zitiert hatte: „Kannst du dir vorstellen, wie es ist, ein Lebenslänglicher zu sein, deine Träume verwandeln sich in Alpträume und deine Luftschlösser verfallen zu Asche, alles, worüber du nachdenkst, ist Phantasie, und schließlich wendest du der Realität und dem Leben den Rücken zu in einer verzerrten Scheinwelt, du weigerst dich, die Regeln anderer Sterblicher anzuerkennen und machst dir welche, die in deine eigene kleine Welt passen, es gibt kein Tageslicht in dieser Welt des Lebenslänglichen, es ist alles dunkel, und es ist diese Dunkelheit, in der wir Frieden und die Fähigkeit finden, in unserer eigenen Welt zu leben, in einer Scheinwelt" (Stanley Cohen / Laurie Taylor, Psychological Survival, New York 1972, S. 110; zitiert bei Storr, Solitude [siehe Anm. 58], S. 56; Übers. v. I. B.).

61 Auf Anraten meines Bruders, der Arzt ist, übergab ich ihm einmal heimlich entsprechende Spezialmedikamente aus Österreich. Ich bin mir allerdings nicht sicher, wie weit diese sein Leiden, welches sicherlich auch psychisch bedingt war, erleichtert haben.

62 Vergleiche dazu die Reflexionen des burmesischen Mönches Sayadaw U Jotika: „Vor ein paar Jahren überzeugte mich ein Freund davon, dass ich nicht Gott bin. Ich glaube, er hatte recht. Ich bin nicht für die Welt ver-

antwortlich; ich sollte nicht die Welt auf meinen Schultern tragen. Seitdem habe ich das gelassen. Und nun habe ich nicht die Last, irgend etwas daran ändern zu müssen. Ich lebe jeden Tag einfach und friedlich, mit Freude am Leben. [...] »Anderen die Freiheit zu lassen, dumm zu sein, ist einer der wichtigsten und schwierigsten Schritte, die man auf dem spirituellen Weg machen kann.« Ja." (Sayadaw U Jotika, Snow in the Summer, Seite 51 bzw. 55; zitiert nach dem Internet: http://www.buddhanet.net/pdf_file/thittila.pdf). [Zur Autobiografie siehe: http://www.buddhanet.net/intrsnow.htm; Anm. d. Red.]

63 Vergleiche dazu: „Bis vor kurzem wurden lebenslängliche Urteile [in Großbritannien; Anm. v. S. P.] normalerweise nach höchstens neun oder zehn Jahren Gefangenschaft durch Straferlass beendet, weil man sich darüber klar wurde, dass es durch längere Gefangenschaftszeiten unwahrscheinlich wurde, dass der Gefangene nach der Entlassung dazu fähig sein würde, mit dem Leben draußen fertig zu werden" (Storr, Solitude [siehe Anm. 58], S. 55; Übers. v. S. P.).

64 In Sri Lanka ist es Sitte, dass man zu besonderen Anlässen buddhistische Mönche zu sich nach Hause zum festlichen Mittagsmahl einlädt.

65 Anm d. Red.: Die singhalesische Tradition datiert den Tod Buddhas auf das Jahr 543 vor christlicher Zeitrechnung. Die Einführung der Buddha-Lehre auf Sri Lanka (früher: Ceylon) erfolgte durch König Devānāmpiya Tissa (zirka 247 – 207 v. Chr.); in Anlehnung an Karl-Heinz Golzio: Wer den Bogen beherrscht – Der Buddhismus, 2. Aufl., München: dtv, 1999, S. 29, 37f.

66 Anm. d. Red.: Reinhard Mey: In Tyrannis, zitiert nach dem Internet: http://www.janko.at/Musik/Reinhard%20Mey/In%20Tyrannis.htm [Juni 2004].

67 „Die eintönige Umgebung im Gefängnis, der begrenzte Zugang zu Körperübungen und zu frischer Luft, die unabänderliche Routine, das Fehlen sowohl von geselliger als auch sexueller Intimität mit geliebten Menschen – all dieser Dinge beraubt zu sein, hat im Falle langer Gefängnisstrafen dauerhaft schädigende Folgen für den Geist des Gefängnisinsassen. [...] Langzeitgefangene ziehen sich zurück, sind apathisch und haben kein Interesse an ihrem eigenen Aussehen und an ihrer Umgebung. [...] Es ist wahrscheinlich so, obwohl es nicht mit Bestimmtheit festgestellt worden ist, dass längere Zeiträume der Entfernung aus dem gewöhnlichen Leben dauerhaft schädigende Folgen haben, sei es von anderen aufgezwungen oder nicht" (A. Storr: Solitude

[siehe Anm. 58], S. 55f.; Übersetzung v. I. B.).

68 Dass der Einsatz für meditative Programme nicht unbedingt mit dem Religionsbekenntnis zu tun hatte, konnte man sehr positiv an seinem Nachfolger feststellen, der als Muslim die Erlaubnis gegeben hatte, im Bogambara-Zuchthaus einen Meditationsraum einzurichten. Es war der erste in einem sri-lankischen Gefängnis!

69 Ein älterer Herr, der mich bei fast allen meinen Gefängnisbesuchen in Kandy begleitete. Allerdings empfand ich manchmal seine konservative buddhistische Haltung nicht immer förderlich, um die enge Welt der Häftlinge mit spirituellen Gedankenanstößen zu erweitern.

70 Die seltsamste und zugleich tragischste Geschichte über einen Religionswechsel im Gefängnis hörte ich über den mutmaßlichen Mörder des Premierministers S.W.R.D. Bandaranaika [1959 ermordet; Anm. d. Red.], der als ehemaliger buddhistischer Mönch kurz vor der Hinrichtung zum Christentum konvertierte und sich taufen ließ, wahrscheinlich in der Hoffnung, dass – wenn ihn nicht Buddha retten konnte – vielleicht Gott oder Jesus als »Deus ex Machina« ihn vor seinem Schicksal bewahren würden.

71 Der Vize-Direktor des Bogambara-Zuchthauses fasste einmal mir gegenüber seine Frustration so zusammen: „Wir sind eigentlich die langjährigsten Insassen: Die anderen kommen und gehen nach einigen Jahren wieder; wir aber bleiben auf Jahrzehnte in dieser Institution stecken."

72 Offiziell ist auch in Sri Lanka Foltern verboten, was aber nicht immer eingehalten wird und nur selten vom Internationalen Roten Kreuz und der UNO überprüft wird.

73 Übrigens haben diese Position in den beiden größten Gefängnissen Frauen inne.

74 Ich nehme an, dass in meinem Heimatland Österreich solche Zustände bei der Tierhaltung strafbar sind.

75 Einmal begegnete ich in einem Krankenhaus in Kandy zwei Häftlingen in der Abteilung für geistig Abnorme, die wie Hunde an ihre Betten gekettet waren und denen weder Matratzen noch Bettlaken zur Verfügung standen. Zusätzlich waren vor der Eingangstür zwei Wachmänner des Gefängnisses postiert.

76 Ein einziges Mal hatte ein Beamter gesehen, wie gerade ein Häftling einen Zettel in meine Tasche steckte. Peinlicherweise musste ich vor anderen Beamten dieses beschriebene Papier vorzeigen, wobei ich gar

nicht wusste, um was es sich handelte. Glücklicherweise war nur der Titel eines Buches angegeben, welches ich ihm mitbringen sollte.

77 Solch eine Aktion wäre mir sicherlich von konservativen Buddhisten als Verrat vorgeworfen worden. Anm. d. Red.: Vgl. oben im Text die Bemerkung zum „Konkurrenzdenken zwischen den verschiedenen Religionen“: Beides muss für mit der Theravada-Tradition Vertraute befremdlich wirken, denn: „Nach indischen Toleranzbegriffen war [...] es möglich, einer Richtung anzugehören ohne die anderen abzulehnen. [...] Auch die Lehre des Buddha ist auf Verträglichkeit mit anderen Religionen angelegt. Es ist mehrfach überliefert, daß Gotama [= der historische Buddha; Anm. d. Red.] Neubekennern einschärfte, die Mönche der von ihnen aufgegebenen Schule weiter mit Almosen zu versorgen“ (H. W. Schumann: Der hist. Buddha [siehe Anm. 23], S. 112). Aggressive christliche Missionsversuche im 19. Jh. vergifteten nachhaltig die tolerante Atmosphäre auf Sri Lanka; vgl. Richard Gombrich: Der Theravada-Buddhismus. Vom alten Indien bis zum modernen Sri Lanka, Stuttgart usw.: Kohlhammer, 1997 [engl. Erstausgabe: London 1988], S. 180ff.

78 Eine sri-lankische Tageszeitung schrieb an jenem Tag: „Amnestie für Gefängnisinsassen: Präsidentin Chandrika Bandaranaika Kumaratunga hat etwa 3000 Gefängnisinsassen anlässlich der Vesak-Feier Amnestie gewährt. [...] Die Amnestie bringt Trost für drei Kategorien von Gefangenen, den zum Tode Verurteilten [...]. Im Fall der ersten Gruppe [den Todeskandidaten; Anm. von S. P.] wird die Todesstrafe in »Lebenslänglich« umgewandelt, vorausgesetzt, dass die Gefangenen am oder vor dem 26. Mai Einspruch eingelegt haben.“

79 Daraufhin schrieb mir A. aus dem Welikada-Gefängnis in zwei Briefen, datiert vom 3. und 30. Juni 2002, unter anderem Folgendes: „Die große Neuigkeit ist, dass 65 von uns Lebenslänglichen hier im Welikada-Gefängnis zum Vesak-Fest ihre Strafe erlassen wurde. Das schließt alle der »Gang« ein, auch mich, und auch den Rest außer einem oder zweien, deren Einspruch noch läuft. [...] Ich bin froh über diese [nun vergangene; Anm. von S. P.] Phase meines Lebens und bedauere nichts, da es eine enorme Erfahrung des Lernens war. Anders als für dich ist es jetzt für mich eine Zeit, mehr aus mir herauszugehen. Natürlich würde ich mich lieber tiefer in mich selbst versenken, aber nach all der Zeit, die ich an mir selbst gearbeitet habe, ist es jetzt an der Zeit, dass ich anderen auf den Weg helfe, den ich von dir gelernt habe und wofür ich dir

immer dankbar sein werde. [...] Ich bin jetzt mit drei anderen in einer Zelle. Es gibt wenig Raum, ich habe nur Platz für eine Matte, das ist alles. Manchmal ist es ziemlich schwierig, sich anzupassen, nachdem ich vier Jahre im Todes-Trakt allein in einer Zelle verbracht habe. [...] Man hat mich jetzt gefragt, ob ich arbeiten will, und ich bin jetzt bei den Zimmerleuten. [...] Das bedeutet, wirklich hart zu arbeiten, und am Ende des Tages, wenn ich zurück in meine Zelle gehe, bin ich schlagkaputt. Ich falle einfach um und schlafe wie ein Klotz, weil ich so müde bin. Eigentlich, Sādhu, ist das Leben als Verurteilter, der Lebenslänglich hat, eine wilde Jagd, und die Zeit ist jetzt ein kritischer Faktor. Ich bin noch nicht einmal dazu fähig, länger als zwanzig Minuten am Tag zu meditieren, und ich fühle mich sehr leer, ohne aber mehr üben zu können."

80 Der direkte Kontakt mit diesen Menschen ist und war von Beginn an für mich vorranging. Auf die anthropologischen Fakten bin ich entweder zufällig gestoßen oder habe sie später ausfindig gemacht, um meine hier beschriebenen persönlichen Erfahrungen in einen weiteren und vor allem nachprüfbaren Kontext zu stellen.
Der singhalesische Begriff für „Ureinwohner" ist „Adhivasi"; und so lautet auch die Selbstbezeichnung. Die Bezeichnung „Vedda" ist im singhalesischen Sprachgebrauch abwertend. Andererseits wird in westlichen wissenschaftlichen Werken und Reiseführern von „Vedd(h)as" gesprochen. Wenn ich mich diesem Sprachgebrauch zum Teil anschließe, ist das nicht pejorativ zu verstehen.

81 Robert Knox: An Historical Relation of Ceylon [Originalausgabe: London 1681], Third Edition, Dehiwala: Tisara Prakasakayo, 1981, S. 195 und 198; Übersetzung v. I. B. – Erläuterung von S. P.: Knox war ein englischer Seefahrer, der vom König von Kandy 1659 gefangen genommen wurde. Seine niedergeschriebenen Beobachtungen, die er während den zwanzig Jahren seiner Gefangenschaft dort machte, sind die ersten schriftlichen Aufzeichnungen über die Insel, und sie sind noch immer in vieler Hinsicht die besten und genauesten.

82 The New Encyclopaedia Britannica, 15th edition, Chicago 1998; vol. 12, p. 290; Übers. v. I. B. Allerdings geben andere Berichte andere Zahlen an.

83 R. Krack: Sri Lanka [siehe Anm. 30], S. 120f.

84 Anm. d. Red.: Deutsche Schreibweise auch: Weddas (Singular: Wedda), siehe: Brockhaus Die Enzyklopädie, Leipzig, Mannheim: F.A. Brockhaus 1996 – 99 , Online-Ausgabe (Juni 2004). Die Schreibweise „Veddha(s)" ist britischer Usus.

85 Anm. d. Red.: Die Schreibweise „Wanniyala-Aetto" ist international gebräuchlich (siehe: Minnesota State University: www.mnsu.edu), die Variante „Wanniya-laeto" (siehe unten) von der Homepage http://vedda.org übernommen. – Anm. von S. P.: „Die Selbstidentifikation der Wanniya-laeto unterscheidet sich radikal von dem Begriff »Vedda« (Jäger) [von dem Sanskritwort 'vyādha' = Jäger], der ihnen von außen her aufgedrängt wurde – mit weitreichenden gesellschaftlichen Folgen. Daher war für koloniale Volkszähler und andere Außenstehende ein »Vedda« ein primitiver Menschentypus von wildem ungepflegtem Aussehen, mit ungehobelter Sprache und unkultivierter Erscheinung, der in Höhlen lebt oder durch den Dschungel wandert und der sich durch primitive Methoden wie das Jagen mit Pfeil und Bogen erhält" (www.kataragama.org/research/wanniyalaeto.htm, Oktober 2003).

86 Anm. v. S. P.: Zu der Sprachwurzel dieses Wortes schreibt John Still: „Wanni, ein dem singhalesischen Adjektiv »wal« nahe verwandtes Wort, das wildes Land oder Waldland bedeutet, vielleicht auch verwandt mit »Wald« und »wild«der westlichen Sprachen" (J. Still: Jungle Tide [siehe Anm. 28],Übersetzung v. S. P.; Seitenangabe nicht notiert).

87 „Physisch und kulturell sind die Veddas keine reine Rasse, sondern sie entwickelten sich ursprünglich durch eine Verschmelzung australoider und Negrito-Rassen mit einer späteren Beimischung dravidischen und singhalesischen Blutes" (Richard L. Spittel: Vanished Trails, [zuerst: Oxford 1950] Colombo: Sooriya Publishers, 2001, ISBN 955-8425-28-1; Übers. v. S. P.; Seitenangabe nicht notiert).

88 Anm. von S. P.: „Frühere singhalesische Einwanderer aus Nordindien waren der Meinung, dass die im Walde lebenden Ureinwohner überhaupt keine Menschen, sondern wilde Urwaldgeister (Yakas) mit menschlichem Äußeren seien. Solche negativen, stereotypen Einstellungen gegenüber der ursprünglichen Bevölkerung der Insel haben sich selbst in gebildeten Kreisen gehalten, und sie sind eines der größten Hindernisse zur Anerkennung der Selbstachtung, Würde, der Menschenrechte und der kulturellen Einzigartigkeit der Wanniyalaeto gewesen. Daher kommt es, dass die Wanniyalaeto weithin für ein rückständiges, leichtgläubiges Volk gehalten werden, dessen Standpunkt man der Bequemlichkeit halber ignorieren kann" (www.kataragama.org/research/wanniyalaeto.htm [Oktober 2003]; Übersetzung I. B.). Vergleiche dazu die Ausführungen Spittels: „Auf manchen Teilen der Insel müssen die Veddas zahlreicher als die Singhalesen gewesen sein; immer wieder stiegen Vedda-Häuptlinge unter singhalesischen

Königen in Vertrauens- und Machtpositionen auf. Aber solche Häuptlinge konnten nur von teilweise zivilisierten Semi-Veddas und nicht von den wilderen und ursprünglicheren Repräsentanten ihres Volkes gekommen sein" (Spittel, Vanished Trails [siehe Anm. 87]), Übers. v. S. P.; Seitenzahl nicht notiert).

89 Zitiert nach: www.kataragama.org/research/wanniyalaeto.htm [Oktober 2003]. Dort weitere Information über die Wanniyala-Aetto.

90 Anm. von S. P.: Uru Warige ist der Name seines Klans. Der gegenwärtige Häuptling trägt interessanterweise denselben Namen wie sein Volk, und um Unklarheiten zu vermeiden, werde ich die Ureinwohner meist mit „Adhivasi" und nicht mit „Wanniyala-Aetto" bezeichnen.

91 Zitiert nach: www.vedda.org/wanniyalaeto-un.htm [2004].

92 Mittlerweile haben wir einen weiteren Kindergarten initiiert, dafür hat eine andere Organisation die Finanzierung des ersten übernommen.

93 Damals schrieb ich den Text »Vorüberziehende Gedanken auf einem uralten Felsen«, siehe hier Kapitel 1.

94 Das Wort soll sich vom singhalesischen „tovil" herleiten (vgl. das englische »devil«, Teufel). Darunter versteht man in Sri Lanka (nicht nur bei den Adhivasi) einen rituellen Tanz mit exorzistischen Elementen, „baliya" oder kurz „bali" genannt. Anm. d. Red.: Siehe Index und Glossar in: R. F. Gombrich: Precept [siehe Anm. 24]. Das Ritual und sein geistesgeschichtlicher Hintergrund haben nichts mit (christlich generiertem) Satanismus zu tun, auch wenn gelegentlich von „Teufels-Tanz" die Rede ist. Siehe dazu Gombrich: Precept, Kapitel 4, III: Attempts to influence non-human beings, S. 224ff.

95 »Nayika Tumā« ist die übliche Art, wie der Häuptling von seinen Leuten angesprochen wird. Dieser singhalesische Begriff bedeutet etwa »edles Oberhaupt«.

96 Die Widmung darin lautet: „This publication under the patronage of the founder and patron of »Simple Wisdom« Venerable Pajalo of Austria, to commemorate the »International Day of Indigenous People« falling on August 9th 2003, is dedicated through the chief of the indigenous people of Sri Lanka, Uru Warige Wanniyala-Aetto, to the school children of the indigenous people of Sri Lanka." Das Buch ist bei Jung und Alt und sogar bei Nicht-Adhivasis so gut angekommen, dass ein Fortsetzungsband geplant ist.

97 Diese Schilderung des ursprünglichen Adhivasi-Lebens, wie es in diesem Buch (vielleicht sogar zum ersten Mal aus eigener Sicht) authentisch dar-

gestellt wurde, machte auf mich keinen sehr inspirierenden Eindruck. Ihr Alltag erschien so sehr mit dem Überleben ausgefüllt gewesen zu sein, dass, zumindest für meinen Geschmack, die Seite der spirituellen und spontanen Lebensfreude einfach zu kurz kam. (Aber das ist heutzutage bei den »zivilisierten« Erdenbewohner in gewisser Hinsicht auch nicht viel anders!)

98 Der heilige Baum der Buddhisten. Anm. d. Red.: Botanischer Name: ficus religiosa.

99 „Die Veddas haben keine Sagen bezüglich des Ursprungs des Menschen und des Universums. Sie glauben an Geister, die natürliche Formationen wie Felsen, Bäume und Flüsse bewohnen. Sie glauben mit mehr Gewissheit an schützende Geister der Toten oder Nae Yaku, die unsichtbar um ihre Behausungen herum leben, und an die Geister einiger vor langer Zeit gestorbener Helden. Diese stimmen sie durch zeremonielle Tänze günstig" (R. L. Spittel: Vanished Trails [siehe Anm. 87]; Übers. v. S.P.; Seitenangabe nicht notiert).

100 Das alljährliche und wichtigste buddhistische Fest in Sri Lanka, bei dem die Adhivasi der (angeblichen) Buddha-Zahnreliquie Honig opfern.

101 Anm. d. Red.: „Spukgestalt, Geist, Dämon" (Klaus Mylius, Wörterbuch Pāli – Deutsch, Wichtrach: Institut für Indologie, 1997, S. 289, Art. yakkha); „Yakkhinī" ist die weibliche Form. Wie das Pāli-Wort (respektive das ähnliche Sanskrit-Wort) ahnen lässt, handelt es sich um kein religiöses Spezifikum der Ureinwohner, sondern um einen auch im alten Indien verbreiteten Geisterglauben, der sich sowohl im Pāli-Kanon wie im buddhistischen Volksglauben wiederfindet. Über die religiöse Vorstellungswelt der Adhivasi um 1900, die nicht notwendig mit den heute lebenden übereinstimmen muss, unterrichten C. G. und Brenda Z. Seligmann: The Veddas, Cambridge: The Cambridge University Press, 1911 (Nachdruck: Oosterhout N.B.: Anthropological Publications, 1969), S. 122 – 189.

102 Die Einwohner von Sri Lanka glauben, dass Buddha mehrere Male Sri Lanka besuchte, einmal anscheinend in Mahiyangana, der nächstgelegenen Stadt, fünfzehn Kilometer von Dambana.

103 Anm. d. Red.: Wanniyala-Aetto verdient seinen Lebensunterhalt als »Medizinmann«.

104 „Eine Betel-Mischung besteht aus dem Blatt der Betel-Palme (Piper Betel), das zusammen mit dem kleingehackten Samen der Areka-Palme (Areca Catechu), einer Kalkpaste sowie anderen, wechselnden Bestandteilen zusammengerollt und gekaut wird. […] Potenzfördernd

oder nicht, so half der Betel zumindest, einen wohlriechenden Atem zu erzeugen, die Verdauung anzuregen oder die Zähne zu röten. [...]Bei jahrelangem Betelkonsum verfärben sich die Zähne dauerhaft rotschwarz, und am Ende einer intensiven Kaukarriere steht gar meist der Gebissverfall. Zusätzlich droht die Gefahr von Mund- oder Rachenkrebs" (R. Krack, Sri Lanka [siehe Anm. 30], S. 58f.; Hervorhebungen im Original).

105 An ihrer Kleidung, am Haarschnitt und an ihrer Behausung kann man übrigens klar erkennen, wie unautoritär er seine Kinder erzieht: Einige von ihnen haben zum Beispiel kurze Haare, tragen Boxershorts und haben Poster von indischen Filmstars aufgehängt.

106 Nach anderen Quellen wurde er 94 Jahre alt.

107 Tissahamy war berühmt-berüchtigt für seinen Charakter, der jetzt in seinem Sohn weiterlebt: „Der alte Wanniya-laeto-Häuptling Uru Warige Tissagamy [richtig: Tissahamy; Anm. d. Red.] und seine Verwandtschaft aus Kotabakinni [das Gebiet um Dambana] weigerten sich jedoch, sich von dem Land ihrer Vorfahren vertreiben zu lassen. Die Staatsbediensteten hielten ihn für sehr stur und dickköpfig, denn er gab keinen Millimeter nach, ganz gleich, wie viele Abgesandte auch kommen mochten, um ihn »zur Vernunft« zu bringen" (www.kataragama.org/research/wanniyalaeto.htm [Oktober 2003]).

108 Eine wissenschaftliche Sprachuntersuchung stimmt damit in etwa überein: Angeblich verwendeten 1997 noch etwa 300 Ureinwohner die Vedda-Sprache. Ich schätze aber, dass es mittlerweile schon weniger sind. (Diese Information habe ich im Sommer 2003 bei der Grazer Ausstellung »Turm zu Babel« herausgefunden.)

Anm. d. Red.: Es konnte nicht geklärt werden, was in der Untersuchung, auf die sich der Autor beruft, unter dem vieldeutigen Begriff „Sprache" verstanden wird. Vergleiche unten Anm. 114.

109 Den Ureinwohnern wird häufig ein matriachalisches Erbsystem zugeschrieben. Hierzu sagte uns der Häuptling einmal, dass es ihm weniger ausmacht, wenn ein Mann seiner Familie eine nicht „stammestreue" Frau heiratet, als wenn das eine „Uru Warige"-Frau macht, denn dann gehe die Linie verloren. Vergleiche dazu die folgende anthropologische Bemerkung: „Die matrilineare exogame Organisation des Klans gründet sich auf die weibliche Abstammungslinie. In einfachen Worten: Die Wanniyaleto sind ein Waldvolk, das seine Vorfahren durch die mütterliche Linie auf die Yaka-Prinzessin Kuveni zurückführt" (www.kataragama.org/research/wanniyalaeto.htm [Oktober 2003]); Übers. v. S. P., Hervor-

hebungen im Original. Anm. d. Red.: „Yaka“ ist die singhalesische Form des Pāli-Wortes „Yakkha“ (siehe oben Anm. 22). Diese Prinzessin sei mit dem ersten singhalesischen König verheiratet gewesen, heißt es im siebten Buch in der ceylonesischen Chronik (besser wohl: Geschichtsdichtung) Mahāvamsa. Übrigens ist diese Geschichte für die Ureinwohner alles andere als schmeichelhaft, da sie dämonisiert werden; siehe die englische Übers. v. Wilhelm Geiger: The Mahāvamsa [zuerst: 1912], Colombo: Ceylon Government Information Department, 1959, Nachdruck 1986 [ohne ISBN], S. 55 – 61.

110 An diesen beiden Beispielen und an dem von Gunawardana wird deutlich, wie wenige Adhivasi es tatsächlich noch gibt, deren beide Elternteile von Ureinwohnern abstammen. Ich habe kürzlich auch die etwas romantisch angehauchte Geschichte gehört, dass die Tochter einer in Dambana lebenden singhalesischen Familie sich in einen Neffen des Häuptlings verliebt habe. Der Vater sei darüber derart verzweifelt, weil die einst so gute Schülerin jetzt all ihre intellektuellen Fähigkeiten durch diese Beziehung verliert, dass er erwägen soll, mit seiner Familie inklusive der Tochter wegzuziehen, um diesem Drama ein Ende zu machen.

111 Außerdem ernährten sie sich von Pflanzen des Waldes, von Gemüse, das sie auf kleinen, durch Brandrodung kultivierbar gemachten Flächen extensiv anbauten, und von wildem Honig (der heutzutage, neben Milch und Kunsthandwerk, einer ihrer »cash-crops« [Anm. d. Red.: zum Verkauf bestimmtes landwirtschaftliches Erzeugnis] geworden ist). Das Einzige, was sie in jenen vergangenen »paradiesischen Zeiten« in Geschäften eintauschten, waren Salz, Pfefferoni und Stoff für ihre spärliche Bekleidung.

112 Man kann sich kaum vorstellen, dass der Wandel, für den wir etwa sechstausend Jahre gebraucht haben, von den Adhivasi innerhalb von einer Generation bewältigt worden ist, nämlich von Jägern und Sammlern über Ackerbauern und Viehzüchter zu Fernsehkonsumenten zu werden.

113 Kandy ist die zweitgrößte Stadt von Sri Lanka und liegt etwa 3 1/2 Busstunden östlich von Dambana.

114 „An den Veddas beobachtet man das bemerkenswerte Phänomen eines wilden Volkes, das einen arischen Dialekt spricht. Welche Sprache auch immer sie sprachen, sie verloren sie vor langer Zeit und nahmen stattdessen einen singhalesischen Dialekt an, während sie ihre althergebrachten Sitten und ihre Lebensweise beibehielten.“ (R. L. Spittel: Vanished Trails

[siehe Anm. 87]; Seitenangabe nicht notiert; Übers. v. I. B.). Anm. d. Red.: Die 1950 vorgetragene Einsicht ist wesentlich älter; vgl. C. G. und Brenda Z. Seligmann: The Veddas, Cambridge: The Cambridge University Press, 1911 (Nachdruck: Oosterhout N.B.: Anthropological Publications, 1969), S. 380f.: „[...] die so genannte Vedda-Sprache, die nichts anderes als ein Dialekt des Singhalesischen ist, also eine Fremdsprache, die die Veddas vor langer Zeit anstelle ihrer eigenen annahmen [mit Berufung auf Wilhelm Geiger; Anm. d. Red.].“ (Übers. v. I. B.)

115 In einer Rede an die UN-Delegation 1996 in Genf, zitiert nach: http://vedda.org/wanniyalaeto-un.htm.

116 »Nayika Tumā« ist die übliche Art, wie der Häuptling von seinen Leuten angesprochen wird. Dieser singhalesische Begriff bedeutet etwa »edles Oberhaupt«.

117 Eine große Anzahl von Rindern wurde der Bevölkerung von Dambana von einem Tempel in Colombo geschenkt, der es sich zur Aufgabe gemacht hat, gestohlene Tiere von erwischten Rinderdieben zu übernehmen. Die einzige Bedingung dabei war, dass sie nicht geschlachtet werden. Außer dass einige der Kühe Milch geben, sehe ich wenig Nutzen in diesen herumziehenden Herden, da sie alles Fressbare abweiden. Sogar Buschland und Wälder werden ihretwillen in Brand gesetzt, um neue Weiden zu schaffen.

118 Mittlerweile wurde von der Regierung die Straße zwar großzügig in Stand gesetzt, aber die erwähnte Schranke wurde noch nicht aufgestellt. Das vermehrte einerseits den Besucherstrom, andererseits verdienen jene Familien nichts mehr, die am Straßenrand Essen und andere Gegenstände zum Verkauf angeboten hatten. Denn jetzt rasen die kleinen und großen Busse einfach durch das Dorf, ohne anzuhalten.

119 Mit seiner Idee, Strohdächer zu fördern, stößt der Häuptling bei vielen seiner Leute auf Widerstand, da es wesentlich arbeitsaufwendiger ist und das Dach nur für ein Jahr regenundurchlässig bleibt. Sogar einer seiner älteren Söhne, der durch einen Jagdunfall für einige Zeit arbeitsuntauglich wurde, hatte mich über Gunapala diskret fragen lassen, ob ich ihm ein Ziegeldach finanzieren könne.

120 Anm. d. Red.: Hara, ein Begriff aus der Yoga-Philosophie, bezeichnet das Sakral-Chakra und steht auch für Vitalität und Lebensfreude.

121 Siehe Glossar.

122 Quelle: http://vedda.org/wanniyalaeto-un.htm

123 Als er mir einmal ein Hautöl gegen Kopfschuppen gab, fragte ich den

Schamanen nach der Zusammenstellung. Er beantwortete meine Frage aber nicht, da dieses Wissen, so meinte er, die Wirkung herabsetzen würde. Ein anderes Mal verabreichte er mir ein Öl und massierte damit mein Knie, das ich mir durch einen kleinen Yogaunfall angeknackst hatte. Nebenbei sagte er, dass Fleisch nicht gut sei, wenn man Yoga praktiziere. Das habe er zumindest gehört, erwiderte er auf mein Erstaunen über seine so wahre Stellungnahme.

124 Ein Allerweltsmedikament in Sri Lanka wie bei uns das Aspirin.

125 „Sapiens sua secum!“ („Der Weise hat das Seine mit sich”) war schon von jeher ein inspirierender Spruch für mich und ist wahrscheinlich das einzige Sinnvolle, was in den fünf Jahren Lateinunterricht bei mir hängen geblieben ist.

126 „Nach dem »beschleunigten Mahaweli-Entwicklungsplan« (Accelerated Mahaweli Development Scheme) wurden ausgedehnte Waldflächen abgeholzt und überflutet oder zur Besiedlung vorgesehen. Ein letztes Jagdgebiet der Wanniyalaeto blieb zwischen der westlichen Grenze der Reservate und dem Maduru Oya-Bewässerungsstaudamm auf 59 000 Hektar Wald bestehen, aber auch dieses Gebiet wurde am 9. November 1983 zum Maduru Oya-Nationalpark erklärt. [...] Die Folge war, dass die Wanniyalaeto, die seit vielen Jahrtausenden ihren Lebensunterhalt als Jäger, Sammler und Hüter des Waldes gesichert hatten, über Nacht in den Wald unbefugt betretende Wilddiebe verwandelt wurden. [...] Und ein entwurzelter Wanniyalaeto bemerkte später dazu: »Die Regierung hat uns unsere Jagdwerkzeuge weggenommen und uns Mammoties gegeben, damit wir uns unser eigenes Grab schaufeln können.«” (www.kataragama.org/research/wanniyalaeto.htm [Oktober 2003]). Anm. d. Red.: „Mammoties“ ist eine auf Sri Lanka übliche Bezeichnung für dort gebräuchliche große Grabwerkzeuge zur Edelsteingewinnung.

127 Fischen, wenn es mit Netzen geschieht, wird ihnen im Gegensatz zum Jagen gestattet.

128 Robert Knox, der sich im 17. Jahrhundert auf Ceylon aufhielt, berichtet über Söldnerdienste der Ureinwohner für den singhalesischen König: „Da der König einmal Anlass zu einem eiligen Kriegszug gegen die Holländer hatte, berief sein Statthalter sie alle ein, dass sie mit ihm kämen, und das taten sie. Und mit ihren Bogen und Pfeilen taten sie so gute Dienste wie jeder andere.[…]“ (R. Knox: Historical Relation [siehe Anm. 81], S. 196; Übersetzung v. I.B.). Wie man aus anderen Quellen

weiß, war dies kein Einzelfall, wie man aus der Fortsetzung des Knox-Zitates schließen könnte; vgl. C. G. u. B. Z. Seligmann: The Veddas [siehe Anm. 101], S. 10 – 12 und 141.

129 Ich habe nicht das Gefühl, dass dieses Naturvolk (oder zumindest die jetzige Generation) einen ähnlichen Respekt vor den Mitwesen hat, die es tötet, wie es von den nordamerikanischen Indianern her bekannt ist.

130 Weil Wanniyala-Aetto als Oberhaupt talentierter als sein älterer Bruder war, wurde ihm die Führerrolle zugesprochen.

131 Interessanterweise wurden uns bei einem Kloster-Besuch vier »Adhivasi-Novizen« stolz vorgestellt, die aber wahrscheinlich, wie das nicht selten bei jungen Mönchen in Sri Lanka der Fall ist, nicht aus Glaubensgründen die Robe angelegt haben, sondern weil die wirtschaftliche Lage so schlecht ist.

132 Das ist ein weiterer Beweis, dass dieses Naturvolk wesentlich stärker den Yin-Aspekt (das weibliche / mütterliche Prinzip) ausgeprägt hat als wir in unserer so männlich-aggressiv (= Yang) ausgerichteten Gesellschaft.

133 Allerdings hatte das Hermann Hesse in den zwanziger Jahren ganz anders empfunden: „Speziell die Singhalesen, so wenig sie sonst imponieren, gehen allesamt durch ihr einfaches, leichtes, wenig differenziertes Leben mit einer liebenswürdigen Sanftmut und einem stillen, rehartigen Anstand, die man im Westen nicht findet" (Hermann Hesse. Aus Indien. Aufzeichnungen von einer indischen Reise, Berlin: S. Fischer, 1913, S. 97 = Erw. Neuausg. von Volker Michels, Frankfurt/M.: Suhrkamp (st 562), 1980, S. 101).

134 Anm. d. Red.: Auf Sri Lanka sind andere Bienenrassen vertreten als in europäischen Breiten. Vermutlich handelte es sich bei den beraubten Bienen um die Apis florea (Zwerghonigbiene). Sie verteidigt sich wirksam gegen Insekten, zieht aber bei größeren Angreifern die Flucht vor mitsamt der immer flugfähigen Königin; vgl. Friedrich Ruttner: Naturgeschichte der Honigbienen, 2. Aufl., Stuttgart: Kosmos, 2003, 328 – 344; bes. 336 – 338; zu Sri Lanka siehe dort auch S. 273.296 – 298.

135 Andere Schreib-/Sprechweise: Yakkhinī. Ein weiblicher (Natur-) Geist; vgl. Anm. 101 und 109.

136 „1977 wurde der »beschleunigte Mahaweli-Entwicklungsplan« (Accelerated Mahaweli Development Scheme) ins Leben gerufen, demzufolge weite Landstriche der traditionellen Jagdgründe der Wanniyalaeto zum erklärten Nutzen anderer Lebensgemeinschaften zweckentfremdet wurden" (www.kataragama.org/research/wanniyalaeto.htm [Oktober 2003]). Vgl. Anm. 12.

137 Anm. d. Red.: Mit „Konfliktregionen" sind die Grenzgebiete und das (zeitweise) Niemandsland zwischen den singhalesichen und tamilischen Siedlungsgebieten gemeint, in denen der ethnisch motivierte Bürgerkrieg seit Jahrzehnten kampagnenartig militärisch ausgetragen wird. Die Adhivasi, aber nicht nur sie, bewohnen zum Teil militärisches Niemandsland. Zum Bürgerkrieg siehe Kapitel 9.

138 Mir kommt es so vor, als ob es in Dambana überproportional viele geistig und körperlich Behinderte gäbe, was mit Inzucht zu tun haben könnte, denn es scheint, dass fast alle Dorfbewohner untereinander verwandt sind. Es gibt sogar ein böses Gerücht, dass reiche Bewohner Colombos sich ihrer behinderten Kinder in Dambana gegen Geld entledigen würden. Doch das kann ich mir unter keinen Umständen vorstellen.

139 Anm. d. Red.: In den neunziger Jahren des 20. Jh.s verstorben; zu Monat und Jahr existieren divergierende Angaben, nach S.P. Juni 1990, andere Quellen nennen 1998 bzw. 1999. Das Grabmal des Häuptlings gibt darüber keine Auskunft. Ein deutscher Sri-Lanka-Reisender hatte Tissahamy und dessen Generation noch kennen gelernt und dies unprätenziös festgehalten: Werner Hofmeister: Tissahamy – der Häuptling der Veddas (Untertitel auf dem Schutzumschlag: Erlebnisbericht über ein vergessenes Urvolk im Zentral-Dschungel von Sri Lanka), Selbstverlag [ohne Ort und Jahr]; erschienen vermutlich zwischen 1987 und vor 1990. Mit zahlreichen SW-Fotos des Verfassers.

140 Im Original auf Englisch, genaue Quelle unbekannt; Übers. v. S. P.

141 Marshall M. Rosenberg, Gewaltfreie Kommunikation. Aus dem Amerikanischen von Ingrid Holler, 2. Aufl., Paderborn: Junfermann, 2002 [1. Aufl. 2001], S. 75 bzw. 139f.; Hervorhebung im Original.

142 Laotse, Tao Te King, Kapitel 61, zitiert nach der Übers. v. Richard Wilhelm, 13. Aufl., Kreuzlingen / München: Hugendubel (DG 19), 2000, S. 104.

143 Refrainanfang eines Liedes von Reinhard Mey.

144 Jaffna: siehe Glossar.

145 Vino, eine mir bekannte junge Tamilin mit ungewöhnlichem Selbstbewusstsein und zynischem Witz, hat zu meinem englischen Originaltext einige sehr hilfreiche Kommentare verfasst, die ich zu den entsprechenden Textstellen zitieren möchte. Zum »Kriegsheldentag« meinte sie: „Sie reparieren und dekorieren immer weiter die Friedhöfe, und der Grund, den sie angeben, ist der, dass sie den Soldaten, die für ihr Land

gestorben sind, Respekt erweisen müssen. Aber ist das denn so wichtig? Ich würde sagen, dass sie ihre Fehler bekennen sollten, indem sie für die Eltern der Soldaten sorgen und sie ernähren" (persönliche Mitteilung an mich; S. P.).

146 Siehe oben Anm. 145.

147 Vinos Kommentar dazu: „Es ist nicht wegen des Drucks durch die »Tamil Tigers«, dass die Frauen hier keine Jeans tragen .... Aber das Thema ist, ob man die Initiative ergreifen will, um mit der Revolution zu beginnen. Na ja, das heißt nicht, dass überhaupt keine Frauen Jeans tragen, es gibt ein paar, und die fühlen sich nur in Jeans wohl. Es hängt auch von den eigenen Gefühlen ab, wenn man sich seine Kleidung aussucht. Wenn einige Frauen damit anfangen, Jeans zu tragen, dann wäre das eine große Revolution in unserer Welt der Kleidung. Für die Kader der Tamil Tigers ist es anders, weil, wie sie sagen, Jeans bequem beim Kämpfen sind und locker in der Freizeit, soviel ich weiß. Ich finde nicht, dass man sagen kann, die Tamil Tigers sind gegen solche modernen Sachen, denn die Frau von Anton Balasingam (einer der führenden Tamil Tigers, der auch der Hauptrepräsentant während der „Friedensgespräche" ist) trägt Jeans, und gleichzeitig wird sie auch als Familienmitglied der Tamil Tigers akzeptiert."

148 Daya Somasundaram: Scarred Minds, Colombo: Vijitha Yapa Publication, 1998; Übersetzung v. S. P.; Seitenzahl nicht notiert.

149 Dass in den unteren Reihen der Armee manchmal brutale Skrupellosigkeit herrscht, ist nicht verwunderlich, wenn man davon hört, was Verantwortliche an oberster Stelle zustande bringen. Einige Tage vor der Parlamentswahl 2001 sah ich den damaligen Verteidigungsminister Anuruddha Ratwatte, der nicht zufällig ein Onkel der Präsidentin ist, noch einmal mit seinem unbescheidenen BMW meinen benachbarten V.I.P.-Mönch in Kandy besuchen, der übrigens auch einen Mercedes Benz sein »bescheidenes« Eigentum nennen kann. Kurze Zeit später kam dieser fragwürdige Politiker in Untersuchungshaft. Sein Pech war, dass die Gegenpartei an die Macht gekommen war. Seitdem ist ein Gerichtsverfahren gegen ihn und zwei seiner Söhne im Gange, welches ihm Mitwisserschaft am Mord von zehn Muslimen vorwirft, die von seinen „Wahlhelfern" am Wahltag umgebracht worden sein sollen. So schnell kann man also in einem so korrupten Land von einem Ministerposten in eine Gefängniszelle geraten!

150 Vino kommentiert dazu: „Es ist nicht hundertprozentig richtig zu sagen, dass die Tamilen zur Unterstützung gezwungen werden, aber sie verpassen ihnen eine Gehirnwäsche, um ihre Unterstützung zu erhalten. Diejenigen von ihnen, die das mitbekommen, fürchten sich davor, ihre Gefühle darüber zu zeigen, weil sie wissen, dass sie dann abgeschlachtet werden. Und diejenigen, die es gewagt haben, die Leute darauf aufmerksam zu machen, wurden erschossen. Eine Anatomieprofessorin der medizinischen Fakultät der Universität Jaffna war ein Beispiel dafür: Sie unterstützte die Tamil Tigers massiv, bis ihr klar wurde, was dort vorging, als sie in größere Nähe zu ihnen kam. – Also, ihre Botschaft ist deutlich, weil sie wissen: wenn sie diese Intellektuellen leben lassen, dann könnten sie wie Pilze aus dem Boden schießen, und eines Tages würde die ganze Nation gegen sie aufstehen. Nun leben ein paar von ihnen an Orten, wo die Tamil Tigers nicht hinkommen (zumindest glauben sie das). Die Tamil Tigers sind eine Partei, die dir niemals die »Freiheit« wird geben können, für die sie angeblich kämpft. Man kann so nicht leben, denn das ist eigentlich keine Freiheit, wenn man unter ihrer Kontrolle leben muss, weißt du. Ja, natürlich können sie die Leute zum Narren halten, aber nicht alle Tamilen sind Narren. Ich erinnere mich gerade an das Thema von George Orwells »Animal Farm«: Macht korrumpiert, und totale Macht korrumpiert total. Zweifellos fand ich selbst sie früher sehr anziehend und stellte mir vor, Prabhakaran sei so etwas wie ein Gott! Aber als ich anfing viel zu lesen, wurde mir klar, dass das nicht die Art ist, wie ich denke. Ich habe verstanden, dass sie uns niemals leben lassen würden, wie wir wollen. Und doch muss ich die besseren Sachen, die sie manchmal tun, anerkennen: Sie üben Kontrolle über Leute aus, die Frauen misshandeln, mit Drogen handeln, illegal Arrak produzieren, Macht missbrauchen usw. Aber letztendlich ist ihr Weg nicht der, auf dem sie unsere Herzen gewinnen“ (persönliche Mitteilung an mich; S. P.). Übrigens arbeitet Vinos Vater in einem der LTTE-Büros, was die Stimmung zwischen den beiden sehr belastet.

151 INGO: siehe Glossar.

152 Anita Pratap: Island of Blood, New York: Penguin Books, 2003 (ISBN: 0-14-200366-2), S. 101; Übers. v. S. P. Erstausgabe: Penguin-Viking, India [Indien] 2001.

153 „Was ich vorschlage, ist nicht gerade neu. Man braucht dafür keine Armeen, kein Geld und keine UN-Resolutionen. Es ist scheißbillig. Es wurde schon oft und in vielen verschiedenen Ländern ausprobiert –

UND ES IST NOCH NIE FEHLGESCHLAGEN. Es erfordert keinen Haß und keine Waffen. Tatsächlich dreht sich alles dabei um den Verzicht auf Waffen. Man nennt es massenhaften zivilen Ungehorsam. Es hat bei Martin Luther King funktioniert – seine gewaltfreie Bewegung setzte der Rassentrennung in den USA ein abruptes Ende. Es hat bei Gandhi funktioniert – er und seine Mitstreiter zwangen das Britische Empire in die Knie, ohne einen Schuß abzufeuern. Es hat bei Nelson Mandela funktioniert – er und der African National Congress führten ohne gewaltsame Revolution das Ende der Apartheid herbei" (M. Moore, Stupid [siehe Anm. 44], S. 220f.; Hervorhebungen im Original).

154 „Prabhakarans politisches Engagement liegt darin begründet, dass er als Jugendlicher mit ansehen musste, wie Soldaten seinen Onkel am lebendigen Leibe verbrannten" (V: Campbell / C. Niven: Sri Lanka, Eighth Edition, Australia / Victoria: Lonely Planet Publications, 2001, S. 62; Übersetzung v. S. P.).

155 Im geplanten Fortsetzungsband werde ich darauf noch zu sprechen kommen, Arbeitstitel des Manuskriptes: Menschliche Schicksale hinter unmenschlichen Konflikten; Anm. v. S. P.

156 Anm. d. Red.: Eine andere, tamilische Lauteigentümlichkeit berücksichtigende Transliteration des Namens lautet Pirabharakan. Für Hinweise und Erläuterungen danken wir Dr. Thomas Malten, Institut für Indologie und Tamilistik, Universität Köln.

157 A. Pratap: Island [siehe Anm. 152], S. 98; Übersetzung (auch die folgenden Zitate) von S.P.

158 A. Pratap: Island [siehe Anm. 152], ebd.

159 A. Pratap: Island [siehe Anm. 13], Seite 103. Der aus Australien stammende buddhistische Mönch und Autor S. Dhammika erzählte mir bei seinem letzten Jaffna-Besuch im Sommer 2003 von einem Gespräch mit einem LTTE-Mann. Laut Ven. Dhammika hatte dieser LTTE-Mann den Waffenstillstand und die Friedensgespräche nur damit begründet, dass die USA nach der Attacke auf das World Trade Centre (im September 2001) wesentlich offensiver den Kampf gegen Terror verfolgen würden. Auch der Besuch des Premierminister Ranil Wickremesingha bei Präsident Bush im November 2003 habe, so der LTTE-Mann weiter, sicherlich eine Einschüchterung der Terroristen bewirken sollen. Noch dazu, weil die US-Marine einen begehrlichen Blick auf den strategisch bedeutsamen Hafen von Trincomalee werfe, der, im Nord-Osten von Sri

Lanka gelegen, einerseits zu den größten und bestgeschützten Naturhäfen der Welt zähle, andererseits diese Stadt von den LTTE auch als künftige Hauptstadt von Eelam angesehen werde.

160 Das geschah mit Absicht, da ich wusste, wie negativ einige Singhalesen Anita Pratap gegenüber eingestellt sind und mir dadurch ähnliche Kritik drohen würde. Eine der Gründe für ihr negatives Image liegt wahrscheinlich darin, dass sie Prabhakaran und der LTTE auch menschliche Züge zuschrieb.

161 Ihr dreiundzwanzig Jahre alter Sohn Zubin hatte mir einmal erzählt, es passiere nicht selten, dass seine hübsche Mutter für seine Freundin gehalten werde.

162 Mir ist zu Ohren gekommen, dass ein srilanker Minister Anita vorgeworfen hatte, zu all der Information über Prabakaran nur dadurch gelangt zu sein, weil sie willig war, mit ihm ins Bett zu gehen. Solche kindischen Beschuldigungen sind wahrscheinlich eine Angst-Reaktion von korrupten Politikern gegenüber Journalisten, die sogar ihr Leben für die Wahrheit aufs Spiel setzen.

163 Nach 15 Jahren Kriegsjournalismus ist sie mittlerweile zu ungefährlicheren Methoden von Berichterstattung übergewechselt. Zum Abschied schrieb Anita folgende mich berührende Widmung in ihr Buch: „Dear, Dear Pajalo, It was so marvellous spending these few days with you and your family in Zell am Moos. As you are heading back to Sri Lanka, I'm wishing you all the best and hope you will continue to celebrate the ordinary! Best wishes, Anita Pratap. 7th Sept 2003". [Übers. v. I. B.: „Lieber, lieber Pajalo, es war so wunderbar, diese Tage mit dir und deiner Familie in Zell am Moos zu verbringen. Da du nach Sri Lanka zurückreist, wünsche ich dir jetzt das Allerbeste und hoffe, dass du weiterhin das Alltägliche feierst! Mit den besten Wünschen, Anita Pratap. 7. September 2003."] Mehr über Anita Pratap im Internet unter: www.anitapratap.com

164 Insbesondere seit den Friedensverhandlungen werden kompromisslose »Säuberungsaktionen« gegen ausgestiegene ehemalige Mitglieder durchgeführt, die zu unzähligen Mordanschlägen an Tamilen geführt haben.

165 V: Campbell / C. Niven: Sri Lanka [siehe Anm. 154], S. 62; Übersetzung v. S. P. Wie weit noch nach zwei Jahrzehnten Vorurteile und Spannungen bestehen, wurde mir klar, als eine reichere singhalesische Geschäftsfrau mir sagte, dass sie jetzt beginnen möchte, Tamilisch zu lernen. Dann fügte sie noch erklärend hinzu: „Um zumindest die Worte zu verstehen, wenn ich beschimpft werde!"

166 Daya Somasundaram: Scarred Minds [siehe Anm. 148]; Übersetzung v. S. P.; Seitenzahl nicht notiert.

167 Wenn man aber bedenkt, dass ein Großteil der Bevölkerung Indiens bis zu den zerstörerischen Einfällen der »Muslime« [„Gottergebenen“!] ab dem 8. Jahrhundert Buddhisten waren, ist das nicht weiter verwunderlich. Anm. der Red.: Zur Datierung der Anfänge der mohammedanischen Eroberungszüge in Indien in das 8. Jh. siehe Karl-Heinz Ohlig: Weltreligion Islam, Mainz / Luzern: Grünewald bzw. Edition Exodus, 2000, S. 228. – Ergänzend zum einstigen Buddhismus in Tamilnādu (= Südindien): „In den tamilischen Epen Manimēkalai und Silappadikaram werden Kaverīpattinam (Bezirk Tañjāvūr) und Kāñcīpuram (Bezirk Chingleput) als buddhistische Zentren genannt“ (Petra Kieffer-Pülz: Die buddhistische Gemeinde, in: H. Bechert [u.a.]: Der Buddhismus I, Stuttgart [usw.]: Kohlhammer, 2000, S. 317; hier ohne retroflexe Lautzeichen).

168 Anm. d. Red.: Vgl. R. Krack: Sri Lanka [siehe Anm. 30], S. 444f.; SW-Foto der neuen Bibliothek: S. 443.

169 Anm. d. Red.: „Burgher“ (sprich: bör-ger, „Bürger“, singhalesisches Lehnwort aus dem Niederländischen), Nachkommen europäischer Kolonialisten, größtenteils der einheimischen Sprachen nicht mächtig. Vergleiche R. Krack: Sri Lanka [siehe Anm. 30], S. 120.

170 Anm. d. Red.: Einen Überblick zur singhalesisch-tamilischen Aggressions- und Leidensgeschichte bietet R. Krack: Sri Lanka [siehe Anm. 30], S. 128, 132ff., 445.

171 Typisch für die konfliktgeladene Situation ist auch, dass die politischen Repräsentanten sich über die Eröffnungsformalitäten bis jetzt noch immer nicht einigen konnten.

172 Am 4. Februar wird im ehemaligen Ceylon die von den Engländern 1948 erlangte Unabhängigkeit gefeiert. Diesen Jahrestag ignoriert die LTTE, weil sie Sri Lanka als Staat nicht anerkennen wollen.

173 Siehe Glossar.

174 Anm. d. Red.: Abbildung bei R. Krack: Sri Lanka [siehe Anm. 30], S. 461.

175 Vino, die einige Zeit für INGOs gearbeitet hatte, meinte dazu: „Ein paar INGOs leisten wirklich gute Arbeit. Aber bei den anderen weiß ich es nicht, und ich frage mich, warum sie hier sind. Vielleicht nutzen manche der Mitarbeiter die Gelegenheit, Ruhm zu erlangen und ihr Leben um einige Erfahrungen zu bereichern.“

176 Ein Beispiel für ein kulturelles Missverständnis sprach Vino an: „Weibliche Freiwillige hier beklagen sich, dass die Leute von Jaffna sie anstarren, wenn

sie in Bikinis am Strand sind! Jaffna ist ein Ort, wo man sich an öffentlichen Plätzen nicht entblößt, und niemand trägt einen Bikini, also ist es Aufsehen erregend für sie. Man kann meine Mitbürger in dieser Frage nicht beschuldigen. Sie sollten sich diese »Bikini-Geschichte« einfach bewusst machen, bevor sie hier landen! – Sie nehmen es nicht zur Kenntnis, dass es hier einfach unmöglich ist, halbnackt herumzulaufen. Warum beschweren sie sich dann darüber, wie die Leute gucken?" Diese Bemerkung Vinos sollten sich einige Touristen, die nach Sri Lanka oder in ähnlich „exotische" Länder reisen, groß auf ihre Reisekoffer schreiben! Anm. d. Red.: Zum Thema „Kulturschock und Sri Lanka" ist uns kein deutschsprachiger Titel bekannt; siehe R. Barlas / N. Wanasundera: Culture Shock! Sri Lanka, Singapore: Times Books International, 1992 (ISBN 981- 204 -079 -X), mehrere Nachdrucke. Ganz allgemein zum Thema: H. Chen / H. Jäger (Hg.): Kulturschock: Mit anderen Augen sehen. Leben in fremden Kulturen, Bielefeld: Reise Know-How Verlag Peter Rump, 2003; Harald A. Friedl: Respektvoll reisen [ebenda], 2002.

177 Dadurch hatte ich die Möglichkeit, einen anderen Geschmack von Freiheit zu erfahren, als ich ihn in meiner purpurroten Robe gewohnt bin. Die regeltreuen Buddhisten möchte ich dabei mit der Bemerkung beruhigen, dass die Regeln (die eher Anhaltspunkte als Gebote sind), die ich als Samanera (»kleiner Mönch«) auf mich genommen habe, das Tragen der Robe und das Rasieren des Haupt- und Barthaares nicht beinhalten. Anm. d. Red.: Die Auffassung des Verfassers lässt sich nach der herkömmlichen Theravāda-Tradition nicht belegen. (Für ihre bestätigende Auskunft sind wir Dr. Petra Kieffer-Pülz, Universität Halle-Wittenberg, Institut für Indologie, zu Dank verpflichtet.)

178 Übersetzung aus dem Englischen von Inge Götz, redaktionell überarbeitet von I.B.

179 Originaltitel: Four Quartets, übersetzt von Nora Wydenbruck, in: Gesammelte Gedichte 1909 – 1962 (T. S. E.: Werke, Bd. 4), hrsg. v. Eva Hesse, 2., verbesserte Aufl., Frankfurt/M.: Suhrkamp,1988, S. 277 – 335, hier: 335.

180 Anm. d. Red.: Die Schreibung entspricht österreichischer und schweizerischer Tradition.

181 Jiddu Krishnamurti: The Mirror of Relationship. Love, Sex and Chastity, Ojai / Kalifornien: Krishnamurti Foundation of America, 1992, Seite V.

182 Theravada bedeutet wörtlich Lehre (vāda) der Ältesten (thera), wobei „thera" als Ehrentitel verwendet wird, vergleichbar mit dem christlichen Presbyter. [Anm. d. Red.: Vgl. K. Mylius: Wb. Pāli – Dt., [siehe Anm.

101], S. 183 f., Art. thera.] Diese Respektsbezeichnung verleiht diesem religiösen Leben auch einen entsprechenden elitären und patriarchalischen Impuls.

183 „Der Vinaya ist der zweite [sic!] Teil im Pali-Tipitaka und beinhaltet die 227 Regeln, die Mönche beherzigen sollen, sowie die Anleitungen für das Leben in einer Mönchsgemeinschaft. Eine andere Abteilung enthält die 311 Regeln für Nonnen. Menschen aus dem Westen und auch viele Theravada-Laien in Asien glauben, dass die Mönche all diesen Regeln folgen. Das ist nicht so, und es ist auch vernünftig, dass es nicht so ist. Viele Regeln sind außerhalb des Zusammenhangs im alten Indien, in dem sie aufgezeichnet wurden, irrelevant und bedeutungslos" (S. Dhammika [= Autorname von Ven. Sravasti Dhammika]: The Broken Buddha, Kapitel: The Vinaya, unveröffentlichtes Manuskript, unpaginiert; Übersetzung, auch der folgenden Zitate daraus, von I.B.). Ich danke Ven. S. Dhammika herzlich für die Erlaubnis, aus dem bislang unveröffentlichten Manuskript zitieren zu dürfen; S.P.

184 Pātimokkha, Pārājika-Regel 1, zitiert nach: The Buddhist Monastic Code, translated and explained by Thanissaro Bhikkhu, Valley Center / Kalifornien: Forest Monastery, 1994, S. 45. [Anm. d. Red.: Im Buchhandel nicht erhältlich. Aktualisierte Internetversion: http://www.accesstoinsight.org/lib/modern/thanissaro/bmc1/index.html]. Vergleiche dazu auch: „Ein Mönch fällt automatisch vom Mönchsein ab, wenn er eines dieser Vergehen der Aufhebung begeht: Geschlechtsverkehr, Mord, schwerer Diebstahl, oder sich fälschlich übernatürliche Kräfte zuspricht" (Bhikkhu Ariyesako: The Bhikkhus' Rules. A Guide for Laypeople, Kallistra, Vic. / Australien: Sanghaloka Forest Hermitage, 1998, S. 40 [Anm. d. Red.: Internetversion: http://www.accesstoinsight.org/lib/modern/ariyesako/layguide.html]).

185 Zusammenfassung der Pācittiya-Regel 7 nach Thanissaro Bhikkhu, in: Buddhist Monastic Code [siehe Anm. 184], S. 285. [Anm. d. Red.: Eine Pācittiya-Regel betrifft ein Vergehen, das Sühne erfordert.]

186 Anm. d. Red.: Anspielung auf den Pali-Begriff brahmacariya („heiliges Leben, keuscher Wandel"), siehe K. Mylius: Wb. Pāli – Dt. [siehe Anm. 101], S. 268.

187 H. W. Schumann: Der hist. Buddha [siehe Anm. 23], S. 238. Der Text hinter den Spiegelstrichen stammt aus dem Pāli-Kanon.

188 Allan Watts: Nature, Man and Woman, London: Abacus Edition / Sphere Books, 1976 [zuerst: 1958], S. 115, 117; Übers. v. I.B.

189 „Wie der Begriff schon beinhaltet, bezieht sich Theravada in erster Linie auf ältere Mönche, nicht auf männliche Laien und ganz sicher nicht auf Nonnen oder weibliche Laien“ (S. Dhammika: Broken Buddha [siehe Anm. 183], Kapitel: Monks and Lay People, unpag.).

190 S. Dhammika: Broken Buddha [Anm. 183], Kapitel: A Woman´s Place, unpag.

191 In Anlehnung an die Buddha-Biografie von Bhikkhu Nanamoli (The Life of the Buddha. According to the Pali Canon; Kandy, Third edition, Kandy; Sri Lanka: Buddhist Publication Society, 1992 [ISBN: 955-24-0063-5], S. 106) von mir bearbeitet und gekürzt; S.P. Anm. d. Red.: Originalstelle: Vinaya, CV X, 1 – 6; Überlieferungsparallele (mit Varianten) in: Anguttara-Nikāya [„Angereihte Sammlung“], VIII, 51; übersetzt v. Nyanatiloka, 5. Aufl., Braunschweig 1993, Bd. IV, S. 148 – 152.

192 Daniel Odier: Tantric Quest, Rochester / Vermont: Inner Traditions, 1997; Seitenangabe nicht notiert. Anm. d. Red.: Eine deutschsprachige Einführung auf religionswissenschaftlicher Basis bietet: Peter Gäng: Tantrischer Buddhismus. Experimentelle Mystik – Radikale Sinnlichkeit, Berlin: Theseus, 2001. Die »Integration« der Sexualität in die religiöse Praxis wirft wiederum andere Probleme auf, zumal mit »Gurus«. Kritisch zum Tantrischen Buddhismus: Stephen T. Butterfield: The Double Mirror. A Sceptical Journey into Buddhist Tantra, Berkeley: North Atlantic Books, 1994 (ISBN 1-55643-176-7).

193 Anm. d. Red.: Von der Lehre des historischen Buddha fühlten sich anfangs in erster Linie die intellektuelle Elite und die »religiösen Virtuosen« (Max Weber) angesprochen. Mönchtum als Massenbewegung, geschweige als Alternative zur Arbeitslosigkeit (wie gegenwärtig in Sri Lanka) war nicht intendiert. – Dementsprechend gab es von Anfang an eine Differenzierung zwischen Mönchs- und Laienethik; siehe Konrad Meisig: Klang der Stille – Der Buddhismus, 2. Aufl., Freiburg i. Br. [usw.]: Herder, 1997, S. 75 ff.

194 Krishnamurti: Mirror [siehe Anm. 181], Seite 74 und 77 f.

195 Anm. d. Red.: „Die Gründe für diese Abkehr von der Sexualität sind leicht zu verstehen. Eine Philosophie, die in dem Verlangen nach Befriedigung der Sinne die Quelle alles Übels sieht, kann nicht den Wunsch haben, die Gelegenheit dazu zu vervielfachen“ (Edward Conze, Der Buddhismus. Wesen und Entwicklung, 10., unveränderte Aufl., Stuttgart: Kohlhammmer, 1995, S. 54). Anders gesagt: Es wäre ein eklatantes Missverständnis, würde man die Zölibatsregel der buddhistischen

Mönche mit der des christlichen Mönchstums oder gar mit dem Zölibat der katholischen Weltgeistlichen gleichsetzen. Zum geistesgeschichtlichen Hintergrund (in Ergänzung und Korrektur), aber auch zum Zusammenhang von Sexualaskese und Meditation siehe E. Conze, a.a.O., S. 53 – 56, bes. 54 f. – Wer die metaphysisch-soteriologischen Prämissen des Buddhismus (Konrad Meisig spricht von drei Axiomen) nicht akzeptiert, kann die systemimmanent plausible Sinnhaftigkeit des Zölibats nicht nachempfinden; vgl. K. Meisig [siehe Anm. 193], S. 90 f. – Man wird zögern, die Prüderie auf Sri Lanka (von der sich Reisende leicht überzeugen können) dem Buddhismus anzulasten, wenn man bedenkt, dass in Thailand, einem noch stärker von dieser Religion geprägten Land, sexuelle Freizügigkeit praktiziert wird.

196 I. B. Horner [Übersetzerin]: The Book of the Discipline [= englische Übersetzung des Pāli-Vinaya], Vol. IV: Mahāvagga (= Vin. III, 19 – 20), Oxford: Pali Text Society, 2000, S. 36 f. Aus dem Englischen übers. v. I.B.

197 Chamindaji Gamage: Buddhism and Sensuality. As recorded in the Theravada canon, Evanston / Illinois: Northwestern University, 1998 (ISBN 955-9098-43-8), S. 49. Anm. d. Red.: Vgl. Horner [siehe Anm. 196], S. 40 – 42.

198 S. Dhammika: Broken Buddha [siehe Anm. 183], Kapitel: Negativity, unpag.

199 Sutta-Nipāta, Strophe 340 – 341, übers. v. Nyanaponika, 2. rev. Aufl., Konstanz 1977; Neuausgabe: Verlag Beyerlein & Steinschulte, Stammbach-Herrnschrot, 3. Aufl. 1996.

200 A. Watts: Nature [siehe Anm. 188], S. 114; Text von S.P. notiert, Übers. v. I.B.

201 A. Watts: Nature [siehe Anm. 8], S. 113; Übers. von S.P. [Anm. d. Red.: Das Zitat konnte nicht überprüft werden.]

202 D. Odier: Tantric Quest [siehe Anm. 192], Seitenzahl nicht notiert.

203 Ven. S. Dhammika äußerte gesprächsweise dazu, dass sich Männer im Westen manchmal wegen dieser Anlage für den Priesterberuf entscheiden, während in Sri Lanka die meisten, die in den Orden eintreten, oft noch nicht einmal in die Pubertät gekommen sind; mündliche Mitteilung, S.P.

204 Anguttara-Nikāya III, 16 [siehe Anm. 191], Bd. I, S. 107 f.

205 Martin Buber: „Es gibt nichts, das ich nicht sehen darf, um zu sehen, und es gibt kein Wissen, das ich vergessen darf", zitiert bei Anne

Bancroft: Twentieth-Century Mystics and Saints, London: Arkana Books / The Penguin Group, 1989, S. 221; Rückübersetzung aus dem Englischen von I.B.

206 Anm. d. Red.: Anspielung auf den Begriff »akusala«. Was in anderen Moralsystemen als böse oder verboten oder als sündig / Sünde bezeichnet wird, ist nach buddhistischer Ethik karmisch unheilsam.

207 S. Dhammika: Broken Buddha [siehe Anm. 183], Kapitel: Hypocrisy, unpag.

208 Bhikkhu Ariyesako: Rules [siehe An m. 184], S. 60.

209 S. Dhammika: Broken Buddha [siehe Anm. 183], Kapitel: What is Theravada? unpag.; Auslassung von S. Dh. Anm. der Red.: Zu Dhamma, Sāsana, Tipitaka siehe Glossar.

210 S. Dhammika: Broken Buddha [siehe Anm. 183], Kapitel: Boredom, unpag.; Zitat im Zitat: Auslassungen von S. Dh.

211 S. Dhammika, Broken Buddha, ebenda. Anm. d. Red.: Ven. Dhammika verfolgt, wie er in der Einleitung schreibt, eine konstruktive Kritik; der Buddhismus könne im Westen schwerlich Fuß fassen, wenn die erstarrten Formen des Vinaya-Formalismus mitsamt den asiatischen Fehlinterpretationen übernommen würden. Seine Kritik ist also wohlmeinend und will gerade dem Sāsanantaradhāna, dem Niedergang der Buddha-Lehre, entgegenwirken. Nach wie vor betrachte er sich als ein Anhänger der Lehre des historischen Buddha.

212 Ch. Gamage: Sensuality [siehe Anm. 197], S. 62 Anm. d. Red.: Vgl. Horner [siehe Anm. 196], S. 192 – 195 = Vin. III, 109 – 111.]

213 Bhikkhu Ariyesako: Rules [siehe Anm. 184], S. 40.

214 Anm. d. Red.: Vom Autor in Anführungszeichen gesetzt, da der Buddhismus nur »karmisch unheilsam Agierende« kennt; siehe hier oben Anm. 205.

215 Was übrigens bei einigen Regeln das Gewissen noch zusätzlich belastet – und mich manchmal fast zur Verzweiflung getrieben hatte –, ist, dass manchmal die »gute Absicht« alleine nicht ausschlaggebend ist. Wenn ein Mönch beispielsweise nach Sonnenhöchststand Nahrung zu sich nimmt, auch wenn er davon überzeugt ist, dass es noch zur rechten Zeit geschieht, ist es schon ein Vergehen. Ein ähnlich ausgeklügeltes System, bei dem Begierden durch Belastung des Gewissens unterdrückt werden, ist auch im Katholizismus weit verbreitet, wie Joseph Campbell ausführt: „[…] das Credo sagt: »Ich glaube«, und ich glaube nicht nur an die Gesetze, sondern ich glaube, dass diese Gesetze von Gott erlassen

wurden, und mit Gott läßt sich nicht rechten. Diese Gesetze sind eine schwere Last auf mir, und ihnen nicht zu gehorchen, ist eine Sünde und betrifft mein ewiges Los. [...] Man glaubt, und dann geht man zur Beichte und spult die Liste von Sünden ab und meint, die ablehnen zu müssen, und anstatt dem Priester zuzusetzen und zu sagen: »Segne mich, Vater, denn ich war diese Woche ganz prima«, meditiert man über die Sünden, und beim Meditieren über die Sünden wird man erst richtig ein Sünder in seinem Leben. Es ist eigentlich eine Verdammung des Lebenswillens, das Credo" (Joseph Campbell, Die Kraft der Mythen. Aus dem Amerikanischen von Hans-Ulrich Möhring. Zürich / München: Artemis, 1994, S. 213).

216 Einer der beiden Mönche war von stärksten Zweifeln geplagt (und es ist auch ein Vergehen, wenn man im Zweifelsfalle kein Geständnis macht!), ob er nicht durch eine von einer Krankenschwester durchgeführte Blutentnahme folgende Regel überschritten hätte: „Sollte ein Mönch, von Lust übermannt, mit veränderter Geisteshaltung, in Körperkontakt mit einer Frau treten, oder ihre Hand oder eine Locke ihres Haares halten, oder eines ihrer Gliedmaßen liebkosen, so zieht dies eine sofortige und spätere Zusammenkunft der Gemeinschaft nach sich" (Sanghadisesa-Regel 2; zitiert nach: Buddhist Monastic Code [siehe Anm. 184], S. 100; Übers. v. I.B.). Der Mönch war wegen dieser Regel so paranoid geworden, dass ihm sogar Gewissensbisse kamen, als er einmal ein Frauenhaar zufällig berührte. Anm. d. Red.: Die einzelnen Orden (Nikāyas) haben unterschiedliche Auslegungstraditionen und Vermeidungsschwerpunkte (z.B. Bargeld, Kreditkarte, Regenschirm), so dass dieses Beispiel einer ekklesiogenen Zwangsneurose mit sexuell motiviertem Hintergrund nicht verallgemeinerbar ist. Doch siehe dazu die folgende Anmerkung.

217 Dīghanikāya [„Längere Sammlung"], 16,6,20; zitiert nach der Übers. v. Karl Eugen Neumann: Längere Sammlung, 3. Aufl. 1957, S. 297; Nachdruck: Beyerlein & Steinschulte, Stammbach-Herrnschrot, 1996. Anm. d. Red.: Zu unterscheiden wäre (vorausgesetzt, man lässt dem altindischen Weisen ein wenig Gerechtigkeit widerfahren) zwischen a) dem historischen Buddha und der frühbuddhistischen Tradition und b) den späteren Entwicklungen. Zu a): Buddha und seine frühen Jünger hatten ein pragmatisches Verhältnis zu den Verhaltensregeln; Beispiele bei H. W. Schumann: Der hist. Buddha [siehe Anm. 23], 184. 185 f. Zu b): Kasuistik und Beckmesserei (als das andere Extrem zur Laxheit)

entwickelten sich durch die Ordensreform-Bewegungen im 19. und 20. Jh. und sind eher für die thailändische Tradition typisch, bedingt durch die einflussreiche Interpretation namens Vinaya Mukha (englische Übersetzung unter dem Titel: The Entrance to the Vinaya) des thailändischen Prinzen und zeitweisen Mönchs Vajirañana-Varorasa, Anfang des 20. Jh.s auf Thai erschienen; weitere Angaben bei Thanissaro Bhikkhu [siehe Anm. 184], S. 9 f. u. 571. Ein Beispiel: Nach Thai-Tradition dürfen Frauen die Essensspende für einen Mönch nicht direkt überreichen, sondern müssen es auf ein Tuch vor den Mönch stellen oder durch einen männlichen Laien überreichen lassen. Diese historisch gesehen eindeutig falsche Interpretation vermag ekklesiogene Zwangsneurosen (Beispiel oben in Anm. 215) zu provozieren.

218 Anm. d. Red.: Wer an religionswissenschaftlich fundierter und unpolemischer Information über das buddhistische Mönchswesen interessiert ist, sei auf folgende Veröffentlichungen hingewiesen: H. W. Schumann: Der hist. Buddha [siehe Anm. 23], S. 177 – 198; Petra Kieffer-Pülz: Die buddhistische Gemeinde, in. Heinz Bechert [u.a., Hg.): Der Buddhismus I, Stuttgart [usw.]: Kohlhammer, 2000, S. 281 – 402 [bes. wichtig: Kap. 12, 15, 17 – 18]; Mohan Wijayaratna: Buddhist monastic life – according to the texts of Theravāda tradition, translated by C. Grangier and S. Collins, Cambridge University Press, 1990, reprinted 1996; franz. Originalausgabe: 1983.

219 „Der Begriff Masturbation ist anscheinend eine Verballhornung von manu-stupare, »mit der Hand beschmutzen«. [...] Im achtzehnten Jahrhundert wurde Masturbation als »die ruchlose Sünde der Selbstbeschmutzung« angeprangert. Im neunzehnten Jahrhundert wurde es zum »schrecklichen und auslaugenden Laster des Selbstmissbrauchs«, und den jungen viktorianischen Damen wurde untersagt, ihre Geschlechtsteile zu waschen, weil die sanfte Reibung bei dieser Handlung, wenn sie regelmäßig ausgeführt wurde, »zu unreinen Gedanken führen könnte«. [...] Im frühen zwanzigsten Jahrhundert verringerte sich der Schrecken der Masturbation bis zu einer »widerlichen Angewohnheit«, aber kirchliche Behörden waren noch immer ernsthaft besorgt darüber, dass sie tatsächlich zu der sinnlichen Befriedigung des Masturbierenden führen könnte. Bis zur Mitte des zwanzigsten Jahrhunderts haben sich die Ansichten dramatisch verändert, und schließlich wurde kühn verkündet, dass Masturbation »ein normaler und gesunder Vorgang für Menschen jeden Alters sei«" (Desmond Morris: Intimate Behavior. A

Zoologist's Classic Study of Human Intimacy, New York: Kodansha International, 1997, S. 221 f.; Übers. v. I.B.). Vergleiche dazu: „Der Buddha legte eine Regel für die Nonnen fest, die es ihnen nicht nur verbot, ein »jatumatthaka« zu verwenden (ein Mittel, das von den Frauen der Gesellschaft jener Zeit dafür verwendet wurde, Empfängnis zu verhüten [und das wahrscheinlich auch sexueller Befriedigung diente; Anm.v. S.P.]), sondern auch, ihre Genitalien auch nur mit einem Grashalm zu berühren. [...] Eine andere disziplinarische Regel besagt, dass es Nonnen untersagt ist, ihre Körper zu reiben und zu massieren. Sie werden von einer disziplinarischen Regel angewiesen, dass beim Waschen der Genitalien ihre Finger nicht weiter als fünf Zentimeter in die Vagina eingeführt werden dürfen" (Ch. Gamage: Sensuality [siehe Anm. 197], S. 63). Anm. d. Red.: Die Deutung von „jatumatthaka" (»tth« ist retroflex, in diesem Druck nicht darstellbar) ist umstritten. In vielen Übersetzungen und gelehrten Abhandlungen wird es als Kontrazeptivum (Empfängnisverhütungsmittel) verstanden, siehe z.B. L. P. N. Perera: Sexuality in Ancient India. A Study Based on the Pali Vinayapitaka, University of Kelaniya, Sri Lanka: The Postgraduate Institute of Pali and Sanskrit Studies, 1993 (ISBN 955-9044-15-X), S. 236. Eine neuere Untersuchung legt dagegen (mit guten Gründen) das Verständnis dieses Pāli-Wortes als einen „künstlichen Penis" nahe (siehe Ute Hüsken: Die Vorschriften für die buddhistische Nonnengemeinde im Vinaya-Pitaka der Theravādin, Berlin: Dietrich Reimer, 1997, S. 153 – 155, Zitat: 153). Die Existenz solcher erotischer Gebrauchsgegenstände ist auch durch außer-buddhistische Quellen belegt (vgl. nur: Das Kāmasūtra, übersetzt v. Klaus Mylius, Stuttgart: Reclam, 1999, 7. Hauptteil, 2. Kapitel, Lehrsätze Nr. 4 – 13 = Seite 199; bei Hüsken nicht berücksichtigt). Zur Widersinnigkeit, buddhistischen Nonnen des alten Indiens die Verwendung eines Verhütungsmittels zu unterstellen, siehe Hüsken, a.a.O., S. 155. – Gamage (das Werk konnten wir nicht einsehen) spielt offenbar auf die Pācittiyā-Regeln Nr. 3 [bei Gamage „Grashalm" nach S.P.s Übersetzung, vgl. aber Hüsken, S. 152!], Nr. 90 (bis 93) und Nr. 5 des Nonnen-Pātimokkha an, wobei es sich durchweg nicht um Hygieneregeln, sondern um Sexualregeln handelt (vgl. Hüsken, a.a.O., S. 470 f. und die Stellenkommentare). Bei striktem Zölibatsgebot hat konsequenterweise jede sexuelle Stimulierung zu unterbleiben (vgl. Hüsken, a.a.O., S. 449). Nicht nur nach dem sri-lankischen Theravada-Buddhismus, sondern auch nach Lehre des historischen Buddha gilt ganz allgemein: „Für den Mönch und die Nonne ist das Zölibatsgesetz grundlegend“ (Hüsken, a.a.O., S. 474). Zu den Gründen siehe hier unter Anm. 195.

220 Mettā-Sutta, in: Sutta-Nipāta [siehe Anm. 19], Strophe 149. Anm. d. Red.: Das Pāli-Wort mettā wird im Deutschen meist mit „Liebende Güte“, im Englischen mit „loving kindness“ übersetzt.]

221 Dhammapada [„Wahrheitspfad“], Strophe 210 – 211, übers. von Nyanatiloka, Uttenbühl: Jhana, 1995.

222 Anguttara-Nikāya , III, 108 [siehe Anm. 191], Bd. I, S. 220.

223 S. Dhammika: Broken Buddha [siehe Anm. 183], Kapitel: Negativity, unpag.

224 J. Campbell: Kraft [siehe Anm. 214], S. 213.

225 Hermann Hesse: Die Romane und die großen Erzählungen (Jubiläumsausgabe zum 100. Geburtstag von H.H., Frankfurt 1986 (Suhrkamp), Bd. 4, S. 230.

226 Sayadaw U Jotika, Snow in the Summer, Seite 6; zitiert nach dem Internet: http://www.buddhanet.net/pdf_file/jotleeds.pdf; Übers. v. I.B.

227 D. Morris: Behavior [siehe Anm. 219], S. 171 f.

228 Sutta-Nipāta [siehe Anm. 199], Strophe 194 und 199.

Bildteil

Abb.1 Ein Porträt des spirituell Reisenden als sehr junger Mann (vgl. Abb. 25)

Abb. 2 Eine der vielen tierischen Begegnungen (zu Kapitel 5)

Abb. 3 Öko-Tourismus auf alte Art: Reise mit Tragebüffel (vgl. Kapitel 5)

Abb. 4 »Ich saz ûf eime steine … « (zu Kapitel 1 und 3)

Abb. 5 Ein uriger Urwald-Kindergarten (Vedda-Kinder in Dambana, zu Kapitel 7)

Abb. 6 Blick aus S. Pajalos Felsenunterkunft bei Sonnenuntergang (zu Kapitel 5)

Abb. 7 … und bei Vollmonduntergang in der Morgendämmerung (zu Kapitel 5)

Abb. 8 „Vergänglich sind alle Gestaltungen“: Vergessene Buddha-Statue bei Kudumbigala (zu Kapitel 5)

Abb. 9 Oft fiel der Friede ins Wasser: Spiegelung der Friedens-Pagode in Ampara (zu Kapitel 9)

Abb. 10 Kein Bilderbuch-Strand: An der Nordküste der Krisenregion Jaffna (zu Kapitel 9)

Abb. 11 Trotz Unruhen und entdeckten Massengräbern verharrt ein Bürgerkriegsopfer seit Jahren bei einem Hindu-Tempel nahe Jaffna (zu Kapitel 9)

Abb. 12 Armut durch Bürgerkrieg: Singhalesische Familie im Nordosten (zu Kapitel 9)

Abb. 13 Strafgefangene beim Meditieren (zu Kapitel 6)

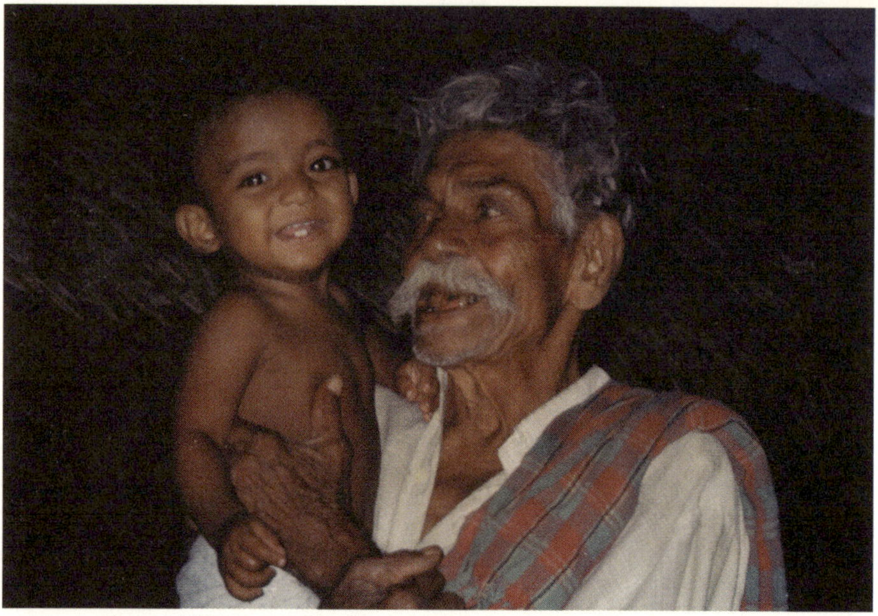

Abb. 14 Der stolze Großvater und sein fröhliches Enkelkind leben im friedlichen Süden (zu Kapitel 2)

Abb. 15 Landwirtschaft im Hinterland (vgl. Anhang zu Kapitel 8)

Abb. 16 Ein Simple Wisdom-Projekt: Schulutensilien für Kinder einer ethnischen Minderheit (vgl. Nachwort)

Abb. 17 Traditionen der Ureinwohner leben noch: Vedda-Tänzer und Vedda-Trommler

Abb. 18 Der Häuptling beim Zerlegen eines gefundenen Hirschgeweihes. Daraus wird Medizin oder Touristenschmuck.

Abb. 19 Umwelt- und Sozialschaden: Vedda-Häuptling durchquert ehemaliges Jagdgebiet, von der Regierung durch Brandrodung vernichtet (zu Kapitel 7 und 8)

Abb. 20 Aus dem Jagd- und Sammelgebiet machte das staatliche Mahaweli-Projekt einen Stausee (zu Kapitel 8)

Abb. 21 Im Trüben fischen: Ein Vedda am Maduro Oya-Stausee, seinem früheren Jagd- und Sammelgebiet (zu Kapitel 8)

Abb. 22 Abendstimmung

Abb. 23 Das Waldkloster Yala bei Kudumbigala
(zu Kapitel 5)

Abb. 24 S. Pajalo beim Meditieren im Urwald
(zu Kapitel 5)

Abb. 25 Morgendliche Yoga-Übung auf einem Felsen bei Kudumbigala (vgl. Abb. 1)